经世济民
诚信服务
德法兼修

德法兼修

诚信服务

经世济民

"十四五"职业教育国家规划教材

高等职业教育经管专业基础课
我爱MOOC系列新形态一体化教材

统计基础

（第三版）

主　编　由建勋
副主编　张端贵
杨平娥

中国教育出版传媒集团
高等教育出版社·北京

内容提要

本书是“十四五”职业教育国家规划教材，也是高等职业教育经管专业基础课我爱 MOOC 系列新形态一体化教材。

本书以培养学生统计应用能力为主线，结合大数据时代经济活动对统计学课程的新要求，以及学生的素质养成需要，深度挖掘课程思政元素，体现了大数据思维。本书素材选取源于社会实践与日常生活中的典型统计案例，内容翔实、前瞻、简明、易学、实用，形式新颖、富有趣味性、引人入胜。让学生在轻松的氛围中掌握实用统计工具的应用方法，发现、处理隐藏在各种数据背后的“商机”，为后续课程的学习打下坚实基础。

本书同步建设有在线开放课程，并在“爱课程”及“智慧职教”两大平台面向社会开展教学服务。“统计基础”在线开放课程包括微课、动画、Excel 统计分析操作视频、案例、交互式测验等丰富的教学资源。此外，本书还配有 PPT、习题答案等数字化教学资源，具体获取方式详见书后“郑重声明”页的资源服务提示。

本书既适用于高等职业院校、职教本科院校和应用型本科院校财经商贸类专业统计学基础课程的教学需要，又可作为高等教育自学考试、中等职业学校学生的参考用书。

图书在版编目（C I P）数据

统计基础/由建勋主编. --3 版. --北京：高等教育出版社，2023.7（2024.9重印）
ISBN 978-7-04-060191-6

Ⅰ. ①统… Ⅱ. ①由… Ⅲ. ①统计学-高等职业教育-教材 Ⅳ. ①C8

中国国家版本馆 CIP 数据核字(2023)第 035641 号

统计基础(第三版)
TONGJI JICHU

策划编辑	梁　木	责任编辑	梁　木	封面设计	赵　阳	版式设计	徐艳妮
责任绘图	杨伟露	责任校对	高　歌	责任印制	耿　轩		

出版发行	高等教育出版社	网　　址	http://www.hep.edu.cn
社　　址	北京市西城区德外大街 4 号		http://www.hep.com.cn
邮政编码	100120	网上订购	http://www.hepmall.com.cn
印　　刷	河北信瑞彩印刷有限公司		http://www.hepmall.com
开　　本	787mm×1092mm　1/16		http://www.hepmall.cn
印　　张	16.25	版　　次	2014 年 8 月第 1 版
字　　数	340 千字		2023 年 7 月第 3 版
购书热线	010-58581118	印　　次	2024 年 9 月第 4 次印刷
咨询电话	400-810-0598	定　　价	46.80 元

本书如有缺页、倒页、脱页等质量问题，请到所购图书销售部门联系调换

物 料 号　60191-00

“智慧职教”服务指南

“智慧职教”(www. icve. com. cn)是由高等教育出版社建设和运营的职业教育数字教学资源共建共享平台和在线课程教学服务平台，与教材配套课程相关的部分包括资源库平台、职教云平台和 App 等。用户通过平台注册，登录即可使用该平台。

- 资源库平台：为学习者提供本教材配套课程及资源的浏览服务。

登录“智慧职教”平台，在首页搜索框中搜索“统计基础”，找到对应作者主持的课程，加入课程参加学习，即可浏览课程资源。

- 职教云平台：帮助任课教师对本教材配套课程进行引用、修改，再发布为个性化课程(SPOC)。

1. 登录职教云平台，在首页单击“新增课程”按钮，根据提示设置要构建的个性化课程的基本信息。

2. 进入课程编辑页面设置教学班级后，在“教学管理”的“教学设计”中“导入”教材配套课程，可根据教学需要进行修改，再发布为个性化课程。

- App：帮助任课教师和学生基于新构建的个性化课程开展线上线下混合式、智能化教与学。

1. 在应用市场搜索“智慧职教 icve” App，下载安装。

2. 登录 App，任课教师指导学生加入个性化课程，并利用 App 提供的各类功能，开展课前、课中、课后的教学互动，构建智慧课堂。

“智慧职教”使用帮助及常见问题解答请访问 help. icve. com. cn。

“统计基础”在线开放课程

主持人：由建勋

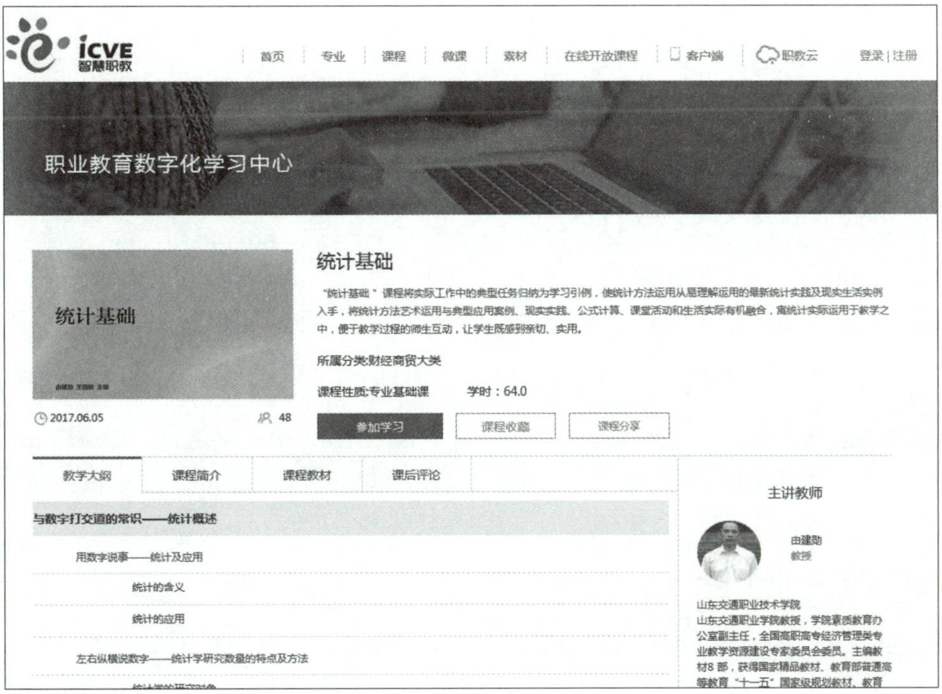

智慧职教(www. icve. com. cn)

主编简介

由建勋，山东交通职业学院教授。主编教材7部，其中多部教材获评“十三五”“十四五”职业教育国家规划教材。主持省级以上课题7项，获得包括省教学成果二等奖、教育部教指委教学成果一等奖、省软科学优秀成果一等奖等省级以上奖励8项；主持地厅级课题10余项，获得一等奖6项。主持的“创新创业实务”课程2017年被认定为首批国家精品在线开放课程，2022年被认定为首批职业教育国家在线精品课程。发表核心期刊论文36篇。

第三版前言

本书是“十四五”职业教育国家规划教材。

本书自第一版出版以来，受到了使用院校师生的一致好评和高度评价。此次修订以培养学生的统计与大数据思维，提升学生对社会经济现象的数据分析处理能力，对学生进行价值观引导为宗旨，深入挖掘统计学中蕴含的课程思政元素，并对统计学相关知识讲授及实例安排等作了系统性改进、充实和提升，还通过二维码链接了精美的微课、动画、案例、Excel统计分析操作视频和交互式测验等数字化教学资源，在课程网站匹配了试题库、电子教案等类型丰富的教学资源，为课程教学提供了整体解决方案。

统计是与“数据”打交道的一门学科。在数字经济蓬勃发展的今天，数据正成为组织具有战略价值的核心资产。从数字化到智能化的本质是对数据的积累、挖掘以及价值释放。为让数据工具赋能企业经营，让数据成为真正的“资产”，本书围绕数据进行多维度价值挖掘，通过具体的量化分析，指导学生发现、处理、挖掘隐藏在各种数据资料后面的“商机”。

党的二十大报告指出：“教育是国之大计、党之大计。培养什么人、怎样培养人、为谁培养人是教育的根本问题。育人的根本在于立德。全面贯彻党的教育方针，落实立德树人根本任务，培养德智体美劳全面发展的社会主义建设者和接班人。”为落实立德树人根本任务，将党的二十大精神融入教材中，实现高等职业教育“教、学、研、练、做”一体化和学以致用的目标，让学生尽快扎实地掌握统计学的基本理念、方法和技能，本书对统计学的课程结构及内容进行了较大创新，具体体现在以下几方面：

1. 全面融入“课程思政”，助力学生素质养成。本书深度挖掘课程思政元素，结合党的二十大精神，强化课程思政理论在统计学教学中的价值引领作用。通过设置“素养目标”和“统计素养”栏目，用鲜活的统计数据和案例来反映我国社会经济建设取得的巨大成就，并通过设置“调查研究”栏目，培养学生深入开展调查研究的能力和素质，让统计既充满正能量又富有较强的实用性。

2. 重视大数据应用，培养大数据思维。在数字经济时代，大数据的应用已经融入各行各业，本书通过设置人口普查、“样本数据”到“全量数据”、Excel在统计中的系统应用等内容，探寻大数据统计方法的应用，培养学生的大数据思维。

3. 内容丰富，形式活泼。为增加学习的目的性、应用性和任务导向明确性，本书在章首设有“思维导图”“学习目标”“情景引入”，章中设有“知识拓展”“课堂讨论”“拓展应用”“统计素养”，章尾设有“学以致用”“调查研究”等内容。还充分运用Excel应用方法，使学生熟练掌握电算统计手段，内容丰富，形式多样，有利于提升学生的学习兴趣，加强对所学理论方法的理解。

4. 能力本位，注重案例教学和应用能力的提升。本书全面着眼统计的实际应用，每种方法都从实际问题入手进行讨论，尽量避免公式的生涩逻辑推导，深入浅出，通俗易懂。每章章首通过介绍一个案例或一个场景，为学生学习相关内容创设一个富有吸引力的应用情景，在现实世界中讨论各种统计方法及其应用，消除统计的抽象感和神秘感，提高学生运用统计方法分析问题与解决问题的能力。

5. 在线开放课程与教材一体化设计，数字化教学资源丰富。本书充分运用现代教育信息技术，采用图、文、声、像等多种手段，以动画、微课、视频等学生喜闻乐见的形式展现统计学知识，并支持手机扫描二维码观看，随时随地学习，消除学生的厌学、畏学情绪，使学生乐学善学。

本书由由建勋任主编，张端贵、杨平娥任副主编。参加本书编写的有李尧、韩宝海等。

在本书修订过程中，得到了高等教育出版社编辑们的大力帮助，更得到许多兄弟院校的鼎力支持，在此一并表示感谢。

编者

2023年5月

第一版前言

本书作为“十二五”职业教育国家规划教材立项选题，是编者经过大量实际调研，汲取高职高专教育近几年的实践教学成熟理念，历经多年的统计应用实践教学检验，按照易学易用、让学生快速形成统计应用能力，在短期实现由死记硬背向活学活用转变的原则编写而成。本书无论在内容上，还是形式上，均实现了一定突破与创新，较好地适应了高职教育发展要求，有利于学生职业素养的形成。

本书主要特色：

1. 实践应用真实，利于培养学生的实践应用能力。本书从学生认知规律出发，采用实用化、生活化、趣味强的学用结合内容，按照知识先后有序、积累循序渐进、内容体系理论联系实际的原则，寓难懂、艰涩的统计理论和公式于统计实践和生活实际问题的解决之中，实现了统计实践与统计教学的有机结合，具有较强的应用实践性，成功地解决了当前统计教学理论与实践脱节的难题。

2. 内容选取通俗易懂，实用易学。本书注重图、表、漫画的表达和案例运用，形式生动，重点突出，条理清楚，层次清晰。语言表达深入浅出，通俗易懂。既便于学生对统计概念术语的区别及比较掌握，利于学生的“学”，又方便教师的“教”。

3. 结构体系合理，内容丰富。章前用富有趣味性和探索性的章节标题开篇，以启发式引导案例或情景引入，创设精彩的、极富吸引力的章首导入情景，先使学生触景生情地进入状态；章中依托工作及生活事项构筑丰富的经典应用案例、知识拓展、小贴士、课堂讨论等，激发学生的想象力，用生动事件化解抽象的公式；章后设有主要公式概览、知识巩固、综合案例、综合实训等，有利于学生应用能力实践培养及知识巩固。章前、章中、章后多元化内容的融合贯通，有利于激发学生的学习兴趣和自主学习动力，便于师生双向学习、讨论，为实现高职教育“教、学、研、练、做”一体化和学以致用的目标创造了良好条件。

4. 延展性强，便于教学延伸及缩减。考虑到财经类各专业学生所应具备的统计技能与基层岗位对统计方法和实践的需要，内容设计既到位，又极富延展性，为教师进一步延伸与缩减搭建了很好的平台。使用本书的学校可以根据具体专业需要及与相关课程的衔接，灵活地加以延伸或缩减。

本书由由建勋总纂完成，参加编写的有由建勋(第一、二、七、八、九章)、金国轩(第三、四章)、王丽敏(第五、六章)。本书编写中参考借鉴了国内外多部教材、著作，在此向相关作者表示感谢!

在本书出版过程中，自始至终得到了高等教育出版社相关领导和编辑的大力支持和帮助，也得到许多兄弟院校的热情关照和指点，在此一并表示感谢。

限于作者的水平，书中难免存在疏漏和不妥之处，恳请读者批评指正。

编者

二〇一四年五月

目录

第一章　与数字打交道的常识——统计概述 …… 1

第一节　透过数字识统计——统计的含义及应用 …… 2

第二节　左右纵横说数字——统计学的研究对象及方法 …… 6

第三节　数字出处要明晰——统计工作的任务和过程 …… 10

第四节　数字里面有学问——统计学的基本概念 …… 15

第二章　寻找战机中弹点里蕴藏的玄机——统计调查 …… 23

第一节　杜绝数据造假——统计调查及方案设计 …… 24

第二节　活用统计调查——统计调查的组织方式 …… 32

第三章　恋爱和数字——统计整理 …… 45

第一节　认识总体的桥梁——统计整理的概念及内容 …… 46

第二节　“数”以“群”分——统计分组 …… 48

第三节　包装设计与偏好——分布数列 …… 53

第四节　图与表——统计数据的表现形式 …… 60

第四章　六强省市综合看——总量指标与相对指标 …… 73

第一节　经济建设成效显著——总量指标 …… 74

第二节　有比较才有鉴别——相对指标 …… 79

第五章　“削峰填谷”和数量差异——平均指标及变异指标 …… 95

第一节　比较要用代表值——平均指标的概念和作用 …… 96

第二节　机票定价有学问——数值平均数的计算 …… 98

第三节　“补救”代表值漏洞——位置平均数的计算 …… 106

第四节　透过均衡看差异——标志变异指标 …… 111

第六章　理念决定成败——抽样推断 …… 123
第一节　从品尝到购买——抽样推断的一般问题 …… 124
第二节　代表性不足之谬——抽样误差 …… 132
第三节　胜在“一把土”——抽样估计 …… 137
第四节　抽样数量要适度——必要抽样数目的确定 …… 142

第七章　西瓜销量与天气——相关分析和回归分析 …… 151
第一节　年龄与外卖——相关分析 …… 152
第二节　身高与回归——回归分析 …… 161

第八章　人类寿命呈动态变化——时间数列 …… 173
第一节　经济发展看长远——时间数列的概念和类型 …… 174
第二节　乾隆盛世靠农业——时间数列的水平指标 …… 178
第三节　动态变动多维看——时间数列的速度指标 …… 188
第四节　繁荣与萧条——时间数列的趋势分析 …… 195

第九章　CPI 包容万象——指数分析 …… 213
第一节　价格变动测定利器——统计指数的一般问题 …… 214
第二节　剔除价格变动因素——统计指数的计算方法 …… 217
第三节　因素影响多维测定——指数体系及因素分析 …… 227

附录　正态分布概率表 …… 239

参考文献 …… 243

第一章

与数字打交道的常识——统计概述

【学习目标】

素养目标：

- 养成用数据说话的严谨求实的工作作风；
- 追求数据的真实性和客观性，培养诚实守信的职业素养。

知识目标：

- 掌握统计的含义；
- 掌握统计的几个基本概念及其相互之间的关系；
- 了解统计的研究对象与方法。

能力目标：

- 能够理清统计工作的过程；
- 能够熟练运用统计学的研究方法并能进行简单的数据分析；
- 能够将统计的基本概念与身边的事物相关联，理论联系实际。

【思维导图】

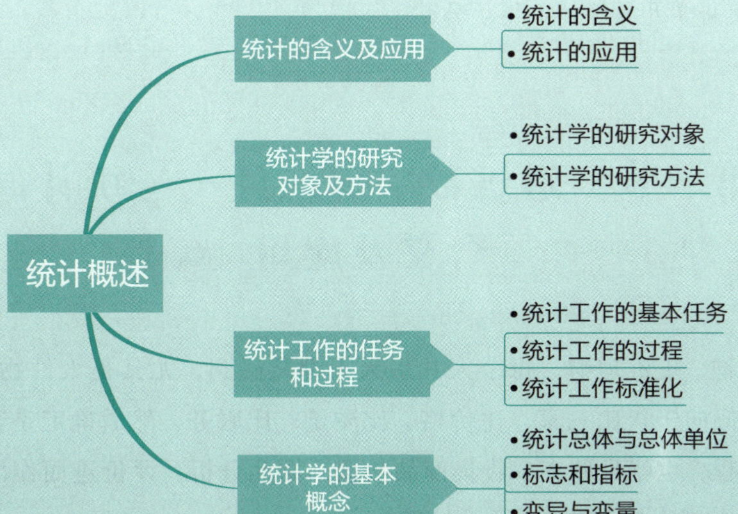

情景引入

国内某电视机生产商曾进行过一次市场调查，当时的调查问题是：列举您会选择的电视机品牌。其中的一组数据是：有15%的消费者选择本企业的电视机；另一组数据却是：36%的消费者表示本企业的产品将成为其购买的首选。两组数据的巨大差异让公司决策层非常恼火。为什么完全相同的统计调研，会导致如此悬殊的结果？公司聘请专业咨询公司进行了调研诊断。

咨询公司经和参与调研工作的访问员交流得知：第二组在进行统计调查执行过程中存在误导行为。首先，调研期间，第二组成员佩戴了公司统一发放的领带，而在领带上有本公司的标志，其标志足以让被访问者猜测出调研的主办方；其次，第二组在调研过程中，把选项的记录板（无提示问题）向被访问者出示，而本企业的名字处在候选题板的第一位。以上两个细节向被访问者泄露了调研的主办方信息，影响了消费者的客观选择。

这家电视机生产商的老总事后总结道："错误的数据不如没有数据，如果按照第二组数据，做出增加一倍产量的决策，造成的投资及产品积压损失可能会导致企业面临灭顶之灾。"

错误或调查不充分的数据会导致决策错误、分散管理部门的注意力、失去顾客及市场，甚至给组织发展带来严重后果。因此，统计人员一定要以踏实严谨的工作作风，依法依规科学开展统计工作，并慎重对待未经证实的数据，特别是来源不明的网络数据，使统计发挥应有的作用。为保证统计数据真实可靠，你想好如何科学开展统计工作了吗？

第一节　透过数字识统计——统计的含义及应用

居家购物，投资理财，每个人几乎天天都能碰到，尤其是大件物品的购买，人们一般会倾向于货比三家，比价格、比质量、比服务，然后确定是否购买。这个比较的过程，也就是调查、收集商品数据，据此分析、评价进而作出判断的过程。其实质也就是统计的基本活动过程。

例如，对拥有海量高质量用户数据和巨大网站流量的京东来说，它追踪了成千上亿网购用户在京东网站上的浏览、搜索以及购买记录，在这一过程中不仅积累了大量的用户数据，而且开发了强大的推荐算法。京东利用这些数据及其算法为消费者推荐了很多适合的商品，这正是京东的核心竞争力所在。

一、统计的含义

（一）“统计”一词的含义

一般来说，“统计”一词包括统计工作、统计资料和统计学三种含义。具体含义及内容见表 1-1。

表 1-1　“统计”一词的三种含义

含义	内容	内容描述	表现形式
统计工作	统计实践活动	对社会、经济、文化、科学技术等方面的大量数据资料，进行设计、调查、整理、描述和分析，从而探索数据内在的数量规律性的活动过程	统计规划设计、统计信息采集处理、统计数据质量控制、统计数据的整理、统计描述和统计分析等
统计资料	统计数据信息	统计工作过程中所取得的各项数字资料以及相关分析、说明、图表等其他各项资料的总称	各种统计表、统计图、统计报告、统计公报、统计年鉴等
统计学	统计理论	阐明如何去调查、整理、描述和分析统计数据，是统计工作的经验总结与理论概括	从定性研究开始，通过定量分析，最后达到认识客观现象的本质、特征或规律的理论与方法

统计素养

巧用大数据为新产业工人排忧解难

新产业工人作为在城市流动的劳动大军，一旦出现劳资纠纷，调查取证不易，“讨薪难”问题时有发生。为解决这一问题，一些地区构建了劳动用工大数据综合服务平台。将新产业工人参与建设项目的每个工地都建立用工实名制管理通道，安装人脸识别系统，工人何时上班、何时下班，系统都会实时记录，并上传至后台数据库，自动生成该工人的月考勤表。当银行将工人工资发放流水上传到平台后，相关部门可依据考勤表和银行流水，分析工人工资发放情况是否正确。同时，在每一个工地以及各大用工场所，张贴“维权二维码”。如果有拖欠工资问题，工人只需通过手机扫码，即可完成在线维权，获得相关部门的帮助。通过让“数据多跑路”替代了工人线下维权。

劳动用工大数据综合服务平台通过对在建工程项目劳动用工情况和工资发放情况实行综合监管和预警，实现新产业工人干活有数据、企业用工有实据、拖欠讨薪有证据，解决了新产业工人“讨薪难”的问题。

（二）“统计”一词三种含义之间的关系

首先，统计工作与统计资料是过程与成果的关系。一方面，统计资料的需求支配着统计工作的布局；另一方面，统计工作的好坏又直接影响着统计资料的质量。

其次，统计工作与统计学的关系是实践与理论的关系。一方面，统计学是统计工作经验的总结，只有当统计工作发展到一定程度，才可能形成独立的统计学。另一方面，统计工作的发展又需要统计学的指导，统计学研究大大促进了统计工作水平的提高。

最后，统计工作、统计资料与统计学相互联系、密不可分，构成了一个有机的整体。

小贴士

当今世界，谁率先掌握了信息(资料)，谁就能赢得市场。企业需要掌握的统计信息，按其来源分为原始资料(一手资料)和间接资料(二手资料)。原始资料是调查人员实地调查获得的资料，实用性虽好，但成本较高。间接资料来源于企业或公司的会计账目和销售记录、顾客名单、销售人员报告、代理商和经销商的信函、消费者的意见，以及信访中获取的有用信息；政府机关、银行、商会、调研机构公布的统计资料；报告、文件、期刊、文集、数据库、报表；竞争对手的产品目录、样本、产品说明书及宣传资料；政府政策、法规、条例规定、规划及计划；展览会、展销会发送的资料；国家和各级地方政府的统计年鉴及相关网站；报纸、期刊、专利及科研成果等纸质及电子数据资料。

二、统计的应用

经济学专家通过预测发出预警。国家通过统计分析调整经济政策。理财专家则通过各种统计数据信息的分析，提出正确的投资建议。统计无论是在自然科学领域、社会科学领域还是在工程技术领域，都有着广泛的应用。

（一）统计在社会经济领域中的应用

社会经济一直是统计学最重要的研究领域。在研究社会经济现象及其发展变化的规律性时，只有通过对现实社会经济活动的运行条件、运行过程和运行结果进行数量分析，才能得出真正符合客观实际的规律性结论。因此，社会经济领域需要大量运用统计学方法，通过各种调查去收集实际的社会经济统计数据，并分析其数量规律性。

动画：错误的数据不如没有数据

统计素养

DNA 数据库助力公安部门提高破案率

很多重大刑事案件之所以在时隔很多年后仍能被侦破，应归功于公安部门建立的 DNA 数据库。2000 年开始，我国公安部门开始建设 DNA 数据库，其数据来源和组成主要包括两方面：一是所有 2000 年后被警方抓获的违法犯罪嫌疑人的 DNA 数据；二是所有未破获案件中嫌疑人的 DNA 数据。警方抓获的嫌疑人一旦被采取强制措施，就会按规定采集其 DNA 数据入库，如再次作案，通过对比其 DNA，马上就能破案。同时，通过和其他未破案件的嫌疑人 DNA 比对，还能查到其漏罪情况，从而做到法网恢恢，疏而不漏。

（二）统计在管理领域中的应用

在经济全球化背景下，准确的统计资料与正确的统计方法是上至政府管理国家、中至经理层管理企业、下至个人管理家庭的关键所在。

宏观经济管理中，国内生产总值统计、投入产出统计、资金流量统计、资产负债统计和国际收支统计是最核心的部分。此外，对社会资源、经济增长、经济结构、经济平衡、经济效益、价格指数、通货膨胀的统计分析，对综合国力的国际对比，对国民经济的宏观监测与预警分析都是宏观经济统计的重要内容。

拓展应用

在处理经济、文化、军事、外交等问题时，很大程度上要依赖于大量的统计数据。打官司，找律师，主要靠数字说话，有凭有据，合法合理。一次，某港务局做出用 7 年时间投资 4 亿元，建一个新的集装箱码头的决策后，为获得理想回报，他们决定在世界范围内寻找租赁客户。他们委托一家调查公司收集资料，不仅收集本公司的历史统计资料，而且收集其他国家知名集团公司的情况，包括对方的承运量、经济增长的背景、国家经济政策，分析投资回报的直接效益和间接效益。由于占有详细的统计资料，在谈判中处于主动地位，他们最终通过竞争与某远洋公司成为合作伙伴，实现了投资 4 亿元回报 32 亿元的理想目标。

在微观企业管理中，要运用统计方法开展市场调查、市场预测和市场分析，调整企业经营策略，对产品质量进行监测与控制，对企业的经济效益进行评价，以适应市场、驾驭市场，在激烈的市场竞争中提升竞争能力。

商场零售付账柜台电子扫描仪收集的数据、基于物联网的物流信息平台获取的贴有 RFID(无线射频识别)标签的各种物流信息，经过统计分析可为制定各种产品营销策略奠定基础。同时，可把这些数据的统计汇总信息提供给制造商，供其制定经营策略。

第二节　左右纵横说数字——统计学的研究对象及方法

一、统计学的研究对象

一般来说，凡是客观事物总体的数量特征、数量关系，以及由此反映出来的客观事物发展变化的规律性，都是统计学的研究对象。由于本课程讲授内容主要涉及社会经济领域，故研究对象也限定在社会经济领域。

（一）社会经济统计学的研究对象

社会经济统计学的研究对象是社会经济现象总体的数量特征和数量关系，并通过这些数量方面的研究反映社会经济现象的规律性。

统计分析的核心目的是掌握事物的发展规律。要善于掌握数据、利用数据、应用数据，只有从数据中掌握了事物发展的规律，才可以按照事物内在规律创新发展。如企业要通过打广告来提升销售额，就要统计每个月的广告费和销售额之间的关系，如果相关性较高，则说明广告效果好；如果相关性较低，则说明广告效果不好。当企业掌握了规律，积累了更多的相关数据，就能正确预测销售额，准确核算目标利润，从而可以判断经营和管理活动能否赢利，如果不赢利，就要及时叫停项目，把时间和资金用到最有产出的地方。企业要善于通过精细的量化管理把握规律，并依据规律形成经营诀窍。

（二）社会经济现象的数量方面涉及内容

社会经济现象的数量方面涉及内容见表1-2。

表1-2 社会经济现象的数量方面涉及内容

数量内容	含义概括	示例
横断面统计数据	同一时间现象总体的规模和结构数据	国内生产总值、主要产品产量、外贸进出口额和财政收入等
时间序列统计数据	同一现象总体在不同时间发展和变动趋势的数据	历年国内生产总值、历年固定资产投资总额、历年人均生活费收入等
现象之间关联数据	以相关统计资料的对比反映现象之间联系的数据	如行政事业费开支占财政收入比重过大，势必造成其他项目支出下降，影响国民经济发展
预测数据	以历史现状资料预测未来可能达到的水平的数据	根据历年国民生产总值资料，预测未来年份国民生产总值可能达到的水平

（三）社会经济统计学研究对象的特点

应该指出，并不是任何一种数量都可以作为社会经济统计学的研究对象，社会经济统计学研究对象的特点见表1-3。

表 1–3　社会经济统计学研究对象的特点

特点	内容描述	示例说明
数量性	通过数量特征和数量关系反映物质资料的占有、分配和交换关系；在与社会经济现象质的内容密切结合中研究其量的方面；反映现象的联系和划分现象不同性质的数量界限，反映现象发展变化的规律性	如从收入分配看城镇职工与农民的关系，从商品生产流通看供应链各环节的数量关系等
总体性	以社会经济现象总体的数量特征作为研究对象。即统计数字体现的是“统”，它要经过合计、对比或平均过程，使数字能反映总体数量特征，体现总体的规律性	如研究居民生活状况，不能用某户居民的统计数据，全市居民的平均月消费、平均工资等总体指标才能成为统计数据
具体性	研究社会经济现象的数量关系，不能脱离具体事物只研究某一抽象的数量关系。要研究在一定时间、地点和条件下的数量表现，即研究现象具体的量变规律	如某市上年的居民人均可支配收入为50 000元，该数据代表该市全体居民的人均实际收入水平
变异性	研究同类现象总体的数量特征时，要注意总体各单位的特征表现存在的差异性。从某种意义上说，变异是统计的前提，没有变异就没有统计	如研究某市居民的消费水平，不仅要看总体数据，还要注意研究不同类型居民的消费差异，以及消费水平前后升降的差异等

课堂讨论

统计研究既然是从个别的具体数量归纳出社会经济现象的总规模、总水平，那么，统计研究过程中就不需要对个别典型事物进行深入研究，因为从个别事物的研究中发现不了总体现象的规律性。

讨论： 该观点正确吗？为什么？

二、统计学的研究方法

统计学研究“数量”时要经过统计设计、调查、整理和分析等阶段，并使用各种专门的研究方法，包括大量观察法、综合指标法、统计模型法、归纳推断法等，见表 1-4。

案例：拉面馆的“统计经”

表 1-4　统计学研究的主要方法

方法	定义	内容描述
大量观察法	研究社会经济现象及其变化过程，从总体上考察，就总体中全部或足够多数单位进行观察并加以综合研究的方法	社会经济现象各单位的特征及数量表现有很大差别，不能任意抽取个别或少数单位进行观察。必须在对所研究对象进行充分分析的基础上，确定调查对象的明确范围，观察全部或足够多数的调查单位，借以认识其规律性
综合指标法	运用各种综合统计指标反映和研究社会经济现象总体的一般数量特征和数量关系的研究方法	对大量的原始数据经过整理、汇总，计算各种综合指标，可以显示出现象在具体时间、地点条件下的总量规模、相对水平、集中趋势、变异程度等，从而概括地描述总体综合数量特征和变动趋势
统计模型法	根据相关经济理论和社会经济现象的内在联系，用数学方程去模拟现实经济现象相互关系的一种研究方法	用统计模型法描述社会经济现象之间存在的数量关系，可对复杂的数量关系进行简化，便于利用模型对社会经济现象的变化进行数量上的评估和预测
归纳推断法	通过观察总体各单位的特征，得出关于总体的某种信息，这种从个别到一般、从事实到概括的推理方法称为归纳推断法	运用归纳推断法，根据已知的样本数据去推断总体数量特征，可以对统计总体的未知数量特征做出以概率形式表述的推断。归纳推断法可用于总体数量特征的估计，也可用于对总体某些假设的检验

如大量的统计观察表明，普通人注视高度为 1.3 米左右，所以在超市货架商品陈列安排上，位置很重要。要把最想卖出的商品安排在顾客第一眼能看到的地方，便于销售。

课堂讨论

多数成功的企业家不仅很节俭，而且善于量化管理。以石油大王洛克菲勒为例，16 岁时他花一毛钱买了个小本子记录每一笔收入和开支，一生都把账本视为自己最珍贵的纪念物。

洛克菲勒没结婚时已很有钱，但结婚戒指只花了 15.75 美元。为了培养孩子的节俭意识，他不让孩子知道他是个有钱人。他要孩子们靠做家务来挣零花钱：打苍蝇 2 美分；削铅笔 10 美分；修复一个花瓶 1 美元；一天不吃糖可得 2 美分，第二天还不吃奖励 10 美分；每拔出菜地里的 10 根杂草可以挣 1 美分；唯一的男孩小约翰劈柴的报酬是每小时 15 美分……他曾指着 13 岁的女儿对别人说："你根本想象不到她怎么挣钱。我告诉她如果煤气用得仔细，则账单上节约下来的钱都归她。于是她每天晚上四处转悠，如果看到没有人的房间煤气灯大亮，就把它关小一点儿。"

讨论： 洛克菲勒是如何运用统计的？你能从中归纳出他成功的秘诀吗？

第三节　数字出处要明晰——统计工作的任务和过程

一、统计工作的基本任务

《中华人民共和国统计法》明确规定："统计的基本任务是对经济社会发展情况进行统计调查、统计分析，提供统计资料和统计咨询意见，实行统计监督。"统计工作，一是进行统计调查，即采集统计资料，占有统计资料；二是进行统计分析，即对调查来的统计资料进行整理、描述、分析、推论和预测；三是提供统计资料，即向全社会乃至世界提供统计信息，进行统计咨询服务活动；四是实行统计监督，即密切关注社会、经济、科技等发展动向并加以分析。

统计工作既是信息业又是咨询业，因此，必须广泛运用现代信息技术，大规模、高效率、全方位、深层次地开发统计信息资源，更有效地发挥统计的整体功能。

二、统计工作的过程

统计工作作为人类认识客观世界的一种活动，其过程是指统计组织机构进行统计活动的过程，主要分为以下五个阶段：

（一）统计设计阶段

统计设计是整个统计工作活动过程的第一步，是整个统计工作的龙头。它主要回答两个问题：采集什么样的数据和如何采集这些数据。其任务是根据统计研究对象的性质和统计研究的目的，对统计活动的各个方面作出通盘的安排与规划，并拟订出设计方案。

统计设计方案的主要内容有：明确规定统计工作的目的与任务；确定统计研究的对象和单位，设计出统计指标与指标体系，设计统计调查表，确定统计计量单位、编码分组、数据格式和整个过程中数据质量的控制；确定采集统计资料的方法以及资料汇总程序和整理方案；设计各阶段工作进度与力量安排；落实经费来源与物资保证，协调各部门的工作等。对可行性方案要反复论证和选优。

（二）统计调查阶段

统计调查是指从统计“信息源”（即基本统计调查单位）上，采集基础数据的阶段。实现统计指标具体数值的采集是具体认识客观事物的起点。统计数据的采集一般包括一手统计数据的采集与二手统计数据的采集。限于资源条件，通常只有政府组织的统计工作，才更多地组织一手统计资料的收集；而企业或民间组织所开展的统计工作，则以二手统计资料的收集与整理为主。

（三）统计整理阶段

统计整理是指对前一阶段采集到的基础数据，进行分类汇总、加工和再加工整理的过程。对同一批基础数据，借助于计算机技术进行各种复合交叉分组和深层次加工，进行组合和集成，生成各种汇总表，可以得到满足不同统计目的或用途的统计资料。整理的过程还应包括资料的存储和检索等问题。

（四）统计分析与统计预测阶段

统计分析与统计预测阶段是统计工作活动出产品、出成果的阶段，是进一步开发统计信息价值的阶段，是提供统计服务的重要基础。其任务是对已加工整理的统计资料，运用统计学特有的方法进行分析与推论，对经济、社会、科技等现象做出综合评价，揭示事物的矛盾、事物的内部联系及事物发展变化的规律性，提出解决矛盾的办法。统计分析要遵循准确性、时效性、针对性、逻辑性四条准则，要用确凿的统计数据和朴素的语言来表述，要注意数字与具体情况的结合，全面资料与典型资料的结合，定量分析与定性分析的结合。

统计不但对过去的社会经济情况进行分析、评述，还要对未来的社会经济发展进行预测分析。开展统计预测分析，实行超前服务，有利于更好地发挥统计的整体功能。

（五）统计服务阶段

这是统计工作的最后一个环节。它包括信息、咨询、监督三个方面的内容，是开发型统计的重要标志之一。统计服务的优质化，以数据质量为保障，而统计数据的价值又是通过统计服务来体现和开发的。统计要面向社会、面向基层单位、面向世界、着眼未来，推进统计服务的产业化、商业化。

课堂讨论

海尔以用户数据为核心，首创了互联网用户管理体系，实现了“识别用户、识别家庭、识别产品”三大识别。通过识别每个海尔用户的姓名、电话、住址、购买产品等信息，获得360度用户画像，帮助企业精准洞察用户需求，从为产品找用户上升到为用户找产品。使数据变成了资产，让海尔与客户、用户等利益相关方共享增值。

讨论： 海尔利用积累的用户数据，实现与利益相关方共赢的做法对你有何启示？

三、统计工作标准化

统计标准是对统计工作过程中重复出现的事物和概念所作的统一规定。统计工作标准化，即制定、修订、发布、贯彻实施统计标准，并对统计标准的贯彻实施实行监督，达到统一，从而实现统计的整体功能和提高社会经济效益。统计工作标准化内容大致包括以下六个方面，见表1-5。

表 1-5　统计工作标准化内容

标准类型	内容描述	作用
指标体系标准化	制定覆盖全社会各种统计活动的统计指标体系分类与代码国家标准	便于统计信息资源共享
分类标准化	对统计对象、统计信息、统计指标内容等，在科学分类的基础上，使各个类目代码标准化、规范化	便于统计工作人员共同遵循
文件格式标准化	将包括统计调查制度或方案、统计分析报告、统计公报、统计年鉴、统计出版物等各种统计文件，进行统一规范	有利于提高统计工作效率
术语标准化	对统计概念、名词术语的解释及说明，全面修订或重新编写，使之统一化、标准化	便于学习与运用
计算方法标准化	根据国民经济核算体系的原则和要求，制定标准化的计算方法	有利于提高统计工作质量
统计编码标准化	对符号、图形、颜色、缩简的文字等进行统一编码，以便分析其规律性，易于为人或计算机所识别和处理，以特定形式发布	便于信息处理和交换时共同遵守

统计素养

交通违法量化处罚效果好

《中华人民共和国道路交通安全法》在修订时，强调量化处罚，扣分又罚款，在原有基础上进一步提高了违法成本，量化扣分项由 38 项增加至 52 项，扣分值也做了进一步调整，如闯红灯交通违法扣分由 3 分提高到 6 分；因饮酒后驾驶机动车被处罚，再次饮酒后驾驶机动车的，处十日以下拘留，并处一千元以上二千元以下罚款，吊销机动车驾驶证。结果成效明显。交通违法 = 经济处罚 + 扣分 + 损失时间 + 心情不顺畅……明确的处罚数据标准、高企的成本，使驾驶员能明晰违法代价，打消侥幸心理，既有利于道路畅通，又有利于减少交通事故。

知识拓展

统计的职能

统计信息作为社会经济信息的主体，应具备灵敏的信息职能、完备的咨询职能、严密的监督职能、高效的执行职能、科学的辅助决策职能。

（一）信息职能

信息职能是指统计具有一整套科学、统一的统计指标体系和统计调查方法，能够灵敏和系统地采集、处理、传输、存储和提供大量以数据资料为基本特征的社会经济信息。为保证信息的可靠性和完备性，必须完善统计信息自动化建设，进一步拓展统计信息的内容，提高统计数据的质量。

（二）咨询职能

咨询职能是指利用已经掌握的、丰富的统计信息资源，运用科学的分析方法和先进的技术手段，深入开展综合分析和专题研究，为科学决策和管理提供各种可供选择的咨询建议与对策方案。

（三）监督职能

监督职能是指根据统计信息对客观事物总体的综合反映，运用统计调查和分析方法，及时、准确地对纷繁多变的经济、社会和科技的运行状态进行全面、系统的定量检查、监测和预警，以促使国民经济持续、快速、健康发展。

上述三种职能相互联系、相辅相成。统计的信息职能是统计的基本职能，是保证统计咨询职能和监督职能有效发挥的基础。统计的咨询职能和监督职能是统计的信息职能的继续，是统计发挥其信息资源优势，反过来为社会、经济、科技提供服务，使统计信息走向社会化、产业化、商品化、国际化的必经之路。而统计的监督职能则是信息、咨询职能的进一步拓展，并促进统计信息和咨询职能的优化。

（四）执行职能

执行职能是指完成统计调查任务，执行国家统计标准、贯彻全国统一的基本统计报表制度，并科学地将调查、搜集的统计资料进行系统整理，形成统计基础资料，及时、准确上报各专业统计报表。

（五）辅助决策职能

随着社会的快速发展和市场竞争的加剧，无论是宏观决策还是微观决策，都必须建立在真实、可靠的现实数据基础上，根据现实情况和内部条件与外部环境各方面的发展变化，从错综复杂的经济联系中抓住主要环节，对瞬息万变的经济情况做出及时、准确的反应，以保证决策的科学性。在这一过程中，统计起着辅助决策作用。统计在管理中扮演的这种角色促进了管理工作的科学化，并日益受到重视。

第四节　数字里面有学问——统计学的基本概念

一、统计总体与总体单位

微课：统计学的基本概念

统计研究社会经济现象的数量方面，不是以个别社会现象为对象，而是以大量社会现象为对象。客观存在的、在同一性质基础上结合起来的许多个别事物组成的整体，叫统计总体，简称总体。构成总体的每个个别事物称为总体单位或简称单位。

例如，我们要研究全国独立核算工业企业的生产经营情况，就以全国所有独立核算工业企业作为总体。各个工业企业虽然在产品品种、质量和数量等方面千差万别，但它们都是独立核算的工业企业，而且从掌握生产条件、提供生产成果等方面来说，它们的基本特征是一致的。

统计总体具有三个特征，即同质性、大量性和差异性。

（1）同质性。也就是总体是由性质相同的许多单位组成的，不能把不同性质的单位混在同一总体中。只有科学地规定统计总体和总体单位，才能通过总体单位认识总体，掌握总体的基本特征，这也是正确确定调查范围，做好统计调查的前提条件。

（2）大量性。因为统计研究社会经济现象的数量方面主要是揭示现象的规律性，而统计学中著名的大数定律告诉我们，个别社会现象有很大的偶然性，但大量现象的综合汇总却相对稳定，表现出某种规律性的倾向。所以统计总体应该包含足够多数的单位。

（3）差异性。差异性是指总体各单位之间存在的差异。在统计中，差异性也叫变异性。

请思考

总体与总体单位是相对的，随着研究任务的改变而改变，同一单位可以是总体，也可以是总体单位。找一个你熟悉的例子，说明总体与总体单位的相对性。另外，不是所有总体与总体单位都可以相互转化。

二、标志和指标

（一）标志

统计标志简称标志，是指总体中各单位所共同具有的属性和特征。或者说，统计标志是说明总体单位属性和特征的名称。它有品质标志和数量标志之别。通常所要分析的资料多属于可计量的定量数据，如重量、时间、长度、价格等数量标志。此外，在社会经济和管理等领域，还会经常得到诸如消费者对某种产品的喜好、某种消费行为等由定性资料构成的品质标志。

如在对某人群进行调查时，表明总体单位(人群中的每个个体)品质、属性或特征的标志称为品质标志，其表现是文字，如体型、爱好、个性等。表明总体单位数量特征的标志称为数量标志，其表现为数值，如身高、体重、年龄、收入水平等。品质标志主要用于分组，将性质不同的总体单位划分开来，便于计算各组的总体单位数、结构指标和比例指标。数量标志既可用于分组，也可用于计算标志总量以及其他指标。

品质标志或数量标志在总体各单位上的具体体现称为标志表现。品质标志的具体表现是在标志名称之后所表明的属性，如某人的性别是男，民族是汉族，这时“男”和“汉族”是品质标志名称“性别”和“民族”的属性，是这类标志的具体表现。数量标志的具体表现是在标志名称之后所表明的数值，如某人的年龄是 26 岁，工资是 8 860 元，则“年龄”和“工资”是数量标志的名称，而“26 岁”和“8 860 元”则是它们的数值表现，也叫标志值。

当总体各个单位的某一标志表现都相同时，这个标志称为不变标志；当总体各个单位的某一标志表现存在差异时，这个标志称为可变标志。不变标志是构成统计总体的基础，因为总体各单位至少必须有一个不变标志才能使总体具有同质性，从而构成总体。

（二）指标

指标是统计指标的简称，是表明总体综合数量特征的概念和范畴。如粮食总产量、工业总产值、社会商品零售额、职工总数、男女比重、产品合格率、平均亩产量、劳动生产率等，都是统计指标。

统计指标显示总体共同的属性和特征，但由于总体各单位所处环境不同，因此各单位所属特征的具体表现通常是不同的，因此我们需要通过调查、登记并汇总计算得出表明总体数量特征的数字，以获得对统计指标的完整认识。例如，各工业企业的增加值有大有小，政府统计部门通过逐级汇总，得出 2022 年全国第二产业增加值为 483 164 亿元，占 GDP 比重为 39.9%，于是我们对工业增加值指标就有了完整的认识。一项完整的统计指标应该由指标名称、总体范围、时间、地点、指标数值和计量单位等构成。习惯上，在统计设计阶段把调查项目名称叫作统计指标，而在调查汇总之后又把指标数值叫做统计指标，这都不影响统计指标构成的完整性。

案例："统计"强调"统"

统计指标的主要特点可概括如下：

（1）数量性。统计指标是在对客观现象进行定性分析的前提下，对其数量方面予以反映，换句话说，统计指标都表现为一定的数值。有些抽象度较高的社会经济现象，如居民生活水平，可分解为平均预期寿命、平均受教育程度、人均居住面积、每人每天摄取热量等可以量化的概念，然后再加权综合，即得出一个指标，据此可以判断是否达到预期水平。所以，统计指标反映的是客观现象的量，客观现象也必须是可以度量的才能够用统计指标来表现。

（2）综合性。统计指标是许多个体现象数量综合的结果。例如，一个人的年龄不叫统计指标，而许多人的平均年龄就是统计指标。

（3）具体性。统计指标不是抽象的概念和数字，它是对一定的、具体的社会经济现象数量的反映。统计指标必须包含具体的、客观存在的社会经济现象的质的内容，在此定性的前提下，对社会经济现象用数量进行反映。

从不同角度，可以将统计指标分为以下几种类型：

第一，按统计指标所说明的总体现象的内容不同，分为数量指标和质量指标。

数量指标是说明总体外延规模的指标，反映总体绝对量多少，它用绝对数的形式来表示，并有计量单位。数量指标的数值随总体外延范围的大小而增减，如全国的人口数大于某一省的人口数。质量指标是说明总体内部数量关系和总体单位水平的指标，它通常以相对数和平均数的形式来表示，如劳动生产率、平均工资等。质量指标的数值不随总体范围的变化而变化。

例如，一个县的人均月收入水平是 5 300 元，一个省的人均收入水平可能比它高，也可能比它低。

第二，按统计指标的作用和表现形式不同，可分为总量指标、相对指标和平均指标。

第三，按统计指标在管理上所起的作用不同，可分为考核指标和非考核指标。

考核指标是用来评定优劣、考核成绩、决定奖惩的统计指标；非考核指标是用来了解情况和研究问题的统计指标，它的含义、界限、计算方法随总体现象的特点和研究目的而定。习惯上，考核指标和非考核指标合称观察指标。

（三）指标与标志的区别和联系

指标和标志既存在明显的区别，又有密切的联系。其区别主要表现在两方面：其一，反映的内容不同。指标是反映总体特征的，而标志是反映总体单位特征的。其二，表现形式不同。指标都是用数值表示的，而标志分数量标志和品质标志。数量标志能用数值表示，品质标志不能用数值表示。

其联系也主要体现在两方面：其一，汇总关系。统计指标的数值多由总体单位的数量标志值综合汇总而来。如企业工资总额等于企业各个职工的工资之和，某市工业总产值等于市内各个工业企业的产值之和。其二，转化关系。指标与标志随着总体和总体单位的转化而转化。若由于统计研究目的变化，原来的统计总体变成总体单位时，则相对应的统计指标也就变成数量标志；反之亦然。

三、变异与变量

总体各单位标志具体表现的差异叫变异。变异就是有差别的意思，包括品质的差别和数量的差别。变异是统计的前提条件，因为就一个具体的统计总体而言，除了构成总体所使用的标志表现相同之外，总体各单位在所研究标志的具体表现上总会存在差别，否则就不必进行统计或只要调查一个总体单位就可以了。因此，变异是统计的前提，没有变异就用不着统计了。例如，正因为城市居民的生活消费水平存在着变异，而我们又需要了解这种变异，才要开展统计调查工作。

在数量标志中，把可变的数量标志称为变量。由于变量的函数仍为变量，所以统计指标也是变量。变量的数值表现称为变量值，也就是可变的数量标志的数值表现（即标志值）和指标数值。变量的主要类型如表 1-6 所示。

表 1-6　变量的主要类型

变量类型		内容描述	示例
按取值连续性分	连续变量	取值是连续不断的，相邻两个变量值之间可以作无限分割	如身高、体重、年龄、温度等
	离散变量	取值可以按一定次序一一列举，通常取整数形式	如人数、工厂数、机器台数等
按变量性质分	确定性变量	不依观察（或称试验）结果而变化的变量	如某企业工人的工龄、工资、家庭人口数等
	随机变量	影响变量值的变动因素很多，变量取值带有偶然性	如某种机械产品或零件尺寸的测量值
	注意：随机变量又有连续、离散之分。变量的两个取值之间可作无限分割的叫连续型随机变量；取值可按一定次序一一列举的称为离散型随机变量		

学以致用

一、填空题

第一章交互式测验

1. 统计一词的三种含义是________、________和________。三种含义之间的关系是________、________。

2. 社会经济统计学研究对象的特点可概括为________、________、________和________。

3. 统计学的研究方法有________、________、________和________。

4. 统计总体是________。统计总体具有________、________和________三个特征。

5. 标志是总体单位所共同具有的________和________，通常分为________和________两种类型。

二、单项选择题

1. (　　)是统计的基础职能。

A. 辅助决策职能　　B. 咨询职能　　C. 信息职能　　D. 监督职能

2. 下列各项中，属于连续变量的有(　　)。

A. 职工人数　　B. 机器台数　　C. 企业数　　D. 利润额

3. 调查某地区 1 200 家企业的职工工资水平情况，则统计总体为(　　)。

A. 1 200 家企业的全部职工　　B. 1 200 家企业

C. 1 200 家企业职工的全部工资　　D. 1 200 家企业每个职工的工资

4. 下列属于品质标志的是(　　)。

A. 某人的年龄　　B. 某人的性别

C. 某人的体重　　D. 某人的收入

5. 某班四名学生统计考试成绩分别为 80 分、90 分、76 分和 95 分，这四个数字是(　　)。

A. 标志　　B. 指标值　　C. 指标　　D. 变量值

三、 多项选择题

1. 下列各项属于统计指标的有(　　)。

A. 2022 年全国人均国内生产总值　　B. 某台机床使用年限

C. 某市年供水量　　D. 某地区原煤生产量

E. 某学员平均成绩

2. 总体、总体单位、标志、指标间的相互关系表现为(　　)。

A. 没有总体单位就没有总体，总体单位不能离开总体而存在

B. 总体单位是标志的承担者

C. 统计指标的数值来源于标志

D. 指标是说明总体特征的，标志是说明总体单位特征的

E. 指标和标志都是用数值表示的

3. 全国第七次人口普查中(　　)。

A. 全国人口数是统计总体

B. 总体单位是每一个人

C. 全部男性人口数是统计指标

D. 人口的性别比是总体的品质标志

E. 人的年龄是变量

4. 下列各项中，属于连续变量的有(　　)

A. 固定资产投资额　　B. 湖泊个数

C. 国民生产总值中三次产业比例　　D. 居民生活费用价格指数

E. 就业人口数

5. 指标和标志之间存在变换关系，是指(　　　)。

A. 在同一研究目的下，指标和标志可以对调

B. 在研究目的发生变化时，指标有可能成为标志

C. 在研究目的发生变化时，标志有可能成为指标

D. 在不同研究目的下，指标和标志可以相互对调

E. 在任何情况下，指标和标志都可以相互对调

四、判断题

(　　)1. 数量指标是由数量标志汇总而来的，质量指标是由品质标志汇总而来的。

(　　)2. 所有的统计指标和可变的数量标志都是变量。

(　　)3. 全国人口普查的总体单位是户。

(　　)4. 品质标志不能转变为统计指标数值。

(　　)5. 统计指标及其数值可以当作总体。

五、思考题

1. 什么是统计总体、总体单位？总体和总体单位的关系如何？试举例说明。

2. 什么是标志？标志有几种？分别举例说明。

3. 如何理解总体的大量性、同质性和变异性？为什么它们是总体同时必备的特征？

4. 什么是统计指标？统计指标有哪几种？统计指标和标志有什么区别和联系？

调查研究

1. 目标

形成初步的总体认识能力。

2. 内容与要求

按每6~8人为一组组建调查小组，每组确定一名组长，调查50名学生每人所穿运动鞋的品牌类型，然后按品牌使用量大小排序。调查资料可参考下表用Excel表来汇集。

性别	年级	年龄	生源地	品牌 1	品牌 2	品牌 3	品牌 4	价格 1	价格 2	价格 3	价格 4

将各组调查结果汇总在一起，然后根据全班统计汇总结果按品牌使用量大小排序，查清排名前三位的品牌及价格。

3. 成果与检测

各组分析小组按品牌排序与全班排序之间存在差异的原因，在教师指导下相互评判打分。

第二章

寻找战机中弹点里蕴藏的玄机——统计调查

【学习目标】

素养目标：

- 培养结合实际选择科学调查方法的求实作风；
- 培养深入实际科学调查、精细严谨的工匠精神。

知识目标：

- 掌握统计调查方案的设计；
- 掌握几种常用的统计调查方法及其应用场合。

能力目标：

- 能够根据统计调查目的设计统计调查表；
- 能够根据统计工作任务，选择适当的调查方法完成统计调查工作。

【思维导图】

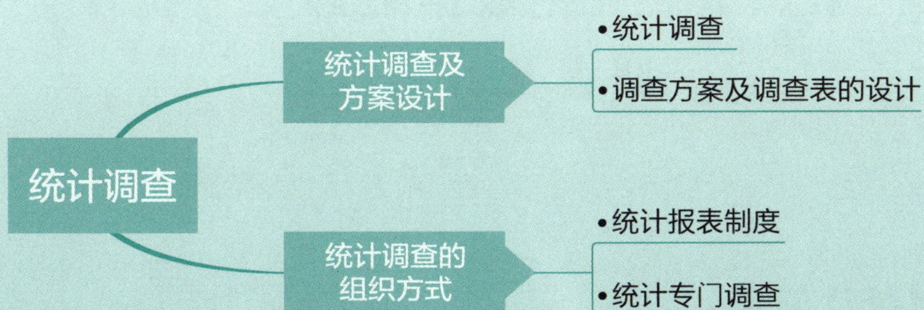

情景引入

第二次世界大战后期，为尽快结束战争，盟军对法西斯展开了大规模战略轰炸，每天上千架轰炸机从基地呼啸而去，返回时往往损失惨重。为降低损失，盟军考虑在飞机上焊防弹钢板；但如果整个飞机都焊上钢板，速度、航程和载弹量等都会受到严重影响。

为此，盟军请来数学家亚伯拉罕·沃尔德。沃尔德把统计表发给地勤技师，让他们把飞机上弹洞的位置报上来，然后自己铺开一张大白纸，画出飞机的轮廓，再把那些小弹孔一个个添上去。画完之后大家一看，飞机浑身上下都是弹孔，只有飞行员座舱和尾翼两个地方几乎是空白。

沃尔德告诉大家：从数学家的眼光看，这张图明显不符合概率分布的规律，而明显违反规律的地方往往就是问题的关键。飞行员们仔细一想终于明白了：如果座舱中弹，飞行员牺牲，飞机必然坠毁；尾翼中弹，飞机失去平衡也要坠落——这两处中弹，轰炸机多半都回不来了，难怪统计数据是一片空白。据此，沃尔德给出了一个简单结论：将座舱和尾翼两个部位焊上钢板即可。

沃尔德的统计分析切中了要害。试想，假如他只是机械地在弹点最密集的地方焊上钢板，而忽略了以事实为依据的深度统计分析，结果会怎样呢？

第一节　杜绝数据造假——统计调查及方案设计

一、统计调查

统计调查是按照统计研究的目的和要求，运用科学的统计调查方法，有计划、有组织地向被调查单位收集资料的过程。统计调查的主要任务是收集数据资料，其基本任务是根据统计指标体系，通过一项一项具体调查，取得反映社会经济现象总体及其各部分的信息资料。

统计调查是收集资料获得感性认识的阶段。它既是对现象总体认识的开始，也是进行统计整理和统计分析的基础环节。它决定着整个统计工作的质量。

（一）统计调查的基本要求

统计调查作为一种主体对客体的认识活动，必须遵循实事求是的基本原则。这就要求统计调查所收集的资料必须准确、及时、全面、系统。

1. 准确性

准确性是指提供的调查资料要符合客观实际情况，不受任何主观偏见的歪曲和蒙蔽，要做到真实、可靠。影响数字准确性的因素有调查者的原因、被调查者的原因，也有客观原因。作为被调查者要依法实事求是地反映客观实际，杜绝谎报、瞒报和漏报。

例如，吉列公司曾经过调查发现，美国30岁以上的妇女有高达65%的人购买男用刮胡刀刮腿毛和腋毛，且一年消费7 500万美元，而同期花在眉笔和眼影上的钱仅6 300万美元，染发剂5 500万美元。发现市场机会后，吉列公司立即开发出女用雏菊刮毛刀，一炮打响，迅速畅销全球。基于准确的调查，才能做出科学的决策。

2. 及时性

及时性是指提供各项调查资料必须及时。落在形势后面的过时资料，时过境迁，犹如雨后送伞，不仅起不到决策者的耳目和侦察员的作用，反而会贻误整个统计工作的开展。

3. 全面性

全面性是指按照统计调查方案的规定，把应当调查的单位和项目的资料毫无遗漏地进行收集、调查，保证资料的完整性。全面性是整个统计工作及时完成的保证。

4. 系统性

系统性是指各项调查资料应格式正确，条理清楚，一目了然，便于后续逐级汇总整理。

统计素养

杜绝数据造假　促进新营销模式健康发展

中国互联网络信息中心发布的《中国互联网络发展状况统计报告》显示，截至2022年6月，我国网络直播用户规模为7.16亿，占网民总体的68.1%。在直播带货方式迅猛发展的背后，销售数据“注水”问题也为整个行业发展敲响了警钟。

据新华社记者调查，某电商平台的直播，花150元就能买到1万人次的观看数据。此外，一些QQ群和微信群中还有专门组织真人粉丝进行直播刷数据的商家。一张手机贴膜，事先将标价提到100元，带货时5元卖出，卖出2万张，再找人刷单8万张，名义销量10万张。按照100元来算销售额，业绩轻松越过千万元。主播拿着泡沫数据去“忽悠”下一个商家，很容易骗取高额的坑位费。

电商直播的数据“注水”，既是不诚信行为，也违反了《中华人民共和国反不正当竞争法》，误导了消费者，扰乱了市场秩序。为此，一方面，电商、短视频等平台应强化自身监控体系，对流量造假要及时发现、严肃处理；另一方面，广大消费者在购物时，也要对主播宣称的销量和使用效果谨慎对待，仔细甄别，并保留购物凭证，以便维权。

（二）统计调查的分类

统计调查的类型有很多种，较常用的分类方法如表2-1所示。

表2-1　统计调查类型表

统计调查类型		定义描述	示例
按调查对象包括的范围分	全面调查	对构成调查对象总体的全部单位，无一例外地进行调查。包括全面统计报表和普查	如了解企业全部机器运行状况，需对机器进行全面调查
	非全面调查	对构成调查对象总体的一部分单位进行调查。包括重点调查、抽样调查和典型调查	如了解城市居民家庭消费状况，可选择其中一部分进行调查
按调查登记的时间连续性分	经常性调查	对调查对象进行连续不断的登记	如制造业中变动较大的产品产量、主要原材料和燃料、动力消耗等调查，需连续观察登记
	一次性调查	间隔一定时间，一般是相当长的时间（如一年以上）所进行的调查	如人口普查，间隔较长时期进行一次；企业生产设备使用状况，隔一段时间就进行一次调查

续表

统计调查类型		定义描述	示例
按调查组织方式不同分	统计报表	按统一规定的表式和要求，自上而下统一布置，自下而上逐级汇总上报统计资料的调查组织形式	如企业增加值统计调查等
	专门调查	为了了解和研究某些专门问题，由进行调查的单位专门组织的调查	如普查、抽样调查、典型调查等
按收集资料的方式分	现场观察法	调查人员到现场对调查对象进行直接点数和计量的调查方法。较准确，但花费人力、物力较大	如对商品库存的盘点，对农产品产量的实割实测等
	报告法	以原始凭证为依据，由调查单位按规定填写调查表上报的调查方法	如我国现行的统计报表制度等
	采访法	一是口头询问法，由调查机构派员按照调查项目要求向被调查者询问，将结果登记入表，又称派员法；二是被调查人员自填法，由调查人员将调查表格交给被调查者自己填写的一种调查方法	如各种社会调查、咨询公司调查等
	通信法	把要调查的问题寄给被调查者，请被调查者填好寄回的一种调查方法	如民意测验、产品质量跟踪调查等
按收集资料的方式分	实验采集法	指资料收集者，通过实验对比获取统计资料。具体的实验方法有试用、试穿、试听、现场表演等	如要改变某商品的品种、价格、包装、广告等任一因素时，先作小规模的试验性改变，观察顾客反应
	网络调查法	利用计算机网络收集数据资料	如明星人气调查等

动画：统计调查惹的祸

统计调查的方式多种多样，实际调查工作中究竟采用何种方法，要根据调查的目的及调查对象本身的特点来决定，同时还要考虑调查对象的客观情况和工作条件情况。

课堂讨论

在一个寒冷的冬天，一间访谈室的桌子上摆满了没有标签的杯子，一排被调查者被分批叫进房间，逐一品尝桌上不知名的饮料，并且把口感描述出来写在面前的卡片上。调查显示：超过60%的被访问者认为不能接受该饮料——冰茶，被测试的消费者表现出对冰茶的抵抗。最后调查企业认为中国人忌讳喝隔夜茶，冰茶更是不能被接受。直到以某品牌为代表的冰茶在中国全面旺销，该调查企业再想迎头赶上为时已晚，一个明星产品因不合时宜的抽样调查与公司擦肩而过。

讨论： 该饮品公司在实验运作中犯了什么错？怎样才能有效保证实验采集数据的科学性？

二、调查方案及调查表的设计

统计调查是一项复杂的工作，不仅涉及面广，而且涉及人员众多，要顺利完成调查任务，保证调查工作统一认识、统一内容、统一方法、统一步调，在着手调查之前应该制定一个周密、完整的调查方案，具体包括以下几个方面的内容：

（一）确定调查目的和任务

制定统计调查方案的首要问题是明确调查的目的和任务。不同的研究目的和任务决定着不同的调查内容和范围，只有明确调查的目的才能明确该向谁调查、调查什么、用何种方式调查等。

（二）确定调查对象和调查单位

调查对象是指需要进行调查的那些社会经济现象的总体，它是由性质上相同的许多调查单位组成的。调查单位是指组成调查对象的各个具体单位，即总体单位。例如，调查目的是收集国有大中型工业企业产品产量、结构、效益等有关资料，那么所有国有大中型工业企业就是调查对象，每一个国有大中型企业就是调查单位。需要注意的是，调查单位和填报单位是两个不同的概念，二者既有区别，又有联系，且有时一致，有时不一致。如表 2-2 所示。

表 2-2 调查单位和填报单位的区别

属性类型	内容描述	区别示例
调查单位	调查项目的承担者。如人、企事业单位、设备等	如企业设备状况的调查单位是企业的每台设备，而填报单位是每个企业
填报单位	负责报告调查内容的单位	

请思考

以居民居住状况调查为例，找出该调查涉及的调查对象、调查单位和填报单位。

（三）拟定调查项目，设计调查表

1. 调查项目

调查项目是调查的具体内容，也就是所要登记的调查单位的有关标志。它是由调查对象的性质、调查的目的和任务决定的。在确定调查项目时应做到，所选择的调查项目含义明确、解释统一，并能获得确切的资料，同时各个调查项目之间彼此衔接、互相联系，有利于从整体上了解现象的相互关系，也便于对有关项目进行相互核对，保证调查资料的质量。如第七次全国人口普查的调查项目涵盖了姓名、性别、年龄、民族、国籍、受教育程度、行业、职业、迁移流动、社会保障、婚姻、生育、死亡、住房情况等多个项目。

微课：统计调查

2. 调查表

调查表是统计调查中收集原始资料的基本工具，是将调查提纲中的各个调查项目按照一定的顺序排列在一定的表格上形成的。其构成如表 2-3 所示。

表 2-3　调查表的构成

组成部分	主要内容
表头（名称）	说明调查的内容，被调查单位的名称、性质、隶属关系等
表体	调查表最主要的部分，包括调查的具体项目
表脚	由填表人签名、填报日期、填表说明等内容构成，以明确责任

调查表一般有两种形式，即单一表和一览表。单一表是每张表上只登记一个调查单位，即将该调查单位的内容登记在一张表上，可容纳较多的内容，如育龄妇女登记表，如表 2-4 所示。一览表是每张表上登记若干个调查单位，即将若干个调查单位的调查内容按次序登记在一张表上，调查项目一般不能过多。

表 2-4　育龄妇女登记表（单一表）

<table>
<tr><td>姓名</td><td>民族</td><td>出生年月</td><td>身份证号</td><td>初次生育年龄</td><td>文化程度</td><td>职业</td></tr>
<tr><td></td><td></td><td></td><td></td><td></td><td></td><td></td></tr>
<tr><td rowspan="2">健康状况</td><td colspan="3"></td><td colspan="3">生育状况</td></tr>
<tr><td colspan="3"></td><td colspan="3">生产(活产)：　个。其中，男：　女：</td></tr>
</table>

续表

个人简历	
经济状况	
备注	

3. 调查问卷

调查项目除了使用调查表外，也可以调查问卷的形式表现。调查问卷作为用来收集调查数据的一种工具，通常由调查者根据调查目的和要求进行设计，并由封面信、指导语、问题及答案、编码等组成，如图 2-1 所示。

案例：
问卷设计要科学

封面信(致被调查者的短信。说明调查者身份、调查内容、主要目的等)

↓

指导语(解释和说明。如“请根据实际在合适的答案号码上画圈或在空白处直接填写”)

↓

问题及答案(分为开放式与封闭式两大类。开放式问题只提出问题，不提供具体答案，由回答者据实自由填答；封闭式问题则在提出问题的同时，给出若干答案，由回答者据实选择)

↓

编码(用于以封闭式问题为主的问卷，每个问题及答案用一个数字作代码)

↓

其他(包括调查日期、被调查者住址等)

图 2-1　调查问卷组成部分

知识拓展

调查问卷设计要点

为提高调查问卷的调查质量，设计及撰写调查问卷时要注意掌握以下要点：

调查问卷应避免被调查者可能不明白的缩写、俗语或生僻的用语，问卷措辞尽量用最简单的词语表达最确切的含义；要避免使用含糊的提问和诱导性的用语；要充分考虑到被调查者回答问题的意愿；措辞时要注意研究被调查者的心理，注意问题的措辞，避免使被调查者不愿意回答或不愿意真实回答一些敏感性问题；注意节约被调查者的时间。

为使调查人员能获得所需信息，同时被调查者又能轻松、方便地回答问题，问卷设计中常使用以下几种问题答案类型：二项式、多项式、序列式、程度式、尺格式、欲望式、自由式等。如表 2-5 所示。

表 2-5　问卷设计常用类型

形式	答案类型	示例
二项式	只有“是”和“否”两种答案	您今年是否打算买商品房？是□　否□
多项式	列出三个或三个以上答案供选择	您的手表是哪种牌子？飞亚达□　上海□　海鸥□　西铁城□　其他□
序列式	按答案的重要程度或喜爱程度不 同定出先后顺序	将您喜欢青岛的理由用数字从大到小进行排序：山水美 □　自然风光好□　建筑漂亮□　夏天凉快□
程度式	按对结果的感受程度回答	您认为某品牌自行车质量如何？很好□　好□　一般□　较差□　差□
尺格式	把答案看作一条有尺格的尺子，在尺格上选择	您认为波司登羽绒服的重量及手感如何？轻□　重□　软□　硬□
欲望式	根据购买欲望程度回答	华为手机推出了新品，您会购买吗？会□　应该会□　难说□　不会□
自由式	被调查者根据提问自由回答	您到九寨沟旅游花了多少费用？(1)旅途交通____元，(2)住宿____元，(3)餐饮____元，(4)景区游览____元，(5)购物____元

（四）确定调查时间和调查期限

调查时间和调查期限的含义及内容如表 2-6 所示。

表 2-6 调查时间和调查期限的含义及内容

<table>
<tr><th>属性类型</th><th>含义</th><th>内容描述</th><th>示例</th></tr>
<tr><td>调查时间</td><td>调查资料所属的时间</td><td>如属于时期现象，是资料反映的起止日期；如属于时点现象，是统一规定的标准时点</td><td rowspan="2">第七次全国人口普查的调查时间为 2020 年 11 月 1 日零时，调查期限为 2020 年 10 月 11 日至 2020 年 12 月 10 日</td></tr>
<tr><td>调查期限</td><td>整个调查工作的时限</td><td>包括搜集资料和报送资料所需要的时间，为保证调查资料及时、准确，调查期限要尽可能缩短</td></tr>
</table>

（五）编制组织实施计划

为保证整个统计调查工作顺利进行，在调查方案中还应编制一个切实可行的组织实施计划，该计划应主要包括以下内容：调查工作的领导机构和办事机构；调查人员的组织；调查的方式和方法；调查前的准备工作，包括宣传教育、人员培训、文件准备等；调查经费的预算和开支办法；提供或公布调查成果的时间。

第二节 活用统计调查——统计调查的组织方式

我国的统计调查主要包括统计报表制度和统计专门调查两大类型。

一、统计报表制度

统计报表制度是依照国家有关法规的规定，以一定的原始记录为依据，按照统一的表式、统一的指标项目、统一的报送时间和报送程序，自上而下地统一布置，自下而上地逐级提供基本统计资料的一种报告制度。

（一）统计报表的特点

统计报表与其他统计调查相比具有以下特点：

（1）统计报表可以事先布置到基层单位，基层单位可以根据统计报表的填报要求，建立健全各种原始记录，保证统计报表和资料来源有可靠的基础，做到准确、及时和完整。

（2）统计报表是逐级汇总上报的，各级领导部门均能得到管辖范围内的统计报表资料。

（3）统计报表调查是经常性调查，内容也相对比较稳定，便于资料的积累和历史对比。

（二）统计报表的分类

我国现行的统计报表，分为国民经济基本统计报表、专业统计报表和地方统计报表三种。

国民经济基本统计报表即国家统计报表，由国家统计部门统一制发。专业统计报表即部门统计报表，是各有关部门根据本部门管理的需要制定的统计报表。地方统计报表是根据地区特点和管理需要而相应制定的统计报表，其实施范围是各省、自治区、直辖市。

统计报表按报送周期不同，分为日报、旬报、月报、季报、半年报和年报。除年报外，统称为定期报表。报表报送周期越短，指标项目应该越少、越简；反之，则越多、越细。由于日报和旬报有较强的时效性，故也可称进度报表。

统计报表按调查范围不同，分为全面统计报表和非全面统计报表。全面统计报表要求调查对象的全部单位都填报。非全面统计报表则只是要求调查对象中的部分单位填报。

统计报表根据填报单位不同，分为基层统计报表和综合统计报表。基层统计报表是由基层企事业单位填报的报表。综合统计报表是主管部门或统计部门根据基层报表逐级汇总填报的统计报表。

（三）统计报表的资料来源

统计报表的资料来源于基层单位的原始记录，原始记录工作的质量直接影响报表数字的准确性和及时性。从原始记录到统计报表，中间还要经过统计台账和企业内部报表。因此，要健全内部的统计报表制度。原始记录是基层企业通过一定的表格形式对生产经营状况所进行的第一手记载，未经过任何加工、整理。统计台账是基层单位根据统计报表和统计核算工作的需要而设置的一种系统积累统计资料的表册。一般企业可以设车间统计台账和企业统计台账等。

统计报表制度对统计报表的表式、填表说明等内容都作了严格的规定，统计人员要严格按照报表中规定的指标、格式、计算口径、计算方法、报送程序和时间进行填制，未经批准不得擅自改变。表 2-7 是国家统计局制定的产业活动单位基本情况表，各产业单位必须按项目如实填报。

表 2-7　产业活动单位基本情况

表　　号：MLK 1 0 1 — 2 表
制定机关：国　家　统　计　局
文　　号：国统字〔2019〕101号

单位类别　□
　1 法人单位本部（总部、本店、本所等）
　2 法人单位分支机构（分部、分厂、分店、支所等）

统一社会信用代码
□□□□□□□□□□□□□□□□□□
尚未领取统一社会信用代码的填写原组织机构代码
□□□□□□□□—□

单位详细名称：______________________

单位负责人：______________________

单位所在地及区划　　区划代码（统计机构填写）□□□□□□—□□□—□□□
________省（自治区、直辖市）________市（地、州、盟）________县（市、区、旗）
________乡（镇）________________街（村）、门牌号
单位位于：________街道办事处________社区（居委会）

联系方式
　长途区号　□□□□□
　固定电话　□□□□□□□□-□□□□□□
　移动电话　□□□□□□□□□□□
　传真号码　□□□□□□□□-□□□□□□
　邮政编码　□□□□□□

电子邮箱______________________
网　　址______________________

行业类别
　主要业务活动 1 ____________；2 ____________；3 ____________
　统计机构填写：行业代码（GB/T 4754-2017）　□□□□

登记注册类型　□□□

内资		港澳台商投资	外商投资
110 国有	159 其他有限责任公司	210 与港澳台商合资经营	310 中外合资经营
120 集体	160 股份有限公司	220 与港澳台商合作经营	320 中外合作经营
130 股份合作	171 私营独资	230 港澳台商独资	330 外资企业
141 国有联营	172 私营合伙	240 港澳台商投资股份有限公司	340 外商投资股份有限公司
142 集体联营	173 私营有限责任公司	290 其他港澳台商投资	390 其他外商投资
143 国有与集体联营	174 私营股份有限公司		
149 其他联营	190 其他		
151 国有独资公司			

1 成立时间（所有单位填写）______年______月　　2 开业时间（仅限企业填写）______年______月

运营状态□
　1 正常运营　2 停业（歇业）　3 筹建　4 当年关闭　5 当年破产　6 当年注销　7 当年吊销　8 其他

机构类型　□□
　10 企业　20 事业单位　30 机关　40 社会团体　51 民办非企业单位
　52 基金会　53 居委会　54 村委会　55 农民专业合作社　56 农村集体经济组织
　90 其他组织机构

从业人员期末人数____________人

经营性单位收入____________千元

非经营性单位支出（费用）____________千元

……

单位负责人：　　统计负责人：　　填表人：　　填表人移动电话号码：
联系电话：　　填表日期：20　年　月　日
（产业活动单位在此盖章）

说明：新增单位填报时，表中经营性单位收入和非经营性单位支出（费用）填全年预计数。

二、统计专门调查

（一）普查

普查是专门组织的一次性全面调查。它主要用来收集某些不能够或者不适用于定期全面统计报表收集的统计资料，一般用来调查属于一定时点上的社会经济现象的总量。

普查是一种很重要的调查方法，通过普查可以掌握关系到国情、国力的重要数据，为国家制定政策和计划，尤其是制定国民经济和社会发展的长远规划提供依据。中华人民共和国成立后，我国进行了多次不同内容的大规模普查，如从1953年到2022年我国共进行了七次人口普查。

普查的组织方式通常有两种：一是通过专门组织普查机构和配备相应的普查人员，对调查单位直接进行登记，如2020年全国第七次人口普查，国务院专门组织成立了人口普查组织机构。二是利用企事业单位的原始记录和核算资料，下发一定的调查表格，由这些单位根据要求填报，如1954年全国黑色金属、有色金属和木材库存普查。

拓展应用

我国以2020年11月1日零时为标准时点开展了第七次全国人口普查，普查全面采用电子化数据采集方式，实时直接上报数据，首次实现普查对象通过扫描二维码进行自主填报，提高了普查工作质量和效率。普查结果显示，全国人口共141 178万人(不含港澳台地区)，比2010年增加7 206万人，增长5.38%。男性人口为72 334万人，占51.24%；女性人口为68 844万人，占48.76%，总人口性别比(以女性为100,男性对女性的比例)为105.07，与2010年基本持平。全国共有家庭户49 416万户，家庭户人口为129 281万人，平均每个家庭户的人口为2.62人，比2010年减少0.48人，家庭户规模继续缩小。普查全面查清了我国人口数量、结构、分布等方面的情况，准确反映了当前人口变化的趋势性特征，为制定国家规划和人口调控政策提供了准确的统计信息支持。

普查涉及面广、单位多、内容详细、工作量大，必须通盘考虑普查工作的全过程，认真做好如下工作：建立统一的组织领导机构，对群众进行广泛的宣传发动，设计和颁发普查方案，组织和培训普查队伍，进行必要的试点工作，制定周密的工作规程，进行严格的质量控制。

组织普查工作的原则是：首先，要确定一个统一的调查时点(标准时间)，使所有调查资料都必须反映这一时点上的状况。如我国将第七次人口普查的标准时间定为 2020 年 11 月 1 日零时。标准时间一般定为调查对象比较集中、相对变动较小的时间。其次，规定在普查范围内各调查单位的调查登记工作尽可能同时进行，并在标准时间前后的最短时间内完成，避免资料发生重复和遗漏。最后，调查项目一经统一规定，不得任意改变或增减，以免降低资料质量。

（二）重点调查

抓主要矛盾，就是抓重点，分清工作主次，抓住工作重点，就是人们通常比喻的“牵牛鼻子”艺术。在调查任务只要求掌握基本情况，而部分单位又能比较集中地反映研究项目和指标时，就可以采用重点调查。

重点调查是指从调查对象的全部调查单位中选择一部分重点单位进行调查的一种非全面调查。重点单位在全部总体单位中所占比重很小，但它们在研究现象的标志总量中占有很大的比重，在总体中起着举足轻重的作用，对这些单位进行调查，就能从数量上反映被研究现象的基本情况。例如，要了解新能源汽车电池生产的基本情况，只需调查宁德时代和比亚迪即可，因为 2022 年这两家企业的产量占全国产量的六成以上。由于重点调查只需调查较少的单位，因而比全面调查省时、省力，对于了解有关情况具有比较明显的优势。重点调查取得的数据只能反映总体的基本发展趋势，不能用以推断总体，因而也只是一种补充性的调查方法。目前主要是在一些企业集团的调查中运用。

重点单位的选择是从现象数量方面考虑的，它的选择不带有主观因素，能较客观地反映现象总体的基本情况。同时，由于重点调查范围小，调查项目可以详细些。此外，重点单位的选择应根据调查目的和调查任务来确定，选中的单位一般具有良好的统计基础条件，管理比较健全，统计力量比较充分，统计工作比较扎实，这样才能准确及时地提供统计资料。

（三）典型调查

典型调查是根据调查目的和要求，在对调查总体进行全面分析的基础上，有意识地从中选择少数具有代表性的单位进行深入调查研究的一种非全面调查。它有如下两个特点：其一，调查单位是根据调查目的有意识地选择的具有代表性的少数单位。调查质量与典型的代表性有密切关系，在选择典型单位时，一定要克服主观片面性，提高典型调查的质量。其二，典型调查的调查范围小。因此，调查项目可以多一些，以便对问题进行深入细致的研究。

拓展应用

一家国际快递公司的工业工程师通过对部分优秀送货司机的行驶路线进行时间研究，记录他们等红灯、通行、按门铃、穿过院子、上楼梯、中间休息甚至上厕所的时间，将这些数据输入计算机，分析出他们每天工作的详细时间标准，以此形成科学的送货、暂停和取货活动标准。当货车接近发送站时，送货司机松开安全带，按喇叭，关发动机，拉起紧急制动，把变速器推到 P 挡上，为送货完毕后启动货车离开做好准备。然后，司机从车上下来，右臂夹着文件夹，左手拿着包裹，右手拿着车钥匙，看一眼包裹上的地址，把它记在脑子里，然后以固定的速度快步走到顾客的门前，先敲一下门以免浪费时间找门铃。送货完毕后，他们在回到货车的路途中完成登记工作。所有司机按此程序，每天可完成取送 130 件包裹的目标。

典型调查的形式有两种：一种是对总体中个别典型单位进行的调查研究，即“解剖麻雀”式的典型调查。其目的是通过个别单位的特征说明事物的一般情况及其规律。另一种是在对总体进行分类的基础上，选择部分典型单位进行调查，即“划类选典”式的典型调查。其目的是根据这些单位的调查结果从数量上对总体作出分析和推断。划类选典式的典型调查方法先区分现象的类型，再从各类中选出典型单位，这就相应地减少了类型内各单位的差异，提高了典型单位的代表性。

典型调查既可以作为收集资料的一种调查方式，也可以作为分析研究问题、提出办法的一种工作方法。其主要作用有以下三个方面：

（1）可以补充全面调查和其他非全面调查的不足，可以收集其他方式无法取得的统计资料，也可以保证全面调查数字的真实性。

（2）在一定条件下，可以利用典型调查资料从数量上推断总体指标数值。

（3）典型调查可以用来研究新生事物。新生事物虽然刚出现时只是少数，但却具有代表性，用典型调查来了解、研究它们，意义尤为重要。

（四）抽样调查

抽样调查是按照随机原则，从总体中随机选取部分单位进行观察，用以从数量上推算总体指标的一种非全面调查。抽样调查虽然是非全面调查，但其目的在于取得反映总体综合数量特征的资料。

抽样调查的优越性主要表现为：

（1）经济性。由于抽样调查的调查单位少，大大减轻了工作量，调查、登记和汇总都可以专业化，因而节省人力、物力和费用开支。特别对于总体范围大、总体情况复杂的现象，抽样调查更可显示出其优越性。

（2）时效性。抽样调查是直接取样，现场观测，然后由样本资料推算总体，没有必要设置中间环节，时效性很强。以农产品产量调查为例，采用抽样调查，从取样实割实测到推算定产取得数字，比等农作物全部收割完毕并入库后再经过层层统计报表汇总要及时得多。

（3）准确性。由于采用随机抽样方法，排除了主观因素影响，使样本具有较高的代表性，所以推算结果准确。对比全面调查，由于抽样调查节省人力，所以可以组织训练有素的专业化人员进行调查、推断，大大减少或避免了由于观察、测量、登记、计算等差错而引起的误差（称为登记误差），相对增强了抽样调查的准确性。

例如，据新浪汽车联合经济观察报开展的“00后购车意向大调查”，00后对自主品牌的认可率达到最高值，已与德系品牌平齐；00后对于新兴品牌也显示出了超过市场预期的接受度，新造车品牌和本土新豪华车品牌开始出现在00后的备选清单中。

（4）灵活性。抽样调查组织方便灵活，适用于专题的研究项目。只要需要，随时都可以组织实施，如市场调查、民意测验、企业活力评估等都可以因时、因地制宜地组织抽样调查，收集必要的信息。

抽样调查的组织形式如表2-8所示。

表2-8　抽样调查的组织形式

属性类型	定义及特点	适用范围
简单随机抽样	按随机原则直接从总体中选取样本单位进行调查。一般可用抽签或随机数的方式抽取总体单位	适用于具有某种特征的单位均匀地分布于总体各个部分的总体
类型抽样（又称分层抽样）	先对总体各单位按主要标志加以分类，再按随机原则从各类中抽取一定数目的单位进行调查。先分类后取样，样本代表性较高	适用于总体单位差异较大，单位数又多的总体

续表

属性类型	定义及特点	适用范围
等距抽样	先将总体中各单位按一定顺序排列，然后根据样本容量要求确定抽选间隔，再随机确定起点，每隔一定的间隔抽取一个单位进行调查。样本单位均匀分布，抽样效果较好	适用于制造企业从生产线上抽取产品检验质量
整群抽样	先将总体划分成许多群，然后从中随机抽取部分群，对中选群进行全面调查。样本单位集中，省时省力，节约开支	适用于普查后的抽样调查验证

在实际工作中，究竟采用哪一种抽样调查方式，必须按照调查对象的性质和调查需要的条件来确定。总的要求是保证质量，讲究实效。既要保证调查结果的准确性，又能尽量节约人力物力，在较短时间内完成。应该指出的是，不同的抽样组织形式有不同的抽样误差，而且同一种组织形式的合理程度会影响抽样误差。关于抽样误差的概念，将在第六章讲述。

课堂讨论

下面是某地一家婚庆公司为一对新婚夫妇列出的婚礼花费清单，如表 2-9 所示：

表 2-9　婚礼花费清单

项目	费用/元	项目	费用/元
仪式地点场地租赁费	13 930	请帖费	351
婚礼乐队费	3 081	婚礼蛋糕费	540
婚礼主持人费	900	餐饮费(每人)	200
摄影摄像费	2 320	婚礼租车费	1 463
新娘礼服费	1 099	婚礼伴手礼费	2 460
鲜花费	988	装饰费	1 000

讨论： 请调查本地区婚礼花费构成及对应平均费用，并提出降低费用的措施。

微课：统计调查应用

由于客观现象的复杂多样性，各调查单位的性质、经济类型、规模、所有制形式和管理水平千差万别，加上在发展中随时还会出现许多新情况、新问题，这就要求我们在统计调查中，必须按照调查对象的特点和不同的调查目的，因时、因地、因事制宜地灵活运用各种调查方式。同时，在同一调查活动中，还要注意将某些不同的调查方式结合运用，以达到收集资料准确、充实，能够满足多层次需要的目的。

拓展应用

学生生活费来源及支出情况调查问卷

同学：

您好！

我是×××学院学生，现进行大学生生活费来源及具体消费支出情况社会调查，为学校制定助学政策提供决策参考。请您根据本学期的消费情况配合填写下述调查问卷，在符合实际情况的选项下画"√"。谢谢您的合作！

年级________ 性别________

1. 您每月生活费消费水平为：

A. 1 000 元以下　　B. 1 000~1 500 元　　C. 1 500~2 000 元

D. 2 000~2 500 元　　E. 2 500 元及以上

2. 您生活费的主要来源是：

A. 父母________元　　B. 勤工俭学________元

C. 助学贷款________元　　D. 其他________（请注明）________元

3. 您平均每月支出是：

A. 衣食________元　　B. 书本资料及学习用品________元

C. 通信________元　　D. 日化用品________元

E. 休闲娱乐________元　　F. 其他________元

非常感谢您的合作！

学以致用

第二章交互式测验

一、填空题

1. 统计调查的基本要求有________、________、________和________。

2. 调查表一般有两种形式，一种是________，另一种是________。

3. 确定调查对象时，还必须确定两种单位，即________和________。

4. 调查对象是指__________的总体，调查单位是指__________即总体单位。

二、 单项选择题

1. 某生产电视机的企业对产品进行质量检验，应选择(　　)。

A. 统计报表　　B. 重点调查　　C. 全面调查　　D. 抽样调查

2. 人口普查时规定标准时间的目的是(　　)。

A. 登记方便　　B. 确定调查单位

C. 避免登记的重复与遗漏　　D. 明确调查范围

3. 以下调查中(　　)的填报单位与调查单位是一致的。

A. 工业普查　　B. 工业设备调查

C. 职工调查　　D. 未安装设备调查

4. 某市进行工业企业生产设备普查，要求在7月1日至7月10日全部调查完毕，则这一时间规定是(　　)。

A. 调查时间　　B. 调查期限　　C. 标准时间　　D. 登记期限

5. 某市规定2021年工业经济活动成果年报呈报时间是2022年1月31日，则调查期限为(　　)。

A. 一天　　B. 一个月　　C. 一年　　D. 一年零一个月

三、 多项选择题

1. 普查必须注意的原则有(　　)。

A. 规定统一的标准时点　　B. 规定统一的普查期限

C. 规定统一的普查人员　　D. 规定统一的普查费用

E. 规定普查的项目和指标

2. 我国第七次人口普查的标准时间是2020年11月1日零时，下列情况应纳入统计范围的有(　　)。

A. 2020年11月2日出生的婴儿　　B. 2020年10月29日出生的婴儿

C. 2020年10月29日晚死亡的人　　D. 2020年11月1日1时死亡的人

E. 2020年10月29日出生，2020年11月1日6时死亡的婴儿

3. 下列各项调查工作中，调查单位和填报单位一致的是(　　)。

A. 企业设备调查　　B. 人口普查

C. 工业企业普查　　D. 商业企业调查

E. 商品价格水平调查

4. 抽样调查的组织形式有(　　　)。

A. 简单随机抽样　　B. 类型抽样

C. 整群抽样　　D. 等距抽样

E. 抽签法

5. 下列各项中，属于连续性调查的有(　　　)。

A. 商店的商品库存量　　B. 运输部门的客运周转量

C. 企业发生的工伤事故次数　　D. 学校年底在校生人数

E. 某地区年出生人数

四、 判断题

(　　)1. 抽样调查就是凭主观意识，从总体中抽取部分单位进行调查。

(　　)2. 典型调查是在调查对象中按随机原则选择一部分样本进行调查。

(　　)3. 填报单位是指负责报告调查内容的单位。填报单位与调查单位有时一致，有时不一致，这要根据调查任务来确定。

五、 思考题

1. 一个完整的统计调查方案应包括哪些主要内容？如何理解调查目的、调查对象、调查单位，以及调查项目之间的关系？

2. 调查单位与总体单位的区别与联系是什么？

3. 为配合学校做好大学生上网服务，请结合实际设计一份校园网收费状况调查问卷。

4. 试述重点调查、抽样调查和典型调查三者之间的关系。

调查研究

1. 目标

认知市场调查方案，形成设计及编制市场调查方案的初步能力。

2. 内容与要求

按每6~8人为一组组建调查小组，每组确定一名组长，调查60名学生每人生活费来源状况及具体的消费支出状况，设计出调查方案。调查整理表参见下表。

性别	年级	每月生活费水平	来源1	来源2	来源3	来源4	来源合计	消费1	消费2	消费3	消费4	消费5	消费6	消费合计

3. 成果与检测

各小组在班级进行交流讨论后，在教师主持下各小组就设计的调查方案、获取资料的准确性进行相互评判，作出评价打分。

第三章

恋爱和数字——统计整理

【学习目标】

素养目标：

- 树立法治观念，及时提供真实、准确及完整的统计资料；
- 树立透过现象看本质的哲学观。

知识目标：

- 掌握统计分组的含义及方法；
- 掌握统计表的结构和种类；
- 掌握变量分布数列的编制方法。

能力目标：

- 能够根据统计工作任务选择分组标志，熟练进行统计分组；
- 能够通过统计分组发现研究对象的分布规律，并用计算机编绘统计图表。

【思维导图】

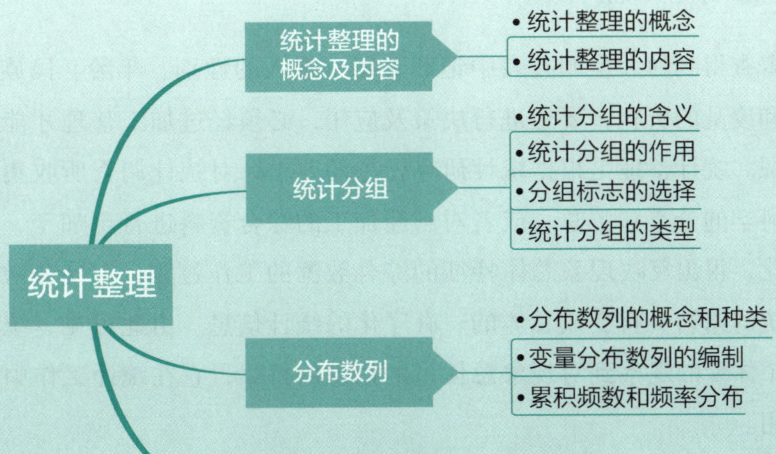

情景引入

一般刚刚确定恋爱关系的青年男女，往往沉浸在幸福之中，彼此互相吸引，即使发现对方有问题也能表现出极大的容忍力，从而很少有人理性地思考：我找到真爱了吗？但随着交往的深入，对对方的了解越来越多，一些思想、价值观念、生活态度上的矛盾会逐渐浮现，甜蜜的爱情会日趋理性。双方都在暗自思忖：我感到快乐吗？我能从对方身上获得幸福吗？答案只有两个："能"和"不能"。如果双方能真实地记录每天交往的感受，一个月下来后即可形成大量的统计资料，再将这些统计资料加以科学整理，就可以统计出在这一个月中快乐的时间所占百分比，这是反映内心感受的频率指标，这个指标数值越高，说明你在这一个月中快乐度过的日子越多，幸福的感觉也就越强。

第一节　认识总体的桥梁——统计整理的概念及内容

一、统计整理的概念

人口普查得到的大量调查表中记载着每一个人的性别、年龄、民族、文化程度等散碎和凌乱的资料，要想进行决策及应用，必须经过加工整理才能得出总体的综合特征。统计整理是根据统计研究任务的要求，对统计调查所收集到的原始资料进行科学的分类和汇总，或者对已经加工的综合资料进行再加工，使之条理化、系统化，得出反映现象总体特征的综合数据的工作过程。它使分散的、零碎的、无系统的原始资料变成总体的、有序化的统计信息。由此可见，统计整理是从对现象个体量的观察到对现象总体量的认识的桥梁，它在统计工作中起着承前启后的作用。

微课：统计整理的内容

二、统计整理的内容

统计整理的内容也就是统计资料整理的步骤。统计整理是一项细致的工作，它的内容很丰富，需要有计划、有组织地进行，一般包括以下几方面：

（一）制定统计整理方案

统计整理方案是统计设计在统计整理阶段的继续和具体化。它是根据统计分组整理的需要，事先对全部整理工作做出的全盘安排。它是全部工作的指导性文件，体现了整理工作的具体规划和要求，通常包括规定各种分组和各项分组标准，编制整理表和汇总表。

（二）对调查资料进行审核

部分被调查企业(单位)或者出于自身利益最大化的原因，或者由于操作失误，或者害怕“露富”等，有时会弄虚作假，虚报、瞒报统计数据。在汇总前，问题数据的发现，一靠程序的技术审核，二靠人工审核。通过审核完整性、及时性、准确性，及时发现问题，并加以纠正。

审核完整性，主要是审核所有被调查单位的资料是否齐全，是否按规定内容和份数上报。

审核及时性，主要是审核调查资料是否按规定时间报送。

审核准确性，是整个审核工作的关键。具体有两种方法：一是逻辑审核，即检查调查资料内容是否合理，项目之间有无矛盾，并通过有关资料进行对照，发现矛盾，加以纠正。有些明显的逻辑错误易于检查。如某人年龄 8 岁，婚姻状况是已婚，显然不合逻辑。有些错误需要慎重分析检查。二是计算审核，即利用数字之间的平衡或加总关系检查各项数字是否正确、计算结果有无差错、计量单位是否准确等。不同类型的数据对应不同类型的纠正措施，如根据同行业平均利润率，可倒推出某企业的营业收入。这种对数据从逻辑上进行的分析是十分重要的，因为这种数据诊断方法可以发现异常数据，改进数据质量。

（三）对统计资料进行分组、汇总和计算

根据汇总要求和工作条件选择适当的汇总组织形式和具体方法，按分组要求进行分组汇总，计算各组单位数和合计数，计算各组指标和综合指标。

统计资料汇总有两种基本组织形式，即逐级汇总和集中汇总。逐级汇总是按照一定的统计管理体制，自下而上地逐级进行连续汇总。我国许多定期统计报表就是采用这种组织形式进行汇总的。集中汇总是将基层单位的全部调查资料集中到组织统计调查的最高一级机关直接进行汇总。由于两种组织形式各有优缺点，

因此，在实际工作中也可以将两者结合起来，实行综合汇总。例如，重要的普查、定期统计报表中的基层年报，都可以采用这种形式。

（四）编制统计表、绘制统计图

实训：Excel 常用统计函数

将汇总的结果以统计表（如表 3-1 所示）或统计图的形式表现出来，以简明、清晰、准确地表达社会经济现象在数量方面的有关联系。

表 3-1　2022 年我国部分大宗商品进口量统计汇总表

产品	铁矿砂/亿吨	天然气/万吨	大豆/万吨	玉米/万吨	小麦/万吨	原油/亿吨
进口量	11.07	10 925	9 108	2 062	996	5.1
增长速度	-1.5%	-9.9%	-5.6%	-27.3%	1.9%	-0.9%

从表 3-1 中可看出，2022 年我国大宗商品进口量多数都有所减少，说明我国通过降低进口量，以减少输入型通货膨胀带来的压力。

第二节　“数”以“群”分——统计分组

一、统计分组的含义

统计分组就是按照统计研究的目的和研究对象的性质，将统计总体按照一个或几个标志区分为性质或类型不同的若干个组成部分。这些组成部分称为“组”。

统计分组有两方面的含义：对总体而言是“分”，即将总体区分为性质相异的若干部分；对个体而言是“合”，即将性质相同的个体组合起来。就作为分组标准的标志而言，同组的个体单位之间都具有相同之处，不同组的个体单位之间则具有相异之处。统计分组主要就是在统计总体内部进行的一种定性分类。总体按不同的标志，可以进行不同的分组，并且在同一个组内还可以进一步区分为不同性质的组。

小贴士

统计指标和统计分组是密切联系、相互依存的。统计分组是将被研究总体区分为性质不同的若干组。统计分组如果不结合统计指标来反映现象的规模水平，就不能揭示现象总体的数量特征；统计指标如果离开科学的统计分组，指标数值就会掩盖现象的矛盾，成为笼统的“数据”。所以，研究社会经济现象的数量关系，必须科学地分组，合理地设置指标。

二、统计分组的作用

（一）揭示现象的特征和实质

通过统计调查所得到的是关于总体各个单位的、分散的、凌乱的统计资料。这些统计资料只有经过统计分组，并根据总体单位之间的差异加以细分并归类后，才能使属于同一组的各个总体单位之间的差异缩小，甚至消失，而不同组之间的差异凸显。这样杂乱无章的零散数据才能变得条理化、系统化，从而显示出总体现象的特征和实质。

例 3-1 某高新技术企业有 50 名员工，员工日产量资料如下(单位:件)：

146 176 198 227 298 137 173 194 222 267 140 175 196 224 282 129
164 188 211 255 135 171 191 219 260 126 162 186 209 252 122 160
184 204 243 117 159 183 203 237 100 153 181 201 229 112 157 181
203 232

以上数据资料未分组，因此显得杂乱无章，难以看出其特点与规律，而将上述资料进行分组汇总后，就形成表 3-2 的资料。

表 3-2 某高新技术企业工人日产量资料

按工人日产量分组 /（件 / 日）	工人数 / 人	比重 /%
100~130	6	12
130~160	7	14
160~190	13	26
190~220	11	22
220~250	7	14
250~280	4	8
280~310	2	4
合计	50	100

从表 3-2 资料中可以看出，该企业 48%的员工日产量为 160~220 件，有 12%的员工日产量在 250 件以上，而有 26% 的员工日产量在 160 件以下，虽然员工日产量差距较大，但相对比较集中。

如果不进行上述分组，则很难发现这些规律和特点。

（二）划分现象的类型

统计分组将复杂的社会经济现象区分为性质不同的组成部分，通过对各组成部分的数量特征、发展变化规律和它们之间相互关系的分析，可以补充、丰富和发展对总体现象发展规律的认识。如根据《国民经济行业分类》（GB/T 4754—2017），国民经济按产业划分为一、二、三产业。第一产业是指农、林、牧、渔业，即“大农业”。第二产业是指采矿业，制造业，电力、燃气及水的生产和供应业，建筑业。第三产业是指除第一、二产业以外的其他产业。

统计素养

国家统计局与时俱进制定分类标准，促进“三新”经济发展

“三新”经济是以新产业、新业态、新商业模式为核心内容的经济活动的集合。为科学界定“三新”经济的范围，满足统计上监测“三新”经济活动规模、结构和质量等需要，国家统计局以党中央、国务院关于加快发展“三新”的有关要求为指导，制定了《新产业新业态新商业模式统计分类（2018）》，以重点反映先进制造业、互联网+、创新创业、跨界综合管理等活动。有利地促进了“三新”经济的发展，为中国经济社会发展提供了新动能。

（三）反映现象的内部结构

案例：透过分组看本质

在统计分组的基础上，通过计算各组数值在总体中所占的比重，并借助于总体各部分在数量上的差别和联系，可以反映现象内部的结构并研究各组数值对总体指标的影响。同时，通过对各组比重在时间上的变动分析，还可以反映总体发展变化的趋势。

（四）研究现象之间的依存关系

一切现象总是处在相互联系、相互制约、相互依存中。通过分组，能够使人们认识不同现象之间在数量上相互影响的程度和规律性。具体分析方法是将总体按某一标志分组，观察其他标志的数量变化，以分析它们相互之间在数量上的依存关系。某地区百货商店商品平均流通费用率资料如表 3-3 所示。

表 3-3 2022 年某地区百货商店商品平均流通费用率表

按商品销售额分组/万元	商店数/个	商品平均流通费用率/%
200 以下	15	10.2
200~300	20	8.5
300~400	40	7.1
400~500	16	5.6
500 以上	9	5.0

从表 3-3 中可以看出，商品平均流通费用率与商品销售额之间的依存关系是：商品销售额越大，商品平均流通费用率越低。

三、分组标志的选择

分组标志是将统计总体划分为不同性质的组所依据的标志。正确选择分组标志是保证科学分组的关键。总体单位有许多标志，用不同标志分组，往往对同一种现象的认识得出不同的、甚至完全相反的结论。为实现科学分组目的，在选择分组标志时应遵循以下原则：

（一）根据研究的目的选择分组标志

对任何事物，都可以从不同的角度加以研究。研究的目的不同，分组的方法，即分组标志的选择也不同。如每个企业都有组织形式、经济类型、技术装备程度、职工人数、固定资产价值等标志。如果研究企业生产要素的构成情况，就应该选择企业生产要素的密集程度作为分组标志，以研究资金密集型、劳动密集型、技术密集型企业的比重。

（二）选择反映事物本质特征的标志

社会经济现象是具有多种矛盾和多种特征的，因而，在总体单位的若干个标志中，有的是带有根本性的、本质的或主要的特征，有的则是非本质的次要特征，这就需要在对研究对象进行科学分析的基础上，找出其特点和规律，选择主要的、能抓住事物本质的标志作为分组标志。如研究外资企业的规模情况，可以用企业生产能力作为分组标志，也可以用企业的固定资产价值作为分组标志，究竟选择哪个标志更好呢？一般来说，生产能力更能反映事物的本质，应选择生产能力作为分组标志。

（三）根据现象所处历史条件和经济条件来选择分组标志

社会经济现象是随着时间、地点条件的变化而变化的。时过境迁，现象的特征及发展规律会表现出很大差异。因此，在不同的历史条件与经济条件下，应选用不同的分组标志。例如，我国在20世纪50年代生产资料的社会主义改造完成以前，就必须选择经济成分为分组标志，把经济部门分成国营、合作社营、公私合营、私营和个体经营五种类型；现在随着市场经济的深入发展，许多反映新形势的分组标志不断出现，因而分组标志的选择要适应这一新形势的变化。

四、统计分组的类型

（一）按分组标志的性质分类

实训：
统计调查

按分组标志的性质分类，统计分组可分为按品质标志分组和按数量标志分组。按品质标志分组就是用反映属性差异的品质标志作为分组标志，将总体划分为若干性质不同的组成部分。例如，人口按性别、民族、文化程度、职业分组，企业按行业、组织形式、经济类型、生产要素密集程度、规模分组等。在我国统计实践中，常会遇到一些不能只用一个标志划分的复杂现象，这类现象划分的结果往往形成一种复杂的类别，这种分组称为分类。对重要的品质标志分组，一般编有标准的分类目录以统一口径。例如，《工业部门分类目录》《工业产品目录》《商品目录》等。

按数量标志分组，是指选择反映事物数量差异的数量标志作为分组标志，将总体划分为性质不同的若干组成部分。按数量标志分组时组与组之间的界限划分标准是相对的，它会随着生产技术的发展和管理的需要而相应变更。

（二）按分组标志的多少分类

总体按一个标志进行分组称为简单分组；总体按两个或两个以上的标志层叠起来进行分组称为复合分组。例如，将某企业职工按年龄、文化程度、工龄和操作形式等标志进行分组，就属于简单分组。如果将高校在校学生先按学科分组，再按学历分组，又按性别分组，则形成如图3-1所示复合分组。

在统计实践中，究竟是采用简单分组还是复合分组，要根据研究对象的特点

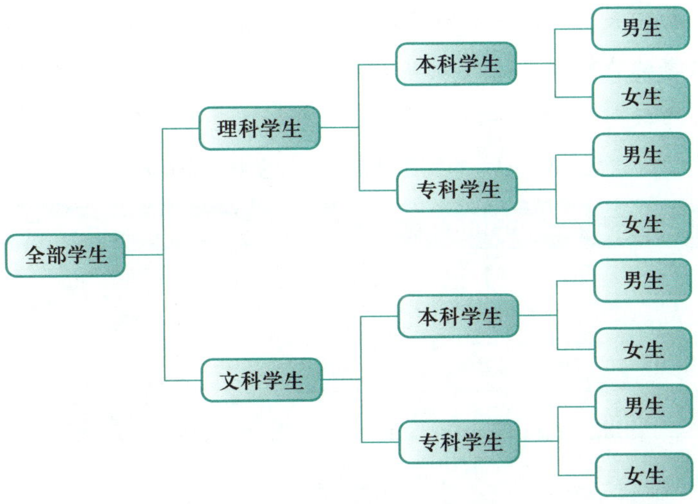

图 3-1 复合分组示意图

和研究目的来确定。采用复合分组一般能对研究对象作全面细致的分析研究。但需要注意的是，不是所有现象都能进行复合分组，复合分组只适用于调查单位数足够多的情况。因为复合分组把分组标志复合在一起，使组数大大增加了，而当调查单位数较少时，造成各组所分布的单位数相应减少，据此进行分析所得出的结论缺乏充分根据。

另外，复合分组在选择分组标志时，还应注意它们的主次顺序。即首先应按照主要的标志对总体进行第一次分组，然后按次要的标志对第一次所分的组再进行第二次分组，依次按所有标志分至最后一层为止。

第三节 包装设计与偏好——分布数列

一、分布数列的概念和种类

在统计分组的基础上，将总体所有单位按组归类，形成总体单位数在各组间的分布，叫频数分布。分布在各组的单位数叫频数，又称次数。各组频数与总频数之比叫频率。将各组组别与频数依次编排而成的数列叫频数分布数列，简称分布数列（也称分配数列）。它包括两个要素：总体按某标志分成的各组和各组的频数。

例如，某企业为了解消费者对包装设计选择是否有偏好，对某产品用三种不同的包装进行设计，并在几家商场试销。在一天时间内观察到有 120 位消费者购买了该种产品，而购买该种产品不同包装设计的消费者分别是 32 人、45 人和 43 人，我们把这种数据称为频数，把喜欢某种包装的人数所占比重称为频率。由此可以形成相应的分布数列（见表 3-4），并进一步分析其基本特征。

表 3-4　消费者对包装设计喜好分布情况

包装设计	人数（频数）	购买不同包装产品的消费者所占比重（频率）
A	32	26.67%
B	45	37.5%
C	43	35.83%
合计	120	100%

案例：中国 AI 芯片企业省份和城市分布

分布数列又称分配数列或次数分配，它可以反映总体单位在各组间的分布特征、结构状况，并可以在此基础上进一步研究各组指标的构成、总体平均水平及其变动规律性。

根据分组标志的不同，分布数列可以分为品质分布数列和变量分布数列。按品质标志分组得到的分布数列叫作品质分布数列，如图 3-1 所示，它的分组标志属于品质标志。按数量标志分组所得到的分布数列叫作变量分布数列，简称变量数列，如表 3-2 所示，它的分组标志是日产量，属于数量标志。变量分布数列按照组别的特点还可分为单项分布数列和组距分布数列两种。组距分布数列又可分为等距数列和异距数列。分布数列的种类如图 3-2 所示。

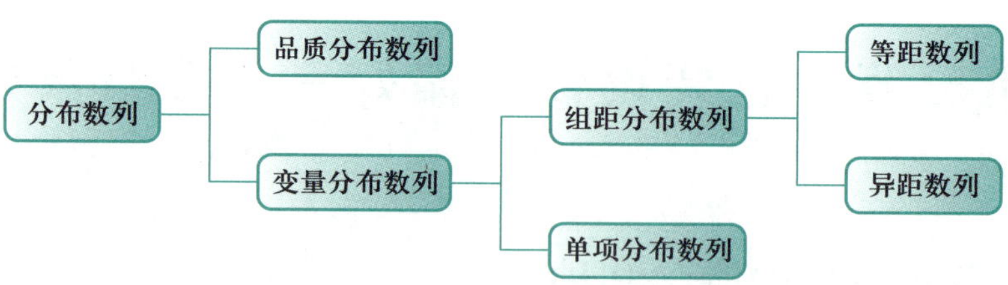

图 3-2　分布数列种类示意图

二、变量分布数列的编制

按数量标志分组情况可以编制单项分布数列与组距分布数列两种变量分布数列。

（一）单项分布数列的编制

单项分布数列是指以每个变量值为一组形成的变量分布数列。这种数列适用于变量变化范围不大的离散型变量资料。

实训：编制单项式数列

单项分布数列的编制方法是：

（1）排列变量值的顺序。原始资料的变量值是杂乱无章的，编制变量分布数列的第一步就是按变量值的大小顺序排列。

（2）按变量值分组。即以每个变量值为一组，重复者只取一个。

（3）确定每组的频数。即以每个变量值出现的次数作为频数。

（4）编制单项分布数列。即按变量值的大小顺序所形成的组及每个组的对应频数编制出单项分布数列。

（二）组距分布数列的编制

微课：分布数列

如果变量是连续型变量，或者尽管是离散型变量，但变量值变动范围很大，项数又多时，无法用单项分布数列对总体进行分组，只能采用增加各组所包含的变量值范围，减少组数的措施，即采用组距式分组。

组距式分组就是把整个变量值依次划分为几个区间，一个区间内所有变量值归为一组，区间的距离称为组距。采用组距式分组编制的变量数列称为组距分布数列。

1. 组距与组数

组距分布数列的各个组不只是一个变量值，而是由表示一定范围的两个变量值形成的一个变量值取值区间，其中，每个组的最大变量值称为上限，最小变量值称为下限，而组距则等于上限与下限之差。即

$$组距=上限-下限$$

组数就是组距数列中组的个数。组距与组数是相互关联的，在一定的条件下，组距的大小和组数的多少存在反比例关系，即组距越大，组数越少；组距越小，组数越多。为了使组距分布数列能准确反映总体的特征，组数既不能太多，也不能太少。一般应先确定组数，因为组数一经确定，组距自然也就确定了，但有时需要先确定组距。总之，组距的大小、组数的多少应该根据研究的目的和现象本身的特点，在全面分析资料所反映的经济内容、标志值的分散程度等因素后加以确定。如表 3-2 中的组数是根据企业工人日产量的多少确定的。

2. 等距数列和异距数列

组距分布数列中各组组距相等的数列，叫作等距数列；组距不相等的数列，叫作异距数列，也称不等距数列。

为能准确地反映总体的分布特征，凡频数在各组间分布比较均匀且不含有可作为质的分界线的特殊标志值时，宜采用等距分组。等距分组条件下组数的计算公式为：

$$组距=\frac{全距}{组数}$$

$$全距=最大变量值-最小变量值$$

若在被研究的统计总体中，有一部分标志值的变动不均匀，其中有较多个可作为质的分界线的标志值时；或者遇到极偏斜的频数分布状态，即标志值的分布集中于一端，而另一端则甚稀疏，且距离较远时，应采用异距数列。

3. 组限与组中值

实训：
统计分组

组限是指每个组两端的界限。其中，每组的起点数值称为下限，每组的终点数值称为上限。

由于变量有离散型与连续型两种，因此，组限的划分可采用下列标记方法。

（1）不重叠组限法，即相邻两组之间的组限以不相同的数值表示，如表 3-5 所示。

表 3-5　某地区企业按职工人数分组

按职工人数分组/人	企业个数/个	按职工人数分组/人	企业个数/个
300 以下	68	900～1 499	21
301～499	23	1 500 以上	15
500～699	35	合计	178
700～899	16		

对于离散型变量，由于变量值可以一一列举，而且相邻两个数值之间没有数值，各组的上下限都可以用确定的数值表示。因此，离散型变量可以用不重叠组限分组表示。但在统计实践中很少采用这种方法。

（2）重叠组限法，又称同限分组，指相邻两组的组限用同一个数值表示，如表 3-6 所示。

表 3-6 某连锁超市员工按工资分组

按职工月工资额分组/元	职工人数/人	按职工月工资额分组/元	职工人数/人
3 000 以下	120	5 000~6 000	180
3 000~4 000	600	6 000 以上	90
4 000~5 000	510	合计	1 500

连续型变量在任意两个变量值之间可能有无限多个变量值，不能一一列举，因而相邻两组的上限和下限无法用两个确定的数值分别表示。因此，必须采用重叠组限法。

在按重叠组限法设置的数列中，一般采用“不含上限”的原则，即规定各组次数只包括本组下限变量值的次数，不包括本组上限变量值的次数。例如，表 3-6 中，假如有 3 个人的工资都是 4 000 元，而 4 000 既是第二组的上限，又是第三组的下限，按规定这 3 个人均应计算在第三组中，而不是在第二组中。离散型变量数列的分组多数使用重叠组限法分组。

能否正确地确定各组上下限的具体数值，关系到整理的资料能否反映实际情况。在确定各组组限之前，应充分分析标志值的分布状况，保证根据组距确定的上下限，做到最小组的下限要低于但又不过低于最小变量值，最大组的上限高于但也不过高于最大变量值，同时尽可能使各变量值在组内呈均匀分布。

组距分布数列掩盖了各组单位的实际变量值。为了反映分布在各组中每个单位变量值的一般水平，统计实践上往往采用组中值来代表。组中值是组距数列中各组变量值变动范围的中间数值，通常可根据各组上限、下限简单平均求得。即：

$$组中值=\frac{上限+下限}{2}$$

例如，表 3-6 中第二组的组中值为(3 000+4 000)/2=3 500。

在编制组距分布数列时，为了避免出现空白组，同时又能使个别变量值离差较大的单位不致无组可归，往往使用“开口组”，即首末两组组限用“××以下”及“××以上”的方式表示。这两个组的组中值，可依据相邻一组的组距，用以下公式计算：

$$下开口组组中值=上限-\frac{相邻组组距}{2}$$

$$上开口组组中值=下限+\frac{相邻组组距}{2}$$

仍以表 3-6 中的资料：

下开口组组中值=3 000-(4 000-3 000)/2=2 500

上开口组组中值=6 000+(6 000-5 000)/2=6 500

用组中值代表组内变量值的一般水平有一个前提条件，即假定各单位的变量值在本组范围内均匀分布或在组中值两侧呈对称分布，以保证组中值正好代表各组标志值的平均水平。但实际上完全具备这一条件是不可能的，组中值与各组实际真实平均值存在一定的差距，因而，组中值只是各组真实平均值的近似值。

组距分布数列的编制方法是：首先排列变量值的顺序，其次确定组距与组数，最后确定各组界限并将单位数归并到相应各组，形成组距分布数列。

例 3-2 某校会计一班学生“统计学”考试成绩为：

85 61 60 89 93 74 78 100 87 64 58 96 87 90 66 78 82 88 85 79

76 92 95 84 83 94 98 62 53 67 81 82 70 83 87 81 76 77 80 70

根据上述资料将变量值按从小到大的顺序排列如下：

53 58 60 61 62 64 66 67 70 70 74 76 76 77 78 78 79 80 81 81

82 82 83 83 84 85 85 87 87 87 88 89 90 92 93 94 95 96 98 100

编制等距变量数列如表 3-7 所示。

表 3-7 某校会计一班学生考试成绩

按考试成绩分组/分	人数/人	频率/%
60 以下	2	5.0
60～70	6	15.0
70～80	9	22.5
80～90	15	37.5
90 以上	8	20.0
合计	40	100.0

实训：数据排序

上例只有 40 个数据，如果数据很多，分组工作量会很大，因此，实际工作中常用 Excel 中的“FREQUENCY”函数完成此工作。

三、累积频数和频率分布

（一）频数和频率的意义

在变量分布数列中，频数表示每组变量出现的个数。变量值的分组表示变量值变动的范围，频数的多少表示该组变量值对全体变量值所起作用的程度。频数多，则该组变量值对全体变量值所起的作用就大；频数少，则该组变量值对全体变量值所起的作用就小。各组的频数与总体的频数相比，所求得的频率表明各组变量值对总体变量值的相对作用程度，也可以表明该组变量值在总体中所占的地位和比重。从严格的意义上说，频率比频数更能反映总体单位在各组间的分布特征。

（二）累积频数和频率分布

为了取得某些统计信息，在研究频数和频率分布的时候，常常需要累积频数和频率。

累积频数和频率是指将变量数列各组的频数和频率逐组累积相加，它表明总体在某一变量值以下或以上的变量值的频数和频率。它包括以下两种计算方法：

（1）较小制累计，又称向上累计。它是将各组频数和频率由变量值低的组向变量值高的组逐组累计，故称向上累计。各组累计数的意义是各组上限以下总共所包含的频数和频率，也就是小于各组上限的频数和频率。如表 3-8 所示。

（2）较大制累计，又称向下累计。它是将各组频数和频率由变量值高的组向变量值低的组逐组累计，故称向下累计。各组累计数的意义是各组下限以上总共包含多少频数和频率，也就是大于及等于各组下限的频数和频率。其计算方法见表 3-8。

表 3-8 某连锁超市职工工资频数分布

按工资分组/元	职工人数		较小制累计		较大制累计	
	频数/人	频率/%	频数/人	频率/%	频数/人	频率/%
3 000 以下	120	8.00	120	8.00	1 500	100.00
3 000~4 000	600	40.00	720	48.00	1 380	92.00
4 000~5 000	510	34.00	1 230	82.00	780	52.00
5 000~6 000	180	12.00	1 410	94.00	270	18.00
6 000 以上	90	6.00	1 500	100.00	90	6.00
合计	1 500	100.00	—	—	—	—

实训：编制品质数列

（三）频数或频率密度

频数或频率密度是组距数列中各组的频数或频率与组距之比，即：频数(率)

密度=频数(率)/组距。比值的大小表明单位组距内频数和频率分布密度的大小。

由于等距数列组距相等，各组频数和频率的分布不受组距大小的影响，因此，不需要计算频数和频率密度。而不等距数列由于各组组距不同，各组频数的分布受组距不同的影响，为消除组距差异的影响，需要用各组的频数和频率密度来分析不等距数列的频数分布状况。如表 3-9 所示。

表 3-9 某班学生考试成绩频数和频率分布表

按考试成绩分组/分	频数/人	频率/%	频数密度/（人/分）	频率密度/%
50~60	2	5.0	0.2	0.500
60~70	7	17.5	0.7	1.75
70~80	11	27.5	1.1	2.75
80~90	12	30.0	1.2	3.00
90~100	8	20.0	0.8	2.00

注：频数分布不但可以用表格表示，而且可以用图形表示。

第四节 图与表——统计数据的表现形式

一、统计表

（一）统计表的意义和结构

1. 统计表的意义

统计表是系统地展示数据的表格。统计表是以纵横交叉的线条所绘制的表格来表现统计资料的一种形式。统计表是上下封口、左右开口的开放式表格，上基线和下基线要粗一些，其他线条为细线，而且数据旁不要写计量单位。

广义的统计表包括统计工作各个阶段中所用的一切表格，它除了包括由统计汇总所得的指标外，还包括统计调查所得资料及统计分析所得到的一系列综合指标。因此，利用统计报表可以从各方面比较、分析和研究社会经济现象量的变化及其规律性。将统计汇总的结果体现在统计表上是统计整理工作的最后一个环节。

统计表的主要作用在于：其一，能够系统地、有条理地表示统计资料，使人们阅读时一目了然；其二，能够合理地、科学地组织统计资料，使统计资料紧凑、突出，便于进行比较、分析，得出鲜明准确的结论。

2. 统计表的结构

统计表从形式上看，是由总标题、横行标题、纵栏标题、数字资料等要素构成的。内容描述见表 3-10。此外，有些统计表在表下还增列补充资料、注解、附记、资料来源、某些指标的计算方法、填表单位、填表人员及填表日期等。表题要能概括出统计表的内容，要表明数据是何时(When)何地(Where)发生的，是何种(What)数据，也就是要满足 3W 的要求。如表 3-11 所示。

表 3-10　统计表的构成要素

属性名称	内容描述
总标题	统计表名称，简明扼要地说明表内全部统计资料的内容
横行标题	横行名称，用来表示各组名称，代表统计所要说明的对象
纵栏标题	纵栏名称，表示统计指标的名称
数字资料	说明总体特征的各种综合指标

表 3-11　2022 年某自然村工农业增加值 ← 总标题

按行业分组	增加值/万元	构成/%	比上年增长/%
工业	4 231	74.4	4.6
农业	1 459	25.6	10.2
合计	5 690	100.00	6.0

横行标题　纵栏标题　数字资料　主词　宾词

统计表从内容上看，包括主词和宾词两部分。主词是统计表所要说明的总体，它由总体的各个组或各个单位的名称，或者是总体单位的全部所构成。宾词是用来说明主词的各项指标，包括纵栏标题和数字资料。如表 3-12 所示。

在通常情况下，主词排列在表的左方，即列于横行；宾词排列在表的右方，列于纵栏。但若这样排列会使统计表过分狭长或过分宽短时，也可将主词、宾词合并排列或变换位置排列。

（二）统计表的种类

1. 按主词是否分组及分组的程度分类

统计表按主词是否分组及分组的程度不同，可以分为简单表、分组表和复合表三种。

（1）主词未经任何分组的统计表称为简单表。如仅罗列总体各单位的名称或按时间顺序排列的编年表等。

（2）主词仅按一个标志分组的统计表称为分组表。可以按品质标志分组，也可以按数量标志分组。图 3-1 就是品质标志分组，表 3-3 是数量标志分组。

（3）主词按两个或两个以上的标志进行分组，并层叠排列的统计表称为复合表。如表 3-12 所示。

例 3-3　中国汽车工业协会公布的 2022 年全国汽车产销数据显示，2022 年我国新能源汽车销售量快速增长，如表 3-12 所示。通过销售分组数据表能清晰地看到新能源电动汽车的构成及销售趋势。

表 3-12　2022 年全国新能源电动汽车销售分组数据表

按用途分类	按驱动方式分类	销售量/万辆	同比增长/%
新能源乘用车	纯电动	503.4	84.1
	插电式混合动力	151.44	152.4
新能源商用车	纯电动	33.1	81.9
	插电式混合动力	0.36	20
合计		688.3	95.6

注：因占比较小，燃料电池类新能源电动汽车销售数据略。

2. 按用途分类

统计表还可以按用途分为调查表、整理表和分析表。

（1）调查表是指在统计调查中用于登记、收集原始资料的表格。

（2）整理表是指在统计整理中用于汇总统计资料和表现整理结果的表格。

（3）分析表是指在统计分析阶段用于将整理所得的数字资料进行统计定量分析的表格。

（三）宾词指标的设计

宾词指标的设计就是对统计表的宾词指标进行分组配置。它可以分为简单设计和复合设计两种方式。

简单设计，是将说明主词的各个指标在统计表的宾词部分平行排列。也就是说，各个指标的数字资料是彼此分开、独立整理的。

复合设计，是将说明主词的各个指标在表的宾词部分层叠在一起。也就是说，一个指标的数字资料是和其他指标的数字资料结合在一起整理的，如表 3-13 所示。

表 3-13 某公司所属三个超市职工性别和年龄统计表

公司所属超市	职工人数	18 岁以下		18 岁~45 岁		45 岁~60 岁		60 岁以上	
		男	女	男	女	男	女	男	女
		(1)	(2)	(3)	(4)	(5)	(6)	(7)	(8)
甲超市	600	40	10	380	70	65	15	15	5
乙超市	860	40	20	400	200	140	10	20	30
丙超市	420	10	10	140	160	50	50	0	0
合计	1 880	90	40	920	430	255	75	35	35

（四）统计表的编制技术及规则

为保证统计表能够清楚地反映所研究现象的数量特征，便于进行分析比较，在编制统计表时应遵循科学、实用、简练、美观的原则。

（1）统计表的各种标题，特别是总标题的表达应十分简明、确切，概括地表明表的基本内容。总标题还应标明资料所属的地点和时间。

（2）表中的主词各行和宾词各栏，一般应按先局部后整体的顺序排列，即先列各个组的资料，后列总体合计资料。当没有必要列出所有组别时，可以先列总计，后列出其中一部分的重要分组。

（3）如果统计表的纵栏较多，通常要加以编号。在主词及计量单位等栏，分别用(甲)(乙)(丙)等文字表示；宾词指标各栏，用(1)(2)(3)等数字编号，数字编号的公式表明数字之间的关系。

（4）表中数字应该填写整齐，对准位数。当数字为 0 或因数太小可忽略不计时，要写上 0；缺乏某项数字资料时用符号“…”表示，没有数值时用符号“—”表示；同一纵栏的数字，小数点后保留位数应一致；表中切忌写“同上”“同左”等字样。

（5）统计表中必须注明数字资料的计量单位。当全表只有一个单位时，可以把它写在表头的右上方；如果表中需要分别注明不同计量单位时，各栏(行)的计量单位可以与标题写在一起，并用“/”隔开。

（6）统计表的表式一般采用“开口式”，即表的左右两侧一般不画纵线。

（7）对于某些需要特别说明的统计资料，应在统计表的下方加注说明或注解。

（8）资料审核无误后，制表人和主管负责人应签名，并加盖单位公章，以示负责。

二、统计图

（一）统计图的含义

统计图是运用几何图形或具体事物的图像形象地表示统计资料及其事物之间数量关系的一种特殊形式。利用统计图形表述统计资料的方法叫作统计图示法。利用统计图表现各种现象的数量及其相互关系，具有直观动人、形象鲜明、通俗易懂、便于比较等显著优点，在数据资料的统计分析中发挥着重要作用。一张完整的统计图通常由图题、图轴、标目、图形、图注等部分构成。

（1）图题是统计图的名称，又称标题，一般位于统计图下方正中位置；

（2）图轴是指在直角坐标上作图的纵横两轴，分别称为纵坐标和横坐标，也有少量一些统计图没有图轴；

（3）标目是指在纵横两轴上表示间距刻度的各种单位名称；

（4）图形是指用来说明图中代表不同事物的图形线条或颜色的含义；

（5）图注是指图形或其局部某一点需要借助文字、数字加以补充说明的内容。

（二）统计图的种类

统计图的种类众多，按其图示形式大体上可以分为几何图、象形图和统计地图三种。其中，几何图又分为曲线图、条形图、平面图、立体图、圆点和方块图等。这里从品质型数据以及数量型数据对于统计图的不同要求出发，介绍几种较常用的统计图。其中条形图和饼状图既适用于品质型数据，也适用于数量型数据，其余几种图形仅适用于数量型数据。

1. 条形图

实训：
绘制条形图

条形图，是以条形的长短来表示统计数字大小的图形。其画法是在平面直角坐标系中，用纵轴表示类别，横轴表示频数或频率，用具有固定宽度的条形长度表示总体中各组成部分的频数或所占比重的分布。如果用横轴表示类别，也可将其称为柱状图。条形图按条形构造的形式分为单式条形图和复式条形图。单式条形图是以单一的条形来图示统计数字；复式条形图是将两三个条形并列起来，图示一组一组的统计数字。复式条形图可用于比较不同总体在各类别上的频数或频率的分布情况。条形图还有二维和三维之分，三维图形更加形象。图 3-3 反映的是全国夏天时长超过 200 天的主要城市。

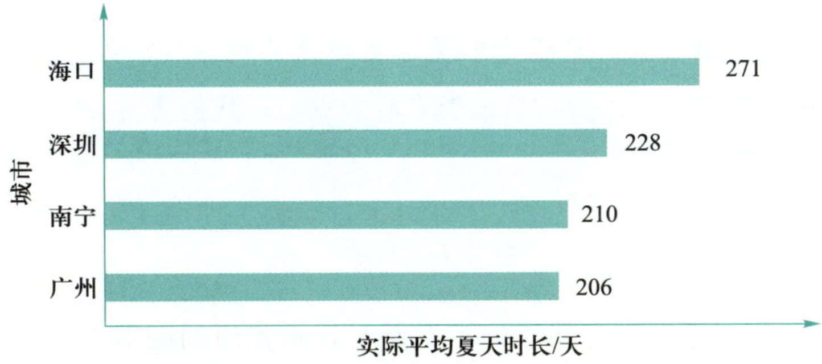

图 3-3　全国夏天时长超过 200 天的主要城市

（注：数据来自中国天气网，不含中国港澳台地区）

2. 饼状图

饼状图，是以饼的面积或饼内各个扇形的面积所占比重表示统计数字或总体中各组成部分的构成情况的图形。

饼状图的用途不同，绘制方法也不同。绘制时饼内各个扇形面积的中心角度是按各部分百分比占 360°的相应比例来确定的。从图 3-4 中看，纯电动车销量占新能源电动汽车总销量的 77.9%，那么表现在饼状图中，其扇形所对应角度为 0.779×360°=280.4°，其他以此类推。

实训：绘制饼状图

例 3-4　为实现党的二十大提出的“推进生态优先、节约集约、绿色低碳发展”目标，减少碳排放，我国积极提倡新能源电动汽车，在各项政策支持下，2022 年我国新能源电动汽车销售占比已经达到 25.6%。其中，纯电动车销量占新能源电动汽车总销量的 77.9%，占比最大；插电式混合动力车销量占新能源汽车总销量的 22.04%。绘制成饼形图如图 3-4 所示。

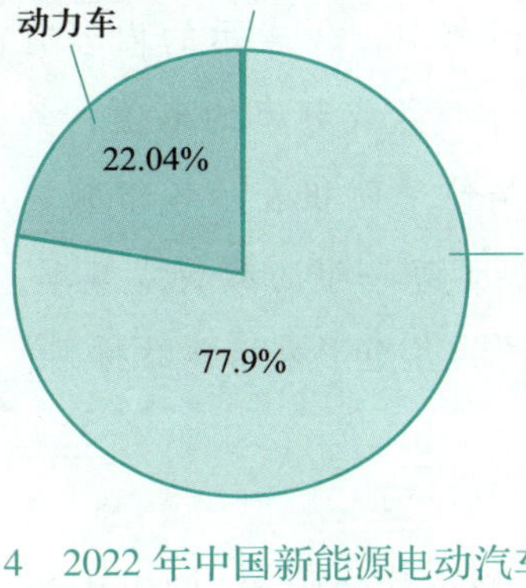

图 3-4　2022 年中国新能源电动汽车销量结构图

请思考

你对新能源电动汽车的发展持乐观态度还是悲观态度？如何才能使新能源电动汽车尽快捕获消费者的心？让消费者买得放心，钱掏得舒心？

实训：绘制直方图

3. 直方图

直方图，是用一系列没有间隔的矩形面积表示各组的频数或频率分布情况的图形。直方图是表示频数分布最常用的一种图形。具体绘制时，其横坐标表示各组组限，纵坐标表示频数(一般标在左方)和频率(一般标在右方)或者是频率密度(在不等距数列中使用)，没有频率的直方图只保留左侧频数。然后按分布在各组的频数及频率或频率密度确定各组的纵坐标，按各组组距的宽度所确定的横坐标绘成直方图。直方图的纵轴通常从零开始，横轴可从任何合适的位置开始。图 3-5 是以表3-9所示资料绘制的等距直方图。

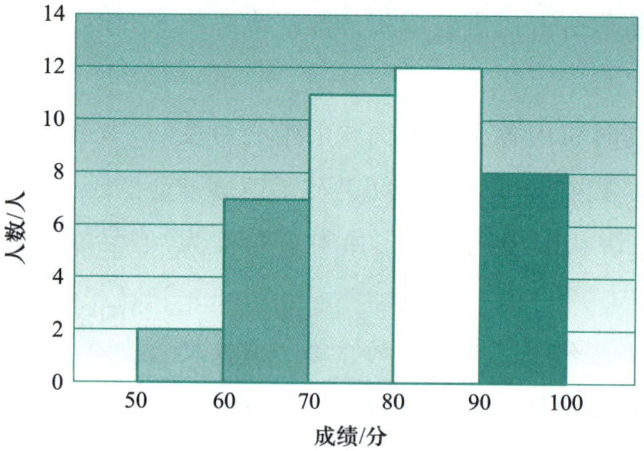

图 3-5　直方图

表 3-9 所示资料为等距分组，在等距分组的情况下，矩形的高度可以直接表示频数(频率)的分布情况。但是在不等距分组的情况下，不能使用矩形的高度表示各组频数(频率)的分布情况，此时需要使用矩形的面积来表示，或者根据频数密度绘制直方图。

小贴士

直方图与条形图形式上虽然相似，但表示的内容有很大区别：条形图使用条形的长度(横置时)表示各部分频数或频率的取值，其表示各部分的条形宽度固定且无具体含义；而直方图是使用面积表示各组频数或频率的取值，其高度与宽度均有意义，矩形的高度表示每一组的频数或频率，宽度表示各组的组距。分组数据的连续性决定了直方图的各矩形采用连续排列，而条形图则分开排列。

4. 折线图

在直方图的基础上，将其矩形顶部的中点(即组中值)用直线连接起来，再将原来的直方图去掉就是折线图，又称为频数多边形图。图 3-6 是以表 3-9 所示资料绘制的折线图。

实训：
绘制折线图

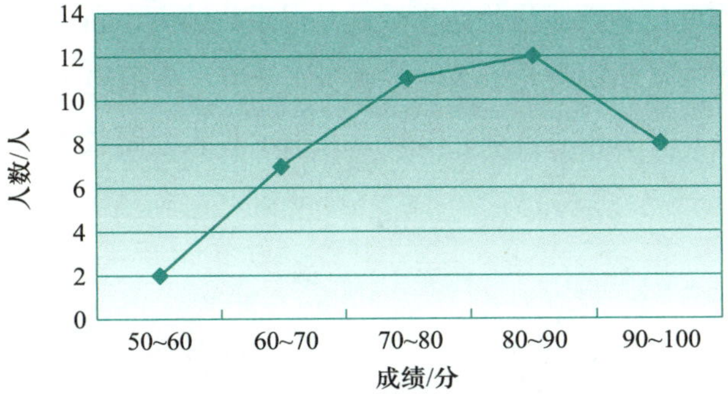

图 3-6　学生考试成绩的折线图

小贴士

从理论上说，直方图是以频率密度为高、以组距为底画出的一系列条形，每个条形的面积等于变量值落在该直方图所对应组距内的频率，故所有条形面积之和等于频率的总和，即等于 1(100%)。当组数越分越多时，组距将越来越小，直方图就变成线柱状，连接柱顶就得到一条光滑的曲线，这就是所谓的正态分布曲线。

实训：
绘制象形图

5. 曲线图

曲线图，是以曲线升降来描述现象数量变化特征和规律的统计图。其画法是在平面直角坐标系上，用横轴表示时间，纵轴表示指标的数值，用线段将对应的坐标点平滑地连接起来，就形成了表示统计数字变动情况的曲线图。正态分布曲线图就是曲线图的一种典型形式。

正态分布是最重要、最基本的分布规律之一。在自然界及社会经济活动中，有许多变量属于正态分布。例如，人的身高、体重、农作物亩产量、零件尺寸、工业产品的质量指标等。这类分布的特征是，以所有变量值的平均值为对称中心，两侧变量值分布的次数随着与中心距离的增大而逐渐减少，呈现出“两头小，中间大”的钟形分布，如图 3-7 所示。

曲线图种类很多，除了广泛使用的正态分布曲线外，还有很多其他曲线，洛伦兹曲线就是一例，如图 3-8 所示。图中横坐标表示按收入从低到高排列的累计家庭户数百分比，纵坐标表示对应的累计收入百分比。收入分配如按图中正方形

$OICP$ 的 45°对角线 OC 分配，表示分配绝对公平，因此，OC 被称为绝对公平线。现实分配线 L 与 OC 之间的面积为 A，L 右下方面积为 B，显然，A 越大表示分配不公平程度越高，因此，A 称为分配不公平面积。用 A 与 $A+B$ 的比值表示不公平程度，这个比值叫作基尼系数或洛伦兹系数。基尼系数越大，表示社会财富分配不公平程度越高。联合国有关组织规定，若基尼系数低于 0.2 表示绝对平均；0.2~0.3 表示比较平均；0.3~0.4 表示相对合理；0.4~0.5 表示收入差距较大；0.5 以上表示收入差距悬殊。

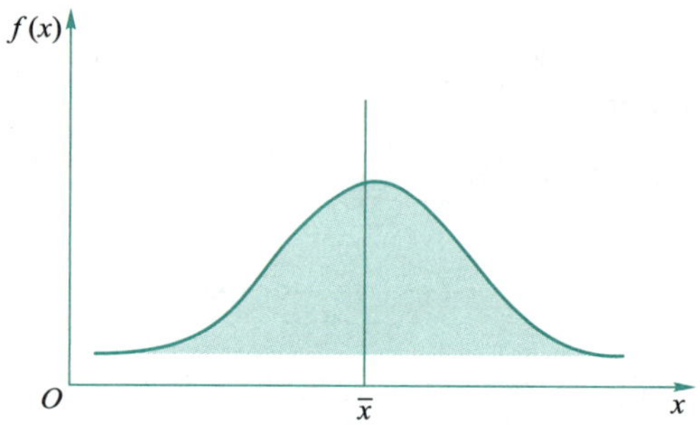

图 3-7　正态分布曲线图

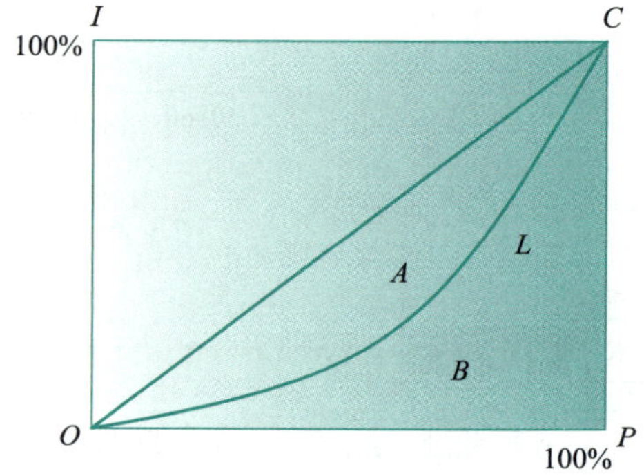

图 3-8　洛伦兹曲线示意图

学以致用

一、 填空题

第三章交互式测验

1. 对调查资料的审核包括审核__________，__________和__________三个方面。

2. 根据分组标志的不同，分布数列可以分为__________和__________两种形式。

3. 选择分组标志应遵循的原则是__________、__________和__________。

4. 分布在各组的__________叫频数。

5. 分布数列的两个基本要素是__________和__________。

二、 单项选择题

1. 变量分布数列中各组频率的总和应该(　　)。

A. 小于 1　　B. 等于 1　　C. 大于 1　　D. 不等于 1

2. 简单分组与复合分组的区别在于(　　)不同。

A. 分组标志的性质　　B. 组数的多少

C. 分组标志的多少　　D. 总体复杂程度

3. 某班学生的统计学成绩分为五组：第一组为40~50分，第二组为50~60分，第三组为60~70分，第四组为70~80分，第五组为80分以上，按照习惯规定：(　　)。

A. 50分在第一组，70分在第四组　　B. 60分在第二组，80分在第五组

C. 70分在第四组，80分在第五组　　D. 80分在第四组，50分在第二组

4. 在组距分组时，对于连续型变量，相邻两组的组限(　　)。

A. 必须是重叠的　　B. 必须是间断的

C. 可以是重叠的，也可以是间断的　　D. 必须取整数

三、 多项选择题

1. 统计整理的基本内容主要包括(　　)。

A. 制定统计整理方案　　B. 对调查资料进行审核

C. 对统计资料进行分组，汇总和计算　　D. 编制统计表、绘制统计图

2. 统计分组的作用是(　　)。

A. 划分现象的类型　　B. 揭示现象的特征和实质

C. 反映现象的内部结构　　D. 研究现象之间的依存关系

3. 下列分组属于按品质标志分组的有(　　)。

A. 职工按工龄分组　　B. 人口按民族分组

C. 人口按地区分组　　D. 企业按所有制分组

4. 在变量数列中(　　)。

A. 总次数一定，频数和频率成反比

B. 各组的频数之和等于100

C. 各组频率大于0，频率之和等于1

D. 频数越小，则该组的标志值所起的作用越小

5. 统计表按主词是否分组及分组的程度，可分为(　　)。

A. 简单表　　B. 一览表　　C. 分组表　　D. 复合表

四、 判断题

(　　)1. 凡是将总体按某个标志分组所形成的数列都是变量分布数列。

(　　)2. 进行组距分组时，当标志值正好等于相邻两组的上下限值时，一般

将此标志值归入上限值所在组。

(　　)3. 统计分组的关键问题是确定组距和组数。

(　　)4. 连续型变量和离散型变量在进行组距式分组时，均可采用相邻组组限重叠的方法确定组限。

(　　)5. 按数量标志分组形成的分布数列和按品质标志分组形成的分布数列，都可称为频数分布。

五、 思考与练习

1. 统计整理在统计工作中的地位如何？统计整理的内容包括哪几个方面？

2. 什么是统计分组？为什么说统计分组的关键在于分组标志的选择？怎样正确选择分组标志？

3. 怎样理解简单分组和复合分组？

4. 单项式分组和组距式分组分别在什么情况下运用？如何理解组数和组距的关系？按数量标志分组时，何时采用等距分组，何时采用不等距分组？

5. 统计表有几种类型？统计表的宾词指标是怎样配置的？

6. 星火苗圃种植园经对110株树苗的高度进行测量，得到如下数据(单位:厘米)：

154　133　116　128　85　100　105　150　118　97　110　131　119　103
93　108　100　111　130　104　135　113　122　115　103　90　108　114
127　87　127　108　112　100　117　121　105　136　123　108　89　94
139　82　113　110　109　118　115　126　106　108　115　133　114　119
104　147　134　117　119　91　137　101　107　112　121　125　103　89
110　122　123　124　125　115　113　128　85　113　143　80　102　132
96　129　83　142　112　120　107　108　111　100　97　111　131　109
145　93　135　98　142　127　106　110　101　116　110　123

根据上述资料编制变量分布数列，计算频率、累计频数和累计频率，并依据110株树苗的高度测量数据，用Excel绘制饼状图和直方图。

调查研究

1. 目标

培养学生正确分组及编制统计表的初步能力。

2. 内容与要求

按每 6~8 人为一组组建调查小组，每组确定一名组长，每组调查 100 名学生所使用手机的品牌、价格和月话费等。汇总整理情况可用 Excel 表自行设计。

3. 成果与检测

各小组对调查结果进行统计分组与整理，并结合整理表对大学生手机使用状况进行简要分析，在教师主持下，各小组就统计整理结果进行相互评价，并由教师作出点评打分。

第四章

六强省市综合看——总量指标与相对指标

【学习目标】

素养目标：

- 通过计算总量指标与相对指标，领悟从具体到抽象的内涵；
- 通过总量指标与相对指标的结合运用，养成全面看问题的综合素质。

知识目标：

- 掌握总量指标的概念、作用、种类和应注意问题；
- 掌握相对指标的概念和作用，熟悉几种常用的相对指标；
- 掌握计算和应用相对指标应注意的问题。

能力目标：

- 能熟练计算总量指标与相对指标；
- 能够通过计算总量指标与相对指标分析经济现象。

【思维导图】

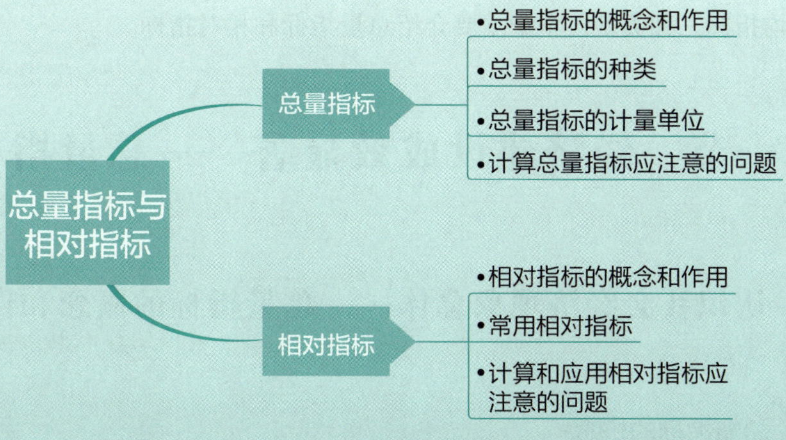

情景引入

2022 年我国 GDP(国内生产总值)达到 121 万亿元，同比增长 3%，经济总量居全球第二位。一般公共预算收入为 20.37 万亿元，同比增长 0.6%，占 GDP 比重为 16.83%。以省级行政区为单位，GDP 前六强如表 4-1 所示。其中，一般公共预算收入突破万亿元的是广东。

表 4-1　GDP 六强省份　　单位：亿元

省份	广东	江苏	山东	浙江	河南	四川
GDP	129 118.58	122 875.6	87 435	77 715	61 345.05	56 749.8
一般公共预算收入	13 279.73	9 258.9	7 104.04	8 039.38	4 261.6	4 882.2
一般公共预算收入占 GDP 比重	10.28%	7.54%	8.12%	10.34%	6.95%	8.6%

如果 GDP 代表了各省份的经济发展规模，一般公共预算收入代表了经济发展的含金量水平，而一般公共预算收入占 GDP 比重则反映了各省份经济运行质量，一般公共预算收入占 GDP 的比重越高，经济结构越好。从全国前六强省市经济运行质量看，广东、浙江优势明显，江苏、山东、四川不相上下。可见，研究社会经济不仅要看总量指标，还要看相对指标。

统计是通过其特有的一系列综合指标，如人口数、工业产值、农业产值、劳动生产率、商品销售额、国民收入等，来反映和说明社会现象及其规律性。尽管具体的综合指标表现千差万别，但就其表现形式而言，则不外乎总量指标、相对指标和平均指标三种类型。本章主要介绍总量指标和相对指标。

第一节　经济建设成效显著——总量指标

一、认识社会经济现象总体——总量指标的概念和作用

（一）总量指标的概念

总量指标是反映社会经济现象在一定时间、地点条件下的规模、水平或工作总量的统计指标。它是通过收集和汇总而得到的数字资料，其数值表现为绝对数，

故又称为统计绝对指标。

总量指标既可以反映客观现象的总规模、总水平，又可以反映总量之间的绝对差额，说明现象发展的净规模和净水平。

例如，2022 年我国货物出口额为 23.965 万亿元，减去进口额 18.102 万亿元，得到贸易顺差 5.863 万亿元，这也是总量指标。

总量指标的一个重要特点是，它的数值大小随着所研究总体范围的大小而呈同方向变化。

（二）总量指标的作用

总量指标是统计中最常用、最基本的指标，它的重要作用可以概括为以下三个方面：

1. 总量指标是对社会经济现象总体认识的起点

总量指标可以反映一个国家的国情和国力，反映一个地区、一个部门或一个单位的人力、物力和财力。例如，掌握了一个国家或地区在一定时间内的土地面积、人口总数、劳动力数量、社会总产值、国民收入、国内生产总值，以及各种矿产储量等指标，就对这个国家或地区有了一个基本认识。

案例：透过一组总量指标看深圳 40 年巨变

统计素养

抗疫物资出口总量体现我国制度优势

2020 年，我国货物进出口总额 32.16 万亿元，比上年增长 1.9%并创历史新高。其中，从 2020 年 3 月至 2020 年底，全国海关共验放出口主要疫情防控物资价值4 385亿元，其中口罩共出口 2 242 亿只，价值 3 400 亿元，相当于为中国以外的全球每个人提供了近 40 个口罩。

尽管受到疫情冲击，2020—2022 年我国进出口总值不仅实现了正增长，而且规模创历史新高，这一方面得益于“全国一盘棋”的疫情防控制度优势，另一方面国家及时出台的一系列稳外贸政策也发挥了重要作用。

2. 总量指标是编制国民经济和社会发展规划，实行社会经济管理的重要依据

一个国家或地区要了解和分析各个部门之间生产和分配、消费和积累等方面的比例关系，都将应用总量指标。例如，要分析各部门之间生产、分配、消费、

积累的比例关系，首先应掌握各时期生产产品的总值是多少，其中固定资产磨损、原材料消耗及劳动报酬各多少；其次还应知道社会总产值进行必要扣除之后，新创造的国民收入是多少，以及国民收入通过初次分配和再分配，作为中间产品被消费和积累的数量各是多少等。这些都要依据总量指标。

3. 总量指标是计算相对指标和平均指标的基础

将两个有联系的总量指标进行比较，既可以计算其数量差额，又可以计算其比值。后者就产生了统计学中的质量指标，即相对指标和平均指标。它们是在总量指标基础上派生出来的，总量指标的计算是否科学、合理，其结果是否正确，直接影响相对指标和平均指标的计算结果。例如，将一个地区制造业增加值与该地区 GDP 进行对比就可得到反映制造业在 GDP 中所占比重的相对指标；把一个企业职工的工资总额与职工人数对比，就可以得到反映职工工资一般水平的平均指标等。

二、总量指标的种类

总量指标分类如表 4-2 所示。

表 4-2　总量指标分类表

属性类型		定义描述	示例
按指标反映的总体内容不同分类	总体单位总量	总体单位数的总和，表明总体单位数的多少，简称总体总量	如了解某校学生情况，该校的学生总数就是总体单位总量
	总体标志总量	总体中各个单位某一标志值的总和，简称标志总量。反映被研究现象的总水平或工作总量	如工业总产值、粮食总产量、社会商品零售额、利润额等总量指标
	二者关系	二者是相对的，随着研究目的和被研究对象的变化而变化	如研究某市工业企业的经营状况时，全市工业企业职工总数是总体标志总量。而在研究工业企业职工工资情况时，则职工总数是总体单位总量

续表

属性类型		定义描述	示例
按指标反映的时间状况不同分类	时期指标	反映某种社会经济现象在一段时期内发展过程的总量指标。时期可以是一日、一月、一季、一年或更长时间	如某时期的产品产量、产值、销售额等
	时点指标	反映社会经济现象在某一时点（瞬间）状况的总量指标	如期末或期初的职工人数、商品库存量、固定资产原值、牲畜存栏数等
	区分依据	关键看指标反映的内容，看是反映社会现象活动的过程，还是反映社会现象某一时刻的状态	

课堂讨论

某企业拥有两万多名员工，通过和卫生纸制造厂合作，将宽度原本21.8厘米的擦手纸改为19.8厘米，而将9.5厘米宽的滚筒卫生纸改为9厘米宽。小小的改变，员工在使用时基本感觉不到差异，也不会产生抱怨。但台积电一年光是节约的擦手纸及卫生纸支出，就高达61万元。

讨论： 根据所在学校教学楼廊灯数量，按每盏灯30瓦计算，24小时的长明灯一年能花费多少钱？全校所有教学楼又会花费多少钱？

三、总量指标的计量单位

总量指标是反映客观存在的、具有一定社会经济内容的总体现象的绝对数，所以，要附有不同的计量单位。根据研究对象的特点、性质和作用，总量指标的计量单位主要有三种，即实物单位、货币单位和劳动单位，如表4-3所示。

表4-3　总量指标计量单位类型表

单位属性		含义及内容描述	示例
实物单位（根据事物的属性和特点而采用的计量单位）	自然单位	按照被研究现象的自然状况来度量其数量的计量单位	如学校以所为单位，汽车以辆为单位等
	度量衡单位	按照统一的度量衡规定来度量客观事物数量的计量单位	如粮食以千克计算，木材以立方米计算等

续表

单位属性		含义及内容描述	示例
实物单位（根据事物的属性和特点而采用的计量单位）	双重单位	同时用两个单位分别加以反映时，这种单位叫双重单位	如电动机以台/千瓦表示，起重机以台/吨表示等
	复合单位	把两种计量单位有机地结合在一起表示事物数量的计量单位	如货物周转量用吨·千米表示，发电量用千瓦时表示等
	标准实物单位	按照统一折算的标准来度量被研究现象数量的计量单位	如将各种煤炭统一折算为每千克发热量为29307.6千焦的标准煤
货币单位（又称价值单位）	以货币作为价值尺度来计量社会物质财富或劳动成果的一种计量单位。优点是使不能直接相加的产品总量过渡到能够加总的货币量，用来综合说明不同使用价值产品的总规模、总水平，具有广泛的综合性和概括能力。局限性在于脱离了物质内容，比较抽象		如工农业总产值、实现利税额、工资总额等
劳动单位	用劳动时间（工时、工日等）表示的计量单位。多用于企业内部进行业务核算		如机械工业企业的定额工时产量

小贴士

在统计上，将按实物单位计量的指标称为实物指标。它的主要特点是能直接反映产品使用价值的大小或现象的具体内容。因此，在掌握国民经济的基本情况、研究各种物质的消耗与库存、分析各种产品对生产和居民需要的满足程度时，都广泛应用实物指标。但实物指标有局限性，它缺乏对不同类产品或商品的综合概括能力。

四、计算总量指标应注意的问题

总量指标不是一个简单的数量总和，而是一定社会经济现象的数量表现，每一个总量指标都有确定的经济内容，都具有一定的质的规定性。正确计算和使用总量指标必须注意以下几个问题：

（1）现象的同类性。总量指标中的实物指标，通常是对于物质产品而言的，名称相同的产品，其使用价值和经济内容相同，无疑是可以综合汇总的。对不同性质的物质产品，由于其使用价值不同，不能通过简单相加汇总计算其实物指标。

（2）明确统计含义和统计方法。总量指标都是一定社会经济现象的数量表现，都有质的规定性和明确的社会经济内容。因此，必须正确地确定总量指标所表示的各种社会现象的概念、构成、范围和计算方法。例如，要统计工业总产值，首先要从理论上和实践上弄清楚什么是工业总产值，应当包括哪些范围，用什么样的计算方法等，然后才能进行正确的统计。

（3）统一计量单位。在计算实物指标总量时，不同实物单位代表不同类现象，同类现象也可能采用不同的计量单位。如果计量单位不统一，就容易造成统计上的差错或混乱，尤其在编制统计报表时，一定要按照全国统一规定的指标目录中的计量单位进行计量。

第二节　有比较才有鉴别——相对指标

相对指标即“对比”，通过对比能深刻认识事物的本质。如 2022 年我国居民人均可支配收入为 36 883 元，相比 1949 年的 49. 7 元，名义增长了 742 倍，去除物价等因素变化，实际增长了近 70 倍。历经 70 多年的发展，我国居民的钱袋子“鼓”了起来，展现了我国社会经济发展取得的巨大成就。

一、相对指标的概念和作用

社会经济现象之间以及现象内部各部分之间总是相互联系、相互依存和相互制约的。要了解事物的状况，就需要深刻地认识现象之间的相互联系，探讨其发展变化的规律性，为此，必须运用对比分析法。在进行现象的对比分析中，我们要用到一系列的相对指标。

（一）相对指标的概念

相对指标又叫相对数，是指社会经济现象中的两个有联系的指标对比的结果。它能够从数量上反映现象的发展程度、结构、强度或比例关系。如人口的性别比例和年龄构成、人口出生率、人口密度等都是相对指标。

相关统计资料显示，工业国家大学毕业生的平均失业率为4.4%，而学历在初中以下的人失业率为11.5%。这里的失业率就是相对指标，该指标表明接受高等教育虽然不能保证就业，却可以增加找到工作的机会。

（二）相对指标的作用

动画：如何正确解读“统计指标”

社会经济现象之间的数量联系，在很多情况下是通过相对数来反映的。因此，相对指标在统计分析和经济分析中具有广泛的应用，其作用表现为：

统计相对数可以反映社会经济现象之间的联系，深入说明总量指标不能充分说明的问题。相对指标比总量指标能更清晰地反映事物之间的发展变化程度、构成、强度等，充分说明事物的本质。

例如，我国改革开放后的40年间，GDP年均增长率为9.4%，远高于同期世界经济2.9%的平均增速，我国成为世界上GDP增长最快的国家，说明我国改革开放取得了巨大成就。

相对指标可以使不能直接对比的总量指标找到可以对比的途径。例如，不同类型的两个商店，一个是百货店，一个是水果店，销售不同的商品，商店规模大小不同，其销售额不能直接对比，但通过计算销售额的计划完成程度相对指标，就可以进行对比，并作出恰当的评价。

（三）相对指标的计量形式

相对指标的数值有两种计量形式：一种是有名数，另一种是无名数。

1. 有名数

有名数主要用于强度相对指标数值的表现，它用强度相对指标的分子和分母指标数值的计量单位表示，一般表现为复名数。如人口密度是用“人口数/千米^{2}”；每百元产值的耗能量用“千克/百元”或“千瓦/百元”来表示。

2. 无名数

无名数是一种抽象化的数值，一般用系数、倍数、百分数、千分数、成数等多种形式表示。当分子与分母相差较大时，可用倍数或千分数表示。百分数(%)表示是将对比的基数抽象为100来计算相对指标。这是一种最常用的表示方法。如某市固定资产投资总额，2022年与2021年对比所得的相对数为123.9%。倍数表示是将对比的基数抽象为1来计算相对指标。用百分数表示太大(一般是超过200%)时就用倍数来表示。例如，某公司的利润总额2022年与2021年对比，所得的动态相对数为360%，这时用3.6倍就更加明确。系数表示相对数，是将对比的基数抽象为1来计算相对指标。如总体内部各组成部分之间的比例关系往往用系数表示。其他一些经济比例也用系数表示。如货币流通增长速度与社会商品零售额增长速度的比例系数、不变价格的换算系数、标准实物量的换算系数等。千分数表示是将对比的基数抽象为1 000计算相对数。人口的出生率、死亡率、自然增长率、迁入率、净迁移率等，均用千分数表示。成数表示是将对比的基数抽象为10来计算相对指标。每一份就是一成，即1/10。例如，某地区今年粮食产量比去年增长一成，即增长1/10。

二、常用相对指标

相对指标是用来对比分析的。由于研究目的和任务不同，对比的基础不同，可以分为以下几种常用的相对指标。

（一）计划完成程度相对指标

计划完成程度相对指标，是把现象在某一段时间内实际完成数与计划完成数对比，用于表明某种社会经济现象计划完成程度的综合指标，通常以百分数表示。其计算公式为：

$$计划完成程度相对指标=\frac{实际完成数}{计划完成数}\times 100\%$$

计划完成程度相对指标计算的分母项是计划指标数值，分子项是计划执行结果的实际完成数。因此，要求分子项与分母项在指标含义、计算口径、计算方法、计量单位以及时间长度和空间范围等方面完全一致。由于计划完成数是衡量计划完成情况的标准数据，故分子项与分母项的位置不得互换。

例4-1　2023年第一季度某部门总产值计划为5 400万元，实际完成5 600万元，该部门计划完成情况为：

$$总产值计划完成程度=\frac{实际完成数}{计划完成数}\times 100\%=\frac{5\ 600}{5\ 400}\times 100\%=103.7\%$$

计算结果表明，2023年第一季度该部门总产值超额完成计划3.7%，超额绝对数为：5 600−5 400=200（万元）。

1. 计划完成程度相对指标的类型

计划完成程度相对指标按计划任务数表现形式不同分为表4-4所示三种类型。

表 4-4　计划完成程度相对指标按计划任务数表现形式分类表

<table>
<tr><th>类型</th><th>计算公式</th><th>应用示例</th></tr>
<tr><td rowspan="2">计划数为绝对数时</td><td>$$\text{计划完成程度相对指标}=\frac{\text{实际完成数}}{\text{计划完成数}}\times 100\%$$
用于考核社会经济现象的规模、水平或工作总量的计划完成情况</td><td>某手机企业计划在去年每台手机 500 元的单位成本水平上降低 12 元，今年实际的单位成本为 450 元，则：
$$\text{降低成本计划完成}\%=\frac{450}{500-12}\times 100\%=92.2\%$$
该企业成本实际比计划规定多降低了 7.8%，即 100%-92.2%=7.8%</td></tr>
<tr><td colspan="2">注：若计划指标是以最低限额规定的，如产量、产值、劳动生产率、利润等，计划完成程度指标数值越大越好，计划完成程度指标以等于或大于 100%为超额完成计划。若计划指标是以最高限额规定的，如原材料消耗量、产品成本、商品流通费，则计划完成程度指标数值越小越好，并以小于或等于 100%为超额完成计划</td></tr>
<tr><td rowspan="2">计划数为相对数时</td><td>$$\text{计划完成程度相对指标}=\frac{\text{实际完成数}\%}{\text{计划完成数}\%}\times 100\%$$
用于考核各种社会经济现象的增长率、降低率的计划完成情况</td><td>某企业计划总产值比上年提高 8%，实际执行结果比上年提高 12%，则：
$$\text{总产值计划完成}\%=\frac{1+\text{实际提高}\%}{1+\text{计划完成}\%}\times 100\%=\frac{100\%+12\%}{100\%+8\%}\times 100\%=103.7\%$$
结果表明，该企业总产值实际比计划超额完成 3.7%，即 103.7%-100%=3.7%</td></tr>
<tr><td colspan="2">注：如某产品单位成本计划降低 6%，实际降低 8%，则单位成本降低计划完成程度相对指标=100%-[(1-8%)/(1-6%)]×100%=2.13%。
即计划数以比上期增长或降低百分之几的形式出现时，不能用实际增长率(或降低率)除以计划增长率(或降低率)，而应包括原有基数 100%在内</td></tr>
<tr><td>计划数为平均数时</td><td>$$\text{计划完成程度相对指标}=\frac{\text{实际平均水平}}{\text{计划平均水平}}\times 100\%$$
用于考核以平均水平表示的技术经济指标的计划完成情况</td><td></td></tr>
</table>

2. 计划执行进度的检查

在实际工作中，为保证计划的实现，在计划执行过程中，要对计划执行的进度进行检查监督，计算计划执行进度指标。一般来说，计划执行的进度应与时间的进度相适应。其公式为：

$$计划执行进度=\frac{起初至检查之日累计实际完成数}{全期计划数}\times100\%$$

例 4-2　表 4-5 是某公司 2023 年上半年某种产品销量资料，根据此资料检查该公司 2023 年一季度和上半年的计划执行进度。

表 4-5　某公司 2023 年上半年销量完成情况　　单位：吨

	全年	1 月	2 月	3 月	4 月	5 月	6 月
计划数	65 000	5 000	5 000	5 600	5 600	5 800	6 000
实际数	—	5 200	5 100	5 500	5 620	5 700	6 000

$$一季度完成年计划进度=\frac{5\ 200+5\ 100+5\ 500}{65\ 000}\times100\%=\frac{15\ 800}{65\ 000}\times100\%=24.31\%$$

$$上半年完成年计划进度=\frac{5\ 200+5\ 100+5\ 500+5\ 620+5\ 700+6\ 000}{65\ 000}\times100\%$$

$$=50.95\%$$

3. 长期计划完成情况检查

所谓长期计划一般指五年计划、十年计划等。长期计划中的各项指标，由于性质不同，有不同的表示方法。一般有水平法和累计法两种。

（1）水平法。在长期计划中，若只规定计划期末那一年所应达到的水平，就需要采用水平法检查长期计划完成情况。这种方法是以计划期末那一年实际达到的水平与计划规定计划期末那一年应达到的水平对比加以确定。其计算公式为：

$$计划完成程度=\frac{计划期末年实际达到的水平}{计划规定末年应达到水平}\times100\%$$

例 4-3　某县第十三个五年计划规定生猪年末存栏头数在计划期末的 2020 年达到 40 万头，2020 年末实际存栏头数达到 46 万头，则：

$$计划完成程度=\frac{46}{40}\times100\%=115\%$$

即超额 15% 完成计划。

采用水平法检查计划执行情况，只要有连续的 12 个月（不论是不是在一个日历年度）的实际完成水平达到了计划期末年水平，就算完成了计划。于是，从计划期初到这连续一年的最末一天这段时间就是完成计划所需时间，这以后时间如有剩余，就是提前完成计划的时间。即计划的全部时间减去完成计划所需时间，就是计划提前完成的时间。

例 4-4　某产品按五年计划规定最后一年销量应达到 50 万吨，计划执行情况如表 4-6 所示。

表 4-6　某企业产品销量计划完成情况　　　　单位：吨

时间	第一年	第二年	第三年		第四年				第五年			
			上半年	下半年	一季度	二季度	三季度	四季度	一季度	二季度	三季度	四季度
产量	44	45	22	24	11	12.5	12.5	13	13	12.5	12.5	14

先用水平法计算计划完成程度：

$$计划完成情况=\frac{13+12.5+12.5+14}{50}\times100\%=\frac{52}{50}=104\%$$

从第四年第二季度至第五年第一季度实际完成 51 万吨，除完成任务 50 万吨外，还超产 1 万吨，这 1 万吨需 7 天完成，$(51-50)\div(50\div365)=1/0.14\approx7$（天）。因此，提前时间为 3 个季度零 7 天。

（2）累计法。在长期计划中，若是规定整个计划期间应完成的工作量或累积应达到的水平，就需要采用累计法检查长期计划完成情况。这种长期计划完成情况的检查，应将整个计划期内实际累计完成数与计划规定的任务数对比加以确定：

$$计划完成程度=\frac{计划期内实际累计完成数}{计划规定的任务数}\times100\%$$

例 4-5　某县“十三五”规划期间基本建设投资总额规定为 4 亿元，在这一时期内各年实际累计完成的投资总额为 4.5 亿元。则：

$$计划完成程度=\frac{4.5}{4}\times100\%=112.5\%$$

说明该县超额 12.5% 完成“十三五”规划所规定的基建投资额。

计算提前完成计划时间的方法，是自计划执行之日起至累计实际数量达到计划规定数量止，后面的时间即为提前完成计划的时间。

（二）结构相对指标

社会经济现象是一个有机的总体，由许多部分组成，总体内部的组成状况称为结构。结构相对指标，又称比重指标，它是在总体分组的基础上，将总体的各组数值同总体数值对比，表明构成事物总体的各个组成部分在总体中所占的比重。

计算公式：

$$结构相对指标=\frac{总体某一部分数值}{总体全部数值}\times100\%$$

结构相对指标一般用百分数来表示，各部分占总体的比重之和必须等于100%。结构相对指标的分子、分母，可以是部分的单位数和总体的单位数，也可以是部分的标志总量和总体标志总量。

实训：计算总量指标及相对指标

小贴士

恩格尔在对英国、法国、德国、比利时等国进行大量调查后，发现家庭收入越少，用于饮食费用的支出在家庭收入中所占比重就越大，随着家庭收入的增加，用于饮食费用的支出所占比重就越小。这就是著名的恩格尔法则。恩格尔系数就是食品消费在家庭总消费支出中所占的比重。推而广之，国家越贫穷，每个国民的支出中用于食物的支出所占比例就越大；国家越富强，这个比例就会呈下降趋势。联合国据此制定了划分贫困与富裕的标准：恩格尔系数超过60%为绝对贫困型；50%~60%为勉强度日或基本温饱型；40%~50%为小康型；30%~40%为富裕型；低于30%为最富裕型。

结构相对指标在统计分析中应用很广泛，主要作用有以下几点：

（1）反映总体内部结构的性质和特征。

例4-6 为了解家庭轿车消费群体结构，某市做了一次市场调查，结果如表4-7所示。

表4-7 拥有私家车的家庭收入构成状况

家庭收入/元	户数	比重/%	累计比重/%
5 000 以下	48	12. 00	12. 00
5 000~6 000	121	30. 25	42. 25
6 000~7 000	140	35. 00	77. 25
7 000~8 000	80	20. 00	97. 25
8 000 以上	11	2. 75	100. 00
合计	400	100. 00	—

由表 4-7 数据可知，目前该市有车家庭月收入为 5 000~7 000 元的最多，占比高达 65.25%，这个群体属于高收入人群中的中低收入档次。因此，该市私家车市场主流应是 10 万元左右的经济型轿车。

为便于经销商拓展市场，在分类方面还可以结合收入结构，做进一步的家庭结构、职业结构分组计算该市私家车的构成状况，以便有针对性地挖掘潜在客户。

（2）通过不同时期结构相对指标的变动情况分析，可以反映事物的发展变化趋势。

案例：透析相对数后面的上海人口布局

例 4-7　恩格尔系数是食品消费在家庭总消费支出中所占的比重。我国居民的恩格尔系数从 1978 年的 63.9% 下降到 2022 年的 30.5%，降幅超过 50%，表明我国居民的生活水平有了很大提升。

（3）结构相对指标的变化，可以说明事物性质的变化，说明事物由量变到质变的过程。

例 4-8　2022 年我国居民人均可支配收入 36 883 元，从收入来源构成看，人均工资性收入 20 590 元，占比为 55.8%；人均经营净收入 6 175 元，占比为 16.7%；人均财产净收入 3 226 元，占比为 8.7%；人均转移净收入 6 892 元，占比为 18.7%。这与 1985 年时，我国居民的工资性收入占比超过 90% 相比，表明我国居民的收入构成基本摆脱“单一化”，呈现“多元化”趋势。

拓展应用

返券促销与打折的关系。如买 100 返 200，即买 100 元的商品就送 200 元的购物券，好像在说，你花 100 元钱买东西，我们就奉上 200 元的购物券，这不仅能冲抵你花掉的 100 元，还白送 100 元。买东西不花钱，还有钱拿，会有这等好事？为揭示返券促销本质，下面用一个简单的算式来说明返券促销与打折的关系：

$$返券促销所打折扣=\frac{购买商品花费额}{购买商品花费额+返券额}\times 10$$

表 4-8 为根据上式计算出的返券额与折扣数的关系。

表 4-8　返券额与折扣数的关系

花费额/元	返券额/元	折扣数/折
100	200	3.3
200	300	4
100	80	5.6

直接在商品上打折和返券促销式打折，虽然本质上都是打折，但给顾客的感觉却完全不同，这就是商家返券促销的奥秘。

（三）比例相对指标

比例相对指标是同一总体中某一部分指标数值与另一部分指标数值之比，用来反映总体内部各部分之间的联系程度或比例关系。

计算公式：

$$比例相对指标=\frac{总体中某一部分指标数值}{同一总体中另一部分指标数值}$$

比例相对指标通常用百分数或以几比几的形式来表示。

比例相对指标一般用总量指标进行对比，也可根据分析任务和掌握资料的情况应用现象总体各部分的相对指标或平均指标进行对比。

（四）比较相对指标

比较相对指标是将两个不同总体的同类指标作静态对比得出的综合指标。它表明事物在不同空间条件下的差异情况及不平衡程度。比较相对指标一般用百分数或倍数来表示。

计算公式：

$$比较相对指标=\frac{某一现象数值}{同期另一个同类现象数值}\times 100\%$$

根据不同的研究目的，比较相对指标的分子、分母可以互换。

例 4-9　某课题组采用入户调查方式，采集了某市 3 000 户家庭收入及子女教育支出相关数据，经对样本中的家庭收入按从小到大的顺序进行分组后，计算每个家庭生均子女教育经费支出数据如表 4-9 所示。

表 4-9　教育经费支出水平

按家庭收入水平高低分组/万元	5 以下	5～10	10～15	15～20	20 以上
家庭生均子女教育花费/元	3 285	5 380	7 400	11 001	20 080

表 4-9 中收入水平最高的一组家庭的子女教育支出平均值 20 080 元是收入水平最低一组家庭的子女教育支出平均值 3 285 元的 611.26%，这说明家庭收入越高，花在子女身上的教育经费越多。

比较相对指标既可用于不同国家或地区、不同单位之间的比较，也可用于先进与落后的比较，还可用于同国家规定的质量标准对比以及与同行业先进水平的对比。例如，将同类企业一定时间的劳动生产率、资金利用率、万元产值耗能量对比等。通过对比，可找出差距，挖掘潜力，为提高本单位生产水平和管理水平提供依据。

计算比较相对指标，可以用绝对指标，也可以用相对指标或平均指标，但不管用何种指标计算，都必须考虑是否具有可比性，特别是现象发展的具体条件的可比问题。

（五）强度相对指标

强度相对指标是指由两个性质不同而又有联系的不同总体的总量指标对比而形成的相对数。它用来说明现象的强度、密度、普遍程度和利用程度。

计算公式：

$$\text{强度相对指标}=\frac{\text{某一总体的指标数值}}{\text{另一性质不同但有联系的总体指标数值}}$$

强度相对指标与其他类型相对指标的根本不同点就在于它是不同类现象指标的对比。

例如，按人口平均计算的钢产量，是用全国的钢产量与全国的人口数对比，用来反映一个国家的钢铁发展程度，也是反映国家经济实力的重要指标之一。

强度相对指标的分子和分母有时可以对换。对换的结果，产生强度相对指标的正指标和逆指标两种计算方法。在实际工作中，究竟采用哪种计算方法，应以最能反映现象的特征并易理解为选择的依据。

强度相对指标的数值大小与现象的发展程度或密度成正比，叫正指标；与现象的发展程度或密度成反比，叫逆指标或叫反指标。

例 4-10　某地区有 60 万人，商业网点数 600 个，则每万人分摊的商业网点数反映该地区商业网点的密度大小，是正指标。

$$\text{强度相对指标(正指标)}=\frac{\text{商业网点数}}{\text{人口数}}=\frac{600\text{ 个}}{60\text{ 万人}}=10\text{ 个/万人}$$

该指标说明平均每万人中有 10 个商业网点为他们服务。该指标数值越大，说明商业网点密度越大，人们生活越方便。反之，指标数值越小，说明商业网点越少，人们生活越不方便。

$$\text{强度相对指标(逆指标)}=\frac{\text{人口数}}{\text{商业网点数}}=\frac{60\text{ 万人}}{600\text{ 个}}=1\ 000\text{ 人/个}$$

该指标说明，每个商业网点所服务的人口为 1 000 人。指标数值越大，说明商业网点密度越稀，人们得到的服务越差。

强度相对指标有以下几个特点：

（1）指标反映的是不同性质的现象总体的对比关系。

（2）用作比较的两个指标通常是总量指标。

（3）指标数值通常表现为有名数。一般是用双重计量单位表示。如人均粮食产量用千克/人表示，人口密度用人/千米^{2}表示。只有使用双重计量单位，才能确切反映现象的数量特征。

（4）根据研究目的不同，分子、分母可以互换，即产生正指标与逆指标之分。

（5）含有相对平均的意义。它不是一个同质总体内标志总量与总体单位总数之比，而是两个性质不同总体的总量之比，不能反映总体各单位某一标志值的一般水平，故其不是平均指标。

统计素养

高新经济统计数据展现北京发展实力

党的二十大报告提出：“加快发展数字经济，促进数字经济和实体经济深度融合，打造具有国际竞争力的数字产业集群。”为促进高精尖产业发展，北京市出台了高精尖产业“10+3”系列政策，至“十三五”期末，高技术产业和战略性新兴产业增加值占GDP的比重分别达到24.4%和23.8%。在科技和新业态方面，每万人发明专利拥有量为132件，是全国平均水平的近10倍。独角兽企业达到93家，居全球城市榜单首位，3成以上处于人工智能、大数据、生物医药等前沿科技领域。新业态、新模式不断发展壮大，5G、区块链等蓬勃发展，新经济增加值占GDP的比重达到36.1%，数字经济增加值占GDP的比重超过50%，居全国首位。

（六）动态相对指标

动态相对指标，又称发展速度，是同一现象在不同时期的指标数值对比的比值，用以说明某一现象在时间上发展变化的方向和程度。通常把作为比较基础的时期，称为基期；把与基期进行比较的时期，称为报告期。动态相对指标通常用百分数表示。

计算公式：

$$动态相对指标=\frac{某一现象报告期数值}{同一现象基期数值}\times 100\%$$

动态相对指标在动态分析中很重要，本书将在第六章中详细介绍。

三、计算和应用相对指标应注意的问题

（一）指标可比性

这是计算和应用相对指标的前提。指标可比性是指检查对比的指标所包含的经济内容、统计范围、计算方法、计算价格、所属时间等方面是否可比。例如，计算居民识字普及程度指标，对比基数就不能用全部人口数。因为全部人口数中包含着不属于识字普及对象的学龄前儿童。正确的基数应是全部人口数扣除学龄前儿童数后的数字。

小贴士

对于某些经济内容，如计算口径、计算方法不一致的统计指标，计算相对数前，要进行必要的换算和调整。在过去，我国与西方国家的国民收入指标计算方法不一致，不能直接对比。因此，国务院在新的国民经济核算体系中建立了“国内生产总值”指标核算体系，增强了国际对比性。它既可以用于国内考核，又可以用于国际对比。

（二）相对指标和总量指标结合应用

总量指标虽然是反映现象的规模或水平的重要指标，但它不易深入说明事物发展的程度和差别。相对指标是用两个相互有联系的指标数值对比，来反映事物之间的数量联系程度，它可以弥补总量指标的不足，能清晰地反映现象的相对水平和普遍程度。但相对指标是用一个抽象化的比值来说明现象间的联系和变动程度的，不能反映现象绝对量的差别，因此，在进行统计分析时，必须把二者结合起来运用，以对社会经济现象形成比较具体而完整的认识。

（三）多种相对指标综合应用

任何事物都有多方面的特征，一种相对指标只能反映现象某一方面的特点，要想全面认识一个复杂现象就应将许多有联系的相对指标结合起来运用，这样才能较全面地反映客观经济现象的全貌。如研究两个商业企业的经营管理情况，可以根据它们计划和实际完成的销售额、主要商品销售量、费用额、劳动效率、利

税额等资料，分别计算出计划完成程度相对指标、结构相对指标、强度相对指标、动态相对指标等，这样就能比较全面地反映它们经营管理工作的好坏。

课堂讨论

1978—2022 年中国经济总量从不到 1 500 亿美元增长至 18 万亿美元，占全球经济规模比重从 1.8% 增长到 18.3%，从低收入国家迈入中等偏上收入国家行列。

讨论： 我国的上述经济发展成就涉及哪些类型的相对指标，又是如何计算的？

学以致用

第四章交互式测验

一、 填空题

1. 检查长期计划的完成情况时，若计划任务规定的是长期计划期末应达到的水平，检查计划完成程度应采用__________法。

2. 强度相对指标的分子和分母可以互换，形成__________和__________两种形式。

3. 结构相对指标和比例相对指标都是在__________基础上计算的。

4. 系数和倍数是将对比的基数抽象为__________而计算的相对数。

二、 单项选择题

1. 总量指标数值大小(　　)。

   A. 随总体范围扩大而增大　　B. 随总体范围扩大而减小

   C. 随总体范围缩小而增大　　D. 与总体范围大小无关

2. 分子与分母属于不同总体的指标是(　　)。

   A. 平均指标　　B. 强度相对指标

   C. 比例相对指标　　D. 结构相对指标

3. 2022 年某市 GDP 的年增长率为 16.7%，该指标是(　　)。

   A. 绝对指标　　B. 动态相对指标

   C. 比较相对指标　　D. 比例相对指标

4. 某企业产值计划完成 105%，本年实际比上年实际增长 8%，则计划规定比上年实际增长的算式为(　　)。

A. $\frac{8\%}{5\%}$　　B. $\frac{5\%}{8\%}$　　C. $\frac{108\%}{105\%}-1$　　D. $\frac{105\%}{108\%}-1$

5. 某商场计划今年6月份销售利润比5月份提高3%，实际却下降了2%，则销售利润计划完成程度为(　　)。

A. 66.7%　　B. 95.2%　　C. 105.1%　　D. 99.0%

三、 多项选择题

1. 下列属于时期指标的有(　　)。

A. 工业总产值　　B. 商品销售额

C. 职工人数　　D. 生猪出栏数

E. 商品库存额

2. 下列属于时点指标的有(　　)。

A. 某地区人口数　　B. 某地区死亡人口数

C. 某地区出生人口数　　D. 某地区生产总值

E. 某地区的学校数

3. 在相对指标中，分子和分母位置可以互换的有(　　)。

A. 结构相对指标　　B. 比例相对指标

C. 比较相对指标　　D. 动态相对指标

E. 强度相对指标

4. 2022年某公司发行公司债券60亿元，2022年末该公司员工个人储蓄存款余额达2亿元。这两个指标(　　)。

A. 都是时期数　　B. 都是时点数

C. 都是绝对数　　D. 前者是时点数，后者是时期数

E. 前者是时期数，后者是时点数

5. 下列属于强度相对指标的有(　　)。

A. 人均国民收入　　B. 人口平均年龄

C. 粮食亩产量　　D. 人口密度

E. 人均粮食产量

四、 判断题

(　　)1. 计划完成程度相对指标大于100%，就说明超额完成了计划。

(　　)2. 反映总体内部结构的性质和特征的指标只能是结构相对指标。

(　　)3. 全国粮食总产量与全国人口对比计算的人均粮食产量是平均指标。

(　　)4. 某企业生产某种产品的单位成本，计划在上年的基础上降低5%，实际降低了6%，则该企业差一个百分点没有完成计划任务。

五、 思考与练习

1. 什么是总体单位总量和总体标志总量？二者有什么区别和联系？

2. 什么是时期指标和时点指标？举例说明。

3. 计算总量指标应注意哪些问题？

4. 结构相对指标、比例相对指标和比较相对指标有什么区别？

5. 强度相对指标和其他相对指标的主要区别在什么地方？

6. 某公司的产值资料如下：

车间	2021 年		2022 年	
	计划产值/万元	计划完成/%	实际产值/万元	计划完成/%
甲	150	100	184	115
乙	180	105	179	125
丙	178	102	295	120

试计算所有可能计算的相对指标，并指出它们属于哪一种相对指标。

7. 某企业2022年计划产值为1 200万元，计划完成程度为105%，2022年产值计划比2021年增长20%，试求2022年的实际产值比2021年的增长率。

8. 某企业生产甲产品，按计划2022年的单位成本应在2021年的812元的水平上降低12元，实际单位成本为736元，试确定降低成本计划完成程度。

9. 某产品按五年计划规定，最后一年产量应达到450万吨，计划完成情况如下：

时间	第一年	第二年	第三年		第四年				第五年			
			上半年	下半年	一季度	二季度	三季度	四季度	一季度	二季度	三季度	四季度
产量/万吨	300	320	160	190	100	100	110	120	120	120	130	130

试求该产品的五年计划完成程度，并计算提前完成五年计划的时间。

10. 某飞机制造公司五年计划期间预计生产飞机 422 架，实际完成情况如下：

时间	2018 年	2019 年	2020 年	2021 年	2022 年			
					第一季度	第二季度	第三季度	第四季度
飞机产量/架	70	85	97	107	31	32	30	32

试确定该飞机制造公司五年计划完成程度，并计算提前完成计划的时间。

11. 某企业两个车间生产同一产品，有关资料如下：

车间	2021 年		2022 年	
	单位成本/元	产量/吨	单位成本/元	产量/吨
甲车间	600	1 200	600	1 200
乙车间	700	1 800	700	1 600
企业整体	660	3 000	640	2 800

试分析两车间单位成本未变，而企业整体单位成本下降 20 元的原因。

调查研究

1. 目标

培养计算及分析总量指标与相对指标的初步能力。

2. 内容与要求

就第二章综合实训中收集的调查资料，按照之前的分组运用 Excel 表进行汇总整理，然后按照性别、年级分别计算大学生生活费来源和具体的消费支出结构，以及其他相对指标，并从总量指标与相对指标结合的角度分析在校大学生的消费支出状况。

3. 成果与检测

各小组就各自的计算与分析结果在班级进行讨论，由教师及各小组长相互评价打分。

第五章

“削峰填谷”和数量差异——平均指标及变异指标

【学习目标】

素养目标：

- 通过平均数代表性偏差，认识事物发展的不平衡性；
- 通过与上游平均数比较找差距，培养积极向上的精神。

知识目标：

- 掌握几种平均数的特点、应用范围及计算方法；
- 掌握变异指标的概念、特点及计算方法。

能力目标：

- 能够正确运用平均指标及变异指标分析社会经济现象；
- 能够从集中和离中趋势两个方面认识统计数据所反映的特征与规律，进而把握事物的本质和规律性。

【思维导图】

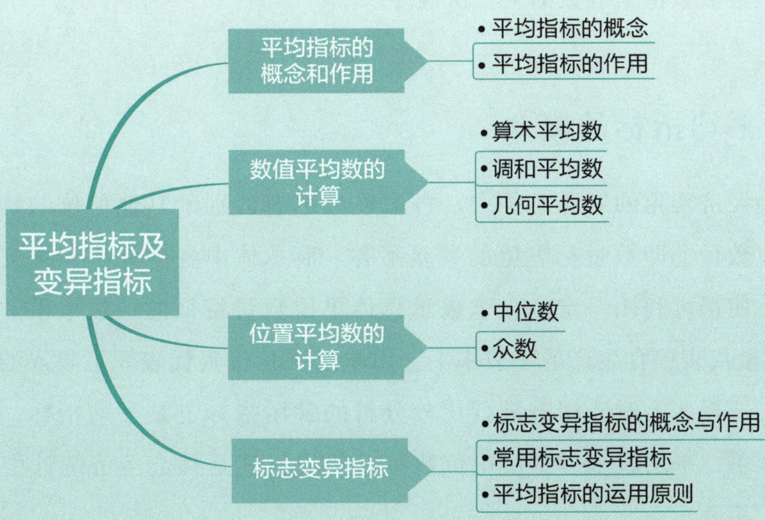

情景引入

每次平均工资发布时，总有一些人感觉数据偏高，自己“拖了后腿”。其实，数据没问题，问题出在平均数“削峰填谷”的算法上。部分收入高的人会将平均收入数值整体拉高。针对平均数“削峰填谷”的算法问题，统计学家发明了中位数，即按顺序排列的一组数据中居于中间位置的数。通常平均数反映代表值，中位数则反映分布状况。现实中，中位数更贴合大众的实际感受。因此，在实际应用平均指标进行分析时，不仅要计算数值平均数，还要注意结合位置平均数。

第一节 比较要用代表值——平均指标的概念和作用

很多人均消费100多元的餐馆在赔钱时，有一些人均定价不足100元的自助餐厅却座无虚席，海鲜、肉类、青菜、水果、甜点、饮料等应有尽有。难道老板不怕赔本吗？据有关组织统计，成年男人一餐平均只能吃550克食物，而色泽鲜艳、价格低廉、饱腹感强的食材又放在最醒目的位置。多数人在拿到角落里的高价食材时，盘子已经快满了。所有食客平均消费成本低于50元，毛利率近50%！这就是平均指标的奥秘。平均指标在生活中应用范围很广，但如果对平均指标缺乏正确理解，就会被数值平均数的失真所误导。

一、平均指标的概念

案例：透过现象看平均数

在社会经济现象的同质总体中，每个单位都有区别于其他单位的特征，这些特征表现在数量上即数量标志值的参差不齐。而总体中各个具体事物又具有同质的规定性，使得可利用一定的量来表示总体单位数量特征的一般水平。例如，用平均亩①产量代表粮食生产的一般水平，用职工平均工资代表职工收入的一般水平等。青年人选择恋人时，用于进行比较分析的常用指标也是平均指标，如平均身高、平均体重、平均收入、学历中位数等。平均指标是社会经济统计中最常用的

① 亩为非法定计量单位，1亩≈666.67平方米。

一种综合指标。它用以反映社会经济现象总体各单位某一数量标志值在一定时间、地点条件下所达到的一般水平，或者说代表水平。平均指标的数值表现称为平均数，是某一变量数列总体分布集中趋势的代表值。平均数按数值类型可分为数值平均数和位置平均数。

二、平均指标的作用

在统计研究中，平均指标有着广泛的作用。

（1）平均指标可以反映社会经济现象的一般水平，反映总体各单位变量分布的集中趋势。在社会经济现象总体中，各单位某一标志在数量上的变化是有差异的，变量从小到大形成一定的分布。通常标志值很大或者很小的单位数都比较少，而逐渐靠近平均数的单位数比较多，因而能够反映标志值变动的集中趋势。同时，因为平均指标把总体中各单位某一数量标志的数量差异抽象化了，所以可用来代表这一标志在具体时间、地点条件下的一般水平。

请思考

张三左脚踩在火炉上，右脚踏在冰块上，就平均值而言，张三双脚冷暖适宜。你说张三是不是很舒服？

（2）利用平均指标可以对比同类现象在不同地区的差异情况，以说明生产水平、经济效益或工作质量的高低。

（3）利用平均指标可以比较同一总体在不同时间的变化情况，说明其发展趋势或规律性。

例 5-1　某县很多居民都说天气越来越热了，为证实此问题，居民代表到气象部门查阅了该县 1981 年以来 7 月上旬的气温资料。因年份太多而对应数据量太大，感觉杂乱无章，没有规律，气象局专业人士指导说，你们计算各年份的平均气温后看一下。他们计算后抽出几个主要年份资料如表 5-1 所示。根据表中气温数据能证实居民的感觉正确性吗？

表 5-1　某县几个年份 7 月上旬平均气温

年份	1982	1992	2002	2012	2022
平均气温/℃	28.1	28.9	29.9	30.3	31.6

因平均指标具有代表性，表 5-1 资料显示，该县平均气温呈逐渐上升趋势，且平均气温从 1982 年的 28.1℃，上升到 2022 年的 31.6℃，40 年来平均气温上升了 3.5℃，证实居民们的感觉是正确的。

（4）利用平均指标可以分析现象之间的依存关系。在对现象进行分组的基础上，通过计算平均指标可以较为清楚地观察现象之间的依存关系。

例 5-2 某农科所绘制的粮食产量与浇水量的关系如表 5-2 所示。

表 5-2 粮食产量与浇水量关系表

浇水量/厘米	1.0	1.5	2.0	2.5	3.0	3.5	4.0
平均亩产/千克	216	288	317	380	430	435	346

从表 5-2 中可以看出，粮食平均亩产与浇水量之间存在依存关系，即在一定范围内，粮食平均亩产随着浇水量的增加而增加，两者成正比。

（5）利用平均指标可以估计推算其他有关指标。例如，要了解某省城镇居民经济及货币收支情况，不可能也没有必要进行全面调查，可以采取抽样法，通过抽取居民户样本并计算样本平均指标，来推断该省全部城镇居民家庭货币收支的一般水平及有关的总量指标。另外，平均指标还是编制各种定额和计划的依据。

第二节 机票定价有学问——数值平均数的计算

计算平均数时按已知的数值资料类型和状况，可对应采用算术平均数、调和平均数和几何平均数分别加以计算。

一、算术平均数

（一）算术平均数的基本形式

算术平均数是社会经济统计中经常应用的一种平均指标，也是分析社会经济现象一般水平和典型特征的最基本指标。算术平均数是将总体各单位的标志值相加求其标志总量，然后除以总体单位总量，即用同一总体内的标志总量除以总体单位总量。如企业劳动生产率就是企业各个职工所创造的总产值与职工总人数之比。

计算公式：

$$算术平均数=\frac{总体标志总量}{总体单位总量}=\frac{标志值之和}{总体单位数}$$

理解和掌握算术平均数的基本算式需要注意以下两个问题：

第一，分子、分母必须属于同一总体。即总体标志总量和总体单位总量必须在内容上相适应，标志总量必须是总体中各单位标志值的总和，而单位总量必须是同一总体中各单位数的总和。

第二，算术平均数和强度相对数虽然都是两个总量指标的对比关系，但在实质上是不同的。平均指标是在一个同质总体内标志总量和单位总量的对比关系。它要求标志总量和单位总量相适应。例如，计算 50 个工人的平均工资，作为分子的工资总额只能是这 50 个工人工资的总和。而强度相对指标的分子、分母是两个不同总体现象的总量指标，不存在各个标志值与各个单位相适应的问题。又如，人均粮食产量是全国粮食总产量与全国人口数之比，它反映粮食生产与人口发展的密切关系，但是粮食产量并非全国每个人都具有的标志，粮食总产量不直接依附全国人口数，因而是强度指标而不是平均指标。

在实际工作中，有一些平均指标可以借助于直接具有的标志总量和单位总量来计算。但是，大量的平均指标在计算时不具有现成的标志总量和单位总量，因而，需要根据有关资料，采用简单算术平均数或加权算术平均数公式来计算。

（二）简单算术平均数

在资料未经过分组的情况下，把总体各单位的标志值相加，求出总体标志总量，然后除以总体单位数，即得出简单算术平均数。

计算公式：

$$\bar{x}=\frac{x_1+x_2+x_3+\cdots+x_n}{n}=\frac{\sum x}{n}$$

式中：$\bar{x}$——算术平均数；

x_i——各单位的标志值或变量值；

n——总体单位数或项数；

$\sum$——求和。

实训：计算数值平均指标（一）

课堂讨论

航空公司一架120座飞机从青岛到上海飞行一次的成本假定是4.8万元，则每个座位的平均成本为：

$$\bar{x}=\frac{\sum x}{n}=\frac{48\ 000}{120}=400(\text{元})$$

讨论： 机票定价时不能低于每张400元的成本价。但现实中提前一个月却能买到150元的特价机票，航空公司岂不是赔本赚吆喝吗？（提示：查阅微观经济学中有关固定成本和可变成本的概念，据此可作出合理解释。）

简单算术平均数有以下特点：

（1）它往往是直接根据未经任何分组的资料计算的。

（2）其计算结果易受极端数值的影响。为了正确反映社会经济现象的一般水平，有时需要剔除个别的极端数值，然后再计算平均数。

（三）加权算术平均数

在总体单位数较多，统计资料已经分过组，且已编成分布数列的条件下，计算平均数就需要采用加权算术平均数。该方法是用标志值乘以相应的各组单位数求出组标志总量，并相加求出总体标志总量，然后除以各组单位数之和。

计算公式：

$$\bar{x}=\frac{x_1f_1+x_1f_2+\cdots+x_nf_n}{f_1+f_2+\cdots+f_n}=\frac{\sum xf}{\sum f}$$

式中：f——权数，一般表现为各组变量值出现的次数，即频数。

对于单项分布数列，它是各标志值与各组频数乘积的总和除以各组频数总和；对于组距分布数列，它是各组的组中值与各组频数乘积的总和除以各组频数总和。

1. 根据单项分布数列计算算术平均数

例5-3 张三在两个不同地段分别经营甲、乙两个商铺，去年1月份两个店铺经营的商品价格记录如表5-3所示。张三困惑地问：为什么甲店的商品价格都比乙店高，而平均价格却低于乙店？

表 5-3　张三经营的甲、乙两个商铺销售情况表

商品代码	甲店价格 x/元	甲店销量 f/件	甲店比重 $(f/\sum f)$/%	甲店销售额 xf/元	乙店价格 x/元	乙店销售量 f/件	乙店比重 $(f/\sum f)$/%	乙店销售额 xf/元
1	100	300	30	30 000	98	40	4	3 920
2	102	250	25	25 500	100	60	6	6 000
3	105	200	20	21 000	102	200	20	20 400
4	106	150	15	15 900	105	150	15	15 750
5	108	60	6	6 480	106	250	25	26 500
6	110	40	4	4 400	109	300	30	32 700
合计	—	1 000	100	103 280	—	1 000	100	105 270

根据表 5-3 的资料，计算两店的平均价格：

甲店平均价格：

$$\bar{x}=\frac{\sum xf}{\sum f}=\frac{103\ 280}{1\ 000}=103.28(\text{元})$$

乙店平均价格：

$$\bar{x}=\frac{\sum xf}{\sum f}=\frac{105\ 270}{1\ 000}=105.27(\text{元})$$

资料显示，尽管甲店每种商品价格都高于乙店，但是平均价格却低于乙店。究其原因是甲店价格处于 108 元及以上的高位时，其销售量占比为 10%，而处于 102 元及以下的低价位时，其销量占比高达 55%；乙店恰好相反，价格处于 106 元及以上高位时，销量占比达 55%，价格处于 100 元及以下低位时，其销售量占比仅为 10%。可见，不同价格商品的销量结构是影响平均数的一个重要因素。

2. 根据组距分布数列计算算术平均数

由于组距分布数列中每组的变量值不止一个，因而求平均数时，应以各组的组中值代表各组标志值来计算加权算术平均数。

实训：计算加权平均数

例 5-4　某牧场过去每年饲养 600 只当地羊，现有一种新品种的高原羊，预计在同样面积的牧场上可以饲养 750 只。这种高原羊吃草量较当地羊少，销售平均利润也比当地羊少。经调查，两种羊的净利润分布资料如表 5-4 所示。

表 5-4　每种羊的净利润分布

净利润/元	组中值/元	当地羊		高原羊	
		频数	频率/%	频数	频率/%
-300～-100	-200	36	6	8	1
-100～100	0	12	2	15	2
100～300	200	185	31	427	57
300～500	400	367	61	300	40
合计	—	600	100	750	100

下面请你帮助牧场经营者进行计算和分析，在这片牧场上饲养哪种羊获利更丰厚？利润能多多少？如果是饲养新品种的高原羊利润大，每只高原羊的平均利润额低到多少时，牧场管理者就不会愿意饲养高原羊了？

要回答饲养哪一种羊的利润多，就要分别计算两种羊的利润均值，然后进行比较。两种羊的利润均值分别为：

原当地羊利润平均值：

$$\bar{x}=\frac{\sum xf}{\sum f}=\frac{-200\times36+0\times12+200\times185+400\times367}{600}=294.3(\text{元})$$

新高原羊利润平均值：

$$\bar{x}=\frac{\sum xf}{\sum f}=\frac{-200\times8+0\times15+200\times427+400\times300}{750}=271.7(\text{元})$$

尽管高原羊的利润平均值小于当地羊，但由于同样面积的牧场可以饲养 750 头高原羊，我们就需要比较两种羊的总利润，即 $n\bar{x}$。

当地羊的总利润 $n\bar{x}=294.3\times600=176\ 580$(元)

高原羊的总利润 $n\bar{x}=271.7\times750=203\ 775$(元)

可见，牧场管理者应选择饲养高原羊。因为饲养高原羊预计可多获利润 27 195 元。

如果高原羊的平均利润比 271.7 元低，低到多少时牧场主就不愿改养高原羊了呢？这实际上是将按当地羊计算的总利润换算为高原羊的平均利润进行比较，即

高原羊的平均利润 $\bar{x}<\frac{176\ 580}{750}=235.44$(元)。

也就是说，如果高原羊的平均利润低于 235.44 元，牧场主所获的总利润还不如饲养当地羊多，那当然就不会改养高原羊了。

3. 依据比重权数计算算术平均数

权数既可以用绝对数表示，也可以用各组单位数在全部单位数中所占的比重

来表示。此时，只要将上面的加权算术平均数公式变换一下，即可得到另一种加权算术平均数计算公式：

$$\bar{x}=\frac{\sum xf}{\sum f}=\sum x\frac{f}{\sum f}$$

例 5-5　在例 5-4 中，若仅知两种羊的净利润及频率分布资料，如何求利润平均值？

依据表 5-4 中净利润及频率计算如下：

原当地羊利润平均值：

$$\bar{x}=\sum x\frac{f}{\sum f}=-200\times\frac{36}{600}+0\times\frac{12}{600}+200\times\frac{185}{600}+400\times\frac{367}{600}=294.3(\text{元})$$

新高原羊利润平均值：

$$\bar{x}=\sum x\frac{f}{\sum f}=-200\times\frac{8}{750}+0\times\frac{15}{750}+200\times\frac{427}{750}+400\times\frac{300}{750}=271.7(\text{元})$$

用频率$\frac{f}{\sum f}$加权求平均数与用频数加权只是形式不同，实质是一样的，故与用两种权数加权所求得的平均数完全一致。至于何时用频数、何时用频率，则取决于已拥有的资料状况。

课堂讨论

据某地级市 2022 年企业薪酬调查数据，该市平均工资报酬 50 766 元/年，其中，研究生学历平均工资 93 940 元/年，大学本科学历平均工资 72 397 元/年，大学专科学历平均工资 56 493 元/年，高中及中职学历平均工资 47 056 元/年，初中及以下学历平均工资 40 809 元/年，如图 5-1 所示。

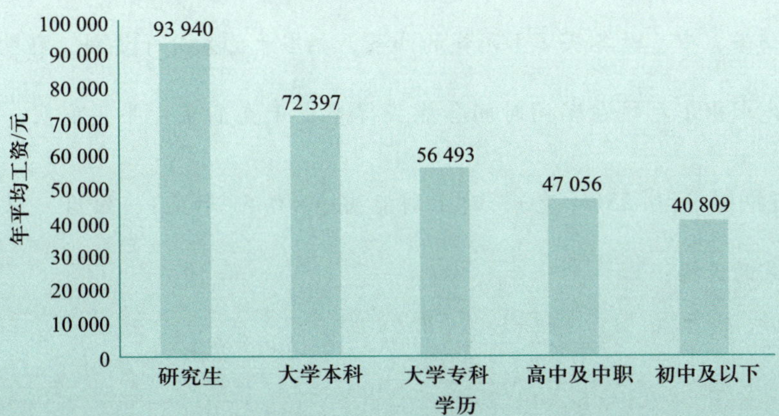

图 5-1　某市平均工资情况

讨论：　根据上述学历、薪资数据，你可以分析得出什么结论？

在组距分布数列条件下，求加权算术平均数时，用各组的组中值作为组平均数的代表值计算平均数，是带有一定假定性的，它假定各单位标志值在组内呈均匀分布。而实际上，各单位标志值的分布不可能完全均匀分布，各组的组中值与组平均数不可避免地存在一定程度的误差，因此，用组中值计算的算术平均数具有近似值性质。

由加权算术平均数的计算公式可知，加权算术平均数不但受各组标志值 x 大小的影响，而且受各组频数 f 的影响。频数多少对平均数的大小有权衡轻重的作用，所以频数又称为权数。

二、调和平均数

调和平均数也是社会经济统计中常用的一种计算平均数的方法。在实际统计工作中，有时由于所取得的资料无法直接用算术平均数计算，而可以用调和平均数的形式间接计算出算术平均数。

例 5-6　张大妈与李奶奶分别到市场上买油菜。油菜的价格早上每千克 5 元，中午每千克 4 元，晚上每千克 2 元。张大妈早、中、晚各买了 0.5 千克的油菜，而李奶奶早、中、晚各买了 1 元钱的油菜。问：张大妈与李奶奶买到的油菜平均价格差异是多少？

解析：张大妈早、中、晚各买 0.5 千克油菜时，相当于已知分母资料，应用算术平均数计算油菜平均价格：

$$\bar{x}=\frac{\sum x}{n}=\frac{5\times0.5+4\times0.5+2\times0.5}{1.5}=3.67(\text{元/千克})$$

李奶奶早、中、晚各买了 1 元钱的油菜，相当于已知分子资料，即购买额，这时我们要先求出 1 元钱在不同时间各能买得多少千克油菜：早晨能买$\frac{1}{5}=0.2$(千克)；中午能买$\frac{1}{4}=0.25$(千克)；晚上则能买$\frac{1}{2}=0.5$(千克)，然后可以求出平均每千克油菜的价格：

$$\frac{1+1+1}{\frac{1}{5}+\frac{1}{4}+\frac{1}{2}}=\frac{3}{0.95}=3.16(\text{元/千克})$$

张大妈平均每千克比李奶奶多花 0.51 元。

可见，调和平均数是根据标志值的倒数计算的，所以又称为倒数平均数。调和平均数的计算形式也分简单调和平均数与加权调和平均数两种（见表5-5）。

表5-5　调和平均数类型表

属性类型	计算公式	适用范围
简单调和平均数	$H=\dfrac{n}{\dfrac{1}{x_1}+\dfrac{1}{x_2}+\cdots+\dfrac{1}{x_n}}=\dfrac{n}{\sum\dfrac{1}{x}}$	用不加权方法计算，适用于未分组资料
加权调和平均数	$H=\dfrac{m_1+m_2+\cdots+m_n}{\dfrac{m_1}{x_1}+\dfrac{m_2}{x_2}+\cdots+\dfrac{m_n}{x_n}}=\dfrac{\sum m}{\sum\dfrac{m}{x}}$ 式中：H表示调和平均数；$m_i(i=1,2,3,\cdots,n)$表示权数。	用加权方法计算，适用于已分组资料，即已形成的分布数列资料

例5-7　仍以例5-6提到的油菜资料，假如李奶奶早、中、晚不是各买1元，而是早上买8元，中午买5元，晚上买3元，则需要用加权调和平均数公式计算，如表5-6所示。

表5-6　油菜价格及销售额资料

时间	油菜价格x/（元/千克）	购买金额m/元	购买数量$\frac{m}{x}$/千克
早晨	5	8	1.6
中午	4	5	1.25
晚上	2	3	1.5
合计	—	16	4.35

平均价格：

$$H=\frac{\sum m}{\sum\frac{m}{x}}=\frac{8+5+3}{1.6+1.25+1.5}=\frac{16}{4.35}=3.68（元/千克）$$

值得指出的是，调和平均数在实际工作中是作为算术平均数的变形来使用的，它的计算内容服从于算术平均数的计算公式，即以总体标志总量除以总体单位数量。

请思考

向阳公司生产A型零件需要经过锯、磨、车、铣、插5道工序。前两道工序加工产品的合格率均为98%，第三道工序的合格率为96%，最后两道工序的合格率均为95%。问：A型零件的合格率是多少？

三、几何平均数

几何平均数又称对数平均数，是一种独立的平均数形式。它与算术平均数和调和平均数不同，是有一定特殊作用的平均指标，是计算平均比率和平均发展速度比较适宜的方法。

几何平均数是将构成总体的各个变量值连乘积后开该变量值的个数次方而得出的。其计算方法根据所掌握的资料不同，有简单几何平均数和加权几何平均数两种形式(见表 5-7)。

表 5-7 几何平均数类型及计算公式

属性类型	计算公式	适用范围
简单几何平均数	$G=\sqrt[n]{x_1x_2\cdots x_n}=\sqrt[n]{\Pi x}$ 式中：G 表示几何平均数；Π 表示连乘	由 n 个变量值连乘积的 n 次方根求得，用于未分组资料
加权几何平均数	$G=\sqrt[\Sigma f]{x_1^{f_1}x_2^{f_2}\cdots x_n^{f_n}}=\sqrt[\Sigma f]{\Pi x^f}$ 式中：Σf 表示各变量值的次数之和	用加权方法计算，适用于已分组资料

上述“请思考”中提到的向阳公司生产 A 型零件经过的 5 道工序全部合格，才能保证最后的产品合格，故合格率应用加权几何平均公式进行计算。

$$G=\sqrt[\Sigma f]{x_1^{f_1}x_2^{f_2}\cdots x_n^{f_n}}=\sqrt[5]{98\%^2\times96\%\times95\%^2}=96.39\%$$

用几何平均数公式计算平均数，工作量较大，而且若被平均的变量值中有一项为零，就不能计算，若变量值中有负值，所得结果就会成为负数或虚数。因此，这种方法应用范围受限制较多。

第三节 “补救”代表值漏洞——位置平均数的计算

有一首打油诗，讲的是九个穷光蛋邻居因为与“张千万”一起算平均财产，不幸“被平均”了，都成了“百万”级的富翁。这种说法显然有些夸张，但是它揭示了一个道理，即仅靠算术平均数、调和平均数和几何平均数等数值平均数来了解一个群体的收入情况是不妥的，数值平均数有时会存在严重的代表性不足问题。为此需要学会运用另一种形式的平均数——位置平均数。

例 5-8 某电子公司 7 名销售员 2022 年的销售额资料如表 5-8 所示。

表 5-8 7 名销售员 2022 年的销售额频数分布

销售额/万元	30	40	50	60	70	280	300
销售人数/人	1	1	1	1	1	1	1

为进一步调动销售人员的积极性，扩大销售，公司准备采用超额有奖措施。请问：今年销售员的销售定额标准应确定为多少最科学？

确定销售员的销售定额标准，人们一般会考虑平均数，经计算，2022 年销售员平均销售额为 118.6 万元，如以此为定额标准，只有两人能完成。可见，118.6 万元的平均数未免太高了。当受极高（或极低）数值影响的平均数缺乏代表性时，需要找到一个合乎逻辑的平均数来代替它。从表 5-8 看，60 万元基本处于中间位置，多数人经过努力也能完成，明显比平均数更有代表性，以此为定额有利于调动员工的积极性，是合乎逻辑的代表性定额标准。

中位数和众数作为另一种形式的平均指标，它们不是根据总体的全部标志值或变量值计算的，而是根据其在总体中所处的位置确定的。

一、中位数

将现象总体中的各单位标志值依大小顺序排列，位于中间位置的那个单位的标志值就是中位数。通常用 M_e 表示，所有变量值以它为界限，一半比它小，一半比它大。由于中位数的数值取决于变量值在数列中的位置，因此，在标志值变异较大的情况下，它可以避免极端数值的影响。此时，用中位数来表示现象的一般水平更有代表性。此外，中位数还可以运用于产品的质量检验。中位数的确定方法，要根据掌握的资料而定。

（一）由未分组资料计算中位数

（1）将总体各单位的标志值或变量值按照由小到大的顺序排列。

（2）确定中位数的位置，处于中间位置的标志值或变量值就是中位数，即中位数位置 $=(n+1)/2$。

(3) 确定中位数的数值时，要考虑两种情况：

① 如果总体单位的项数(n)是奇数，则处于中间位置的标志值就是中位数。

② 如果总体单位的项数(n)为偶数，则处于中间位置的两个标志值的算术平均数就是中位数。

微课：中位数的计算

例 5-9 仍以表 5-8 资料为例，将销售额由小到大排序后，处于中间位置的销售额就是中位数。

30 40 50 60 70 280 300

↑

中位数为 60

若某单位有 16 人，年龄资料按顺序排列为：18、21、24、25、27、33、35、37、40、43、45、47、48、51、56、60 岁。则 16 人年龄的中位数为：

18 21 24 25 27 33 35 37 40 43 45 47 48 51 56 60

↑

中位数为(37+40)/2=38.5(岁)

（二）由分组资料计算中位数

1. 由单项分布数列计算中位数

由单项分布数列确定中位数，需要先计算累计次数，然后再确定中位数所在位置。

例 5-10 某酒店服务员工资如表 5-9 所示，计算该酒店服务员的工资中位数。

表 5-9 某酒店服务员工资中位数计算表

月工资/元 (x)	服务员人数/人 (f)	累计次数 (向上累计)
4 365	10	10
4 400	20	30
4 435	50	80
4 480	15	95
4 500	5	100
合计	100	—

$$中位数位置=(\sum f+1)/2=101/2=50.5$$

通过计算累计次数可知，第 50 位与第 51 位中间位置包含在第三组的累计次数里，对应工资是 4 435 元。这就是该酒店服务员工资的中位数。

2. 由组距分布数列计算中位数

在实践中，由于很多情况下，据以进行次数分布的原始资料难以见到，更多出现的是整理形成的分布资料，因而，必须就组距分布数列求近似的中位数。

例 5-11 某公司包装车间工人日产量如表 5-10 所示，计算工人日产量的中位数。

表 5-10 累计次数计算表

日产量／箱 x	各组人数／人 f	向上累计	向下累计
60 以下	2	2	58
60~70	12	14	56
70~80	20	34	44
80~90	18	52	24
90 以上	6	58	6
合计	58	—	—

表 5-10 中工人的日产量已经按照由低到高的顺序进行排列，本例中共有 58 人，日产量中位数处于第 29 人与第 30 人中间$[(\sum f+1)/2=29.5]$人。为求出其日产量中位数，需借助累计次数。从向上累计次数表看，中位数日产量应在第三组，从最低日产量工人累计到第 14 人，其日产量少于 70 箱；而第 34 人其日产量少于 80 箱。所以，作为中位数的第 29 人与第 30 人中间的日产量应在 70~80 之间。先图解说明如图 5-2 所示，用插值法，在 70~80 之间距离 70 为 15/20 的地方。把这个日产量（10 箱的 15/20 处，即 7.5 箱）加到 70 箱上，便求得中位数 77.5 箱。

实训：计算中位数

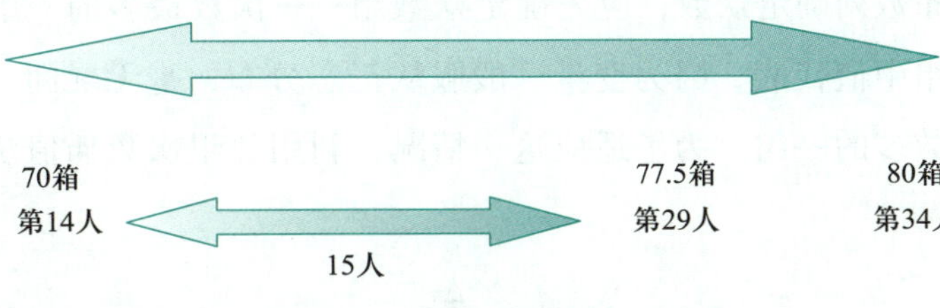

图 5-2 中位数计算示意图

据此，得到计算组距分布数列中位数的公式。

$$M_e=L+\frac{\frac{\sum f}{2}-S_{m-1}}{f_m}\times d$$

式中：M_e——中位数；

L——中位数所在组的下限；

f_m——中位数所在组的次数；

S_{m-1}——中位数所在组以下各组次数之和；

$\sum f$——总次数；

d——中位数所在组的组距。

例 5-12 仍以表 5-10 的资料为例，将表中数据直接代入公式得：

$$M_e=L+\frac{\frac{\sum f}{2}-S_{m-1}}{f_m}\times d=70+\frac{\frac{58}{2}-14}{20}\times 10=77.5(\text{数值同上})$$

二、众数

动画：如此“平均”

“众”者“多”也。众数，顾名思义是总体中最普遍出现的标志值，即出现频数或频率最多的标志值。通常用 M_0 表示。在统计中，常利用众数来说明总体某一数量标志值的一般水平。如在农贸市场上，常用某产品成交量最大的那个规格的价格代替该产品的平均价格。众数的确定方法要根据所掌握的资料而定。

（一）由单项分布数列确定众数

在单项分布数列中，变量值出现次数最多的数值就是众数。如表 5-9 所示，工资 4 435 元的工人人数最多，它就是众数，是大多数工人工资所达到的水平。

（二）由组距分布数列确定众数

由组距分布数列确定众数，应先确定众数组——次数最多的一组。众数值不能以众数组的组中值代表，因为变量一般服从正态分布，毫无疑问，众数值肯定靠近邻组中次数多的一组。为了适应这一情况，利用邻组次数插值法求众数，可以这样计算：

$$M_0=L+\frac{\Delta_1}{\Delta_1+\Delta_2}\times d$$

式中：M_0——众数；

L——众数组的下限；

Δ_1——众数组的次数与其前一组次数之差；

Δ_2——众数组次数与其后一组次数之差；

d——众数所在组的组距。

例 5-13　仍以表 5-10 的资料为例，日产量 70～80 箱这一组的工人数最多，是众数组。将表中有关资料代入众数公式可得：

$$M_0=L+\frac{\Delta_1}{\Delta_1+\Delta_2}\times d=70+\frac{20-12}{(20-12)+(20-18)}\times 10=78(\text{箱})$$

计算结果表明，该企业工人日产量的众数为 78 箱。

需要说明的是，由于现象的复杂性，变量数列中有时会遇到两个变量值出现的次数相同且最多，从而出现两个或者两个以上的众数，称之为复众数。在组距数列中如遇到复众数，应调整组距再确定众数。在单项分布数列中如遇到复众数，可结合数值平均数的计算方法予以确定。

第四节　透过均衡看差异——标志变异指标

平均指标作为反映总体一般性水平的代表值，应用范围很广，但如果对平均指标背后的个体差异情况缺乏了解，就会被平均指标所误导。因此，平均指标必须与反映标志值离散程度的标志变异指标结合运用。

一、标志变异指标的概念与作用

（一）标志变异指标的概念

标志变异指标又称标志变动度，是用来说明总体某一数量标志值差异程度的综合指标。变量数列中各单位标志值之间存在差异，平均数将变量数列中各单位标志值的差异抽象化，反映这些标志值的一般水平，是一种代表值。但是，平均数掩盖了标志值之间的差异，相同的平均数背后，可能有不同的标志值分布形态。

因此，在研究平均数时，还必须计算总体各单位之间的这种数量上的差别，即计算标志变异指标。这就是说，平均指标和标志变异指标分别反映同一总体在数量上的共性（集中趋势和程度）和个性（波动范围和差异程度），两者相辅相成才能反映总体的全貌。

（二）标志变异指标的作用

（1）标志变异指标是衡量平均指标代表性大小的尺度。平均指标作为总体各单位变量值一般水平的代表值，其代表性的高低随着标志值的差异程度不同有很大区别。标志变异程度越大，平均数的代表性就越小；反之，标志变异程度越小，平均数的代表性就越大。

例如，某公司两个部门的职工日工资资料如下(单位:元)：

甲部门：1 000、1 000、1 000；

乙部门：200、800、2 000。

甲部门3名职工，日工资都是1 000元，平均工资也是1 000元，这时平均数1 000元对三名职工的日收入有着完全的代表性；乙部门3名职工的日平均工资也是1000元，这时平均数1 000元对各职工日工资的代表性就很差了，因为这三名职工的日工资差异太大，平均数1 000元掩盖了这一客观事实。

（2）标志变异指标可以表明某种现象变动过程的均衡性、节奏性或稳定性。为了避免工农业生产过程中出现前松后紧，缺乏均衡性和协调性，以及在科学试验中为保证试验结果的稳定性，需要经常采用标志变异指标。如某企业发现各时间(如每日、每旬、每月等)的产量差异变动程度很大，说明企业生产的均衡性很差，前松后紧，时作时辍，执行计划缺乏节奏性和均衡性。又如对某种新农产品的种子进行科学试验，除了确定该品种作物所达到的平均收获率水平外，还要研究它在生产中的稳定程度。如果在各试验地块的收获率和平均水平比较接近，产量标志变异程度较小，说明这种新品种具有较大的稳定性，是良种，可以大面积推广种植。

（3）标志变异指标是统计分析的一个基本指标。在统计分析过程中，如相关分析、趋势分析、抽样推断和统计预测决策等，都经常需要利用标志变异指标。

统计素养

全红婵斩获奥运金牌

在东京奥运会跳水女子单人10米跳台决赛中，我国奥运小将全红婵的五个跳水动作中三个获满分，有一位裁判五个动作都给了满分，具体成绩见表5-11。

表5-11 全红婵决赛成绩

跳水动作	难度系数	裁判评分							成绩	名次
		J1	J2	J3	J4	J5	J6	J7		
107B	3.0	10	9.5	9.0	9.0	9.5	9.0	9.0	82.5	1
407C	3.2	10	10	10	10	10	10	10	96.0	1

续表

跳水动作	难度系数	裁判评分							成绩	名次
		J1	J2	J3	J4	J5	J6	J7		
207C	3.3	10	9.5	9.5	9.5	10	10	9.5	95.7	1
6243D	3.2	10	10	10	10	10	10	10	96.0	1
5253B	3.2	10	9.5	10	10	10	10	10	96.0	1

14 岁的全红婵奥运首秀就获得金牌。靠的是极其稳定的发挥，除了第一跳裁判评分误差为 1 分外，其他轮评分误差都在 0.5 分之内，说明她发挥极其稳定，这不仅靠天赋，更靠平时艰苦的训练以及强大的心理素质。

二、常用标志变异指标

（一）全距

全距是指总体各单位标志值最大值和最小值之差，故又称极差。用来反映标志变动的最大范围，通常用 R 表示。

$$R=最大标志值(X_{max})-最小标志值(X_{min})$$

例 5-14　农兴农科所（以下简称“农兴所”）和农发良种研究所（以下简称“农发所”）同时研发了一种黑芝麻良种，鉴定中心选取了 5 个地域同时进行大田试验，收获后亩产量资料如下（单位：千克）：

农兴所：80　90　100　110　120

农发所：90　95　100　105　110

经实测，两所的品种亩产量均为 100 千克，问：哪个所的种子更有应用推广价值？

农兴所提供良种的全距：$R=120-80=40$（千克）；农发所提供良种的全距：$R=110-90=20$（千克）。农兴所全距大于农发所，说明农发所良种更稳定，推广价值更高。

对于组距分布数列求全距，可以用变量值最大组的上限与变量值最小组的下限之差，求得全距的近似值。

全距的优点是计算方便，意义明确，易于理解。但它只考虑了两个极端数值，未考虑中间数值，且完全与变量数列的次数分布状况无关，因而反映的情况比较粗略，不能全面地反映总体中各单位的实际标志变异程度。它对极端数值反应很灵敏，在实际工作中，可用于工业产品质量的检查和控制。

（二）平均差

平均差是总体各单位的标志值与其平均数离差绝对值的算术平均数，通常用 AD 表示。平均差克服了全距只考虑极端数值的不足，把总体各单位标志值都加以考虑，能够综合反映总体中各单位标志值的变异程度。

计算平均差，根据所掌握的资料不同，可以采用两种形式：简单平均差和加权平均差。

1. 简单平均差

在资料未经分组时，采用简单平均差计算公式。其公式为：

$$AD=\frac{\sum|x-\bar{x}|}{n}$$

2. 加权平均差

在资料经过分组，形成分布数列时，应采用加权平均差计算公式。

计算公式：

$$AD=\frac{\sum|x-\bar{x}|f}{\sum f}$$

例 5-15　某企业 40 个工人日产量资料如表 5-12 所示。

表 5-12　加权平均差计算表

日产量/台	工人数 f/人	组中值 x	xf	$x-\bar{x}$	$\|x-\bar{x}\|$	$\|x-\bar{x}\|f$
10~20	10	15	150	-11.5	11.5	115
20~30	18	25	450	-1.5	1.5	27
30~40	8	35	280	8.5	8.5	68
40~50	4	45	180	18.5	18.5	74
合计	40	—	1 060	—	—	284

$$\bar{x}=\frac{\sum xf}{\sum f}=\frac{1\ 060}{40}=26.5(\text{件})$$

$$AD=\frac{\sum|x-\bar{x}|f}{\sum f}=\frac{284}{40}=7.1(\text{件})$$

从计算过程中可以看出，平均差将总体所有标志值的差异情况都包括了，能够准确地反映总体的标志变异程度。但由于平均差是用绝对值进行运算的，不适宜数学处理，故在应用上受到很大限制。

（三）标准差

标准差又称均方差，是测定标志变异程度最常用的指标。它是总体各单位标志值与其平均数离差平方和的算术平均数的平方根，通常用 σ 表示。σ^2 叫方差。标准差的计算步骤如下：

第一步，求各标志值 x 与其算术平均数的离差 $x-\bar{x}$；

第二步，求离差平方 $(x-\bar{x})^2$，及离差平方的平均数 $\frac{\sum(x-\bar{x})^2}{n}$ 或 $\frac{\sum(x-\bar{x})^2 f}{\sum f}$；

第三步，求离差平方的平均数的平方根 $\sqrt{\frac{\sum(x-\bar{x})^2}{n}}$ 或 $\sqrt{\frac{\sum(x-\bar{x})^2 f}{\sum f}}$。

在质量管理中，标准差是用来度量质量特性波动大小的统计指标，也是度量质量好坏的一种重要工具。σ 越大，表明质量特性波动越大；反之，σ 越小，表明质量特性波动越小，质量越稳定。

标准差的计算方法有：

1. 简单标准差

根据未分组资料计算标准差时，采用简单标准差。

计算公式：

$$\text{标准差：}\sigma=\sqrt{\frac{\sum(x-\bar{x})^2}{n}}$$

例 5-16　A、B 两家公司作为太阳能板领域的竞争对手，均向客户承诺按订单准时交货，交货日期保证 4～8 天，既不会早于交货日 4 天，也不会迟于交货日 8 天。早于 4 天容易造成客户库存积压，迟于 8 天会造成客户生产性缺货。随机抽取 A、B 两家公司按订单交付时间数据如表 5-13 所示。

表 5-13　A、B 两家公司 2023 年一季度 20 批产品交付时间记录　单位：天

序号	1	2	3	4	5	6	7	8	9	10	11	12	13	14	15	16	17	18	19	20	合计
A	6	6	5	5	4	3	2	7	7	9	12	6	6	7	8	9	6	5	4	3	120
B	5	5	6	6	4	6	7	8	7	7	4	5	5	6	6	6	7	8	8	4	120

A 公司：

$$\bar{x}_A=\frac{\sum x}{n}=6(\text{天})$$

$$\sigma_A=\sqrt{\frac{\sum(x-\bar{x})^2}{n}}=2.30(天)$$

B 公司：

$$\bar{x}_B=\frac{\sum x}{n}=6(天)$$

$$\sigma_B=\sqrt{\frac{\sum(x-\bar{x})^2}{n}}=1.27(天)$$

从随机抽取的样本数据计算分析可知：A、B 两家公司产品交付时间平均为 6 天，A 公司的标准差为 2.30 天，大于 B 公司的 1.27 天，所以 B 公司的供货时间绩效好于 A 公司。

2. 加权标准差

根据分组资料计算标准差时，可采用加权标准差。

计算公式：

$$\sigma=\sqrt{\frac{\sum(x-\bar{x})^2 f}{\sum f}}$$

由组距分布数列计算标准差时，应先求出组中值作为变量值 x，再按加权标准差公式进行计算。

实训：计算标准差

例 5-17　A 市 2022 年规模以上工业企业总产值资料如表 5-14 所示。

表 5-14　加权标准差计算表

按产值分组/亿元	企业数 f	组中值 x	总产值 xf	离差 $x-\bar{x}$	离差平方 $(x-\bar{x})^2$	$(x-\bar{x})^2 f$
10 以下	10	5	50	−19	361	3 610
10~20	25	15	375	−9	81	2 025
20~30	20	25	500	1	1	20
30~40	15	35	525	11	121	1 815
40~50	8	45	360	21	441	3 528
50 以上	2	55	110	31	961	1 922
合计	80	—	1 920	—	—	12 920

$$\bar{x}=\frac{\sum xf}{\sum f}=\frac{1\,920}{80}=24(亿元)$$

$$\sigma=\sqrt{\frac{\sum(x-\bar{x})^2 f}{\sum f}}=\sqrt{\frac{12\,920}{80}}=\sqrt{161.5}=12.71(亿元)$$

（四）标志变动系数

上述各种变异指标都是绝对数或平均数指标，并带有计量单位，它们的数值大小除了受标志值间离差的大小影响外，还受总体各单位标志值平均水平高低的影响。当现象的计量单位差别和平均水平不同时，就不宜直接通过标准差来比较现象变动的大小，还必须消除不同平均值和计量单位差别的影响，以真正反映出现象的离散程度。这就需要计算标志变动系数。标志变动系数是标志变异指标与算术平均数之比，通常用百分数表示。其中，标准差系数最为常见，用 V_σ 表示，通常又将其称为变异系数。

计算公式：

$$V_\sigma=\frac{\sigma}{\bar{x}}\times100\%$$

例 5-18　甲、乙两个农场平均粮食亩产量分别为 800 斤[①]、850 斤；标准差分别为 18 斤、19 斤。尽管甲农场的标准差小于乙农场，但不能说甲农场的平均粮食亩产量更具有代表性。因为两个农场平均粮食亩产量不同，需要进一步计算标准差系数才能作出判断。

甲农场：

$$V_{甲}=\frac{\sigma_{甲}}{\bar{x}_{甲}}\times100\%=\frac{18}{800}\times100\%=2.25\%$$

乙农场：

$$V_{乙}=\frac{\sigma_{乙}}{\bar{x}_{乙}}\times100\%=\frac{19}{850}\times100\%=2.24\%$$

从标准差系数可以看出，乙农场亩产量的标准差系数比甲农场小，因而乙农场平均亩产量 850 斤更具有代表性。

三、平均指标的运用原则

运用平均指标分析问题，必须遵循如下原则：

（1）社会经济现象的同质性。总体各单位的同质性是计算平均指标的前提和基础。也就是说，构成总体的各个单位必须具有某一共同的标志表现。如果失去了这种同质性，扩大到性质不同的社会现象计算出来的平均数就是一个虚构的数

实训：计算数值平均指标（二）

① 1 斤=0.5 千克。

值，它会掩盖事实的真相，得出错误的结论。

（2）用组平均数补充总平均数。总平均数虽然是以同质性为基础计算的，但并不是说在各个总体单位之间再没有性质上的差别了。事实上，在总体单位之间还存在其他一些性质上的重要差别，这对平均数往往有重大影响的。因此，在许多情况下，必须注意各单位之间在性质上的差别对总平均数的影响作用，并按反映该差别的标志将总体单位分组，计算组平均数以补充说明总平均数，以便正确、全面地分析和评价经济现象。

例 5-19　某农场两个生产组的粮食生产情况如表 5-15 所示。

表 5-15　某农场两个生产组的粮食生产情况

耕地类型	甲生产组				乙生产组			
	播种面积		粮食总产量/千克	平均亩产量/千克	播种面积		粮食总产量/千克	平均亩产量/千克
	亩	百分比/%			亩	百分比/%		
旱田	210	70	66 300	316	200	40	60 000	300
水田	90	30	58 500	650	300	60	187 500	625
合计	300	100	124 800	416	500	100	247 500	495

从平均数来看，甲组粮食平均亩产量为 416 千克，乙组为 495 千克，甲组比乙组低。但从组平均资料来看：旱田粮食平均亩产，甲组为 316 千克，乙组为 300 千克；水田粮食平均亩产，甲组为 650 千克，乙组为 625 千克，甲组均高于乙组。出现总平均数和组平均数不一致的现象，其原因在于甲、乙两组耕地的结构不同，即两组旱田、水田所占比重不同。

（3）用分布数列补充说明平均数。平均指标把总体各单位的差异抽象化了，掩盖了各总体单位的差异和分配情况，以及先进和落后之间的差别。因此，利用分布数列补充说明总平均数，对于研究分析问题、指导工作是有所帮助的。

（4）平均指标与变异指标相结合。变异指标和平均指标结合起来，可以全面分析生产经营情况，变异指标作为衡量平均指标的代表性程度指标，有着重要作用。如我们利用变异指标分析企业生产的均衡性、节奏性时，应该借助平均指标来确定生产水平，并把两方面结合起来，以对企业生产经营情况做出全面、中肯的评价。又比如，在用平均指标比较两种农作物新品种的优劣时，可以利用变异指标判断品种的稳定性情况，从而作出哪个品种更有推广价值的决策。

小贴士

平均数、中位数、众数和标准差这些基本的统计指标对于解决实际经营管理问题是十分重要的，掌握并灵活运用这些指标可帮助管理者进行有效管理。

学以致用

第五章交互式测验

一、 填空题

1. 几何平均数是 n 个________的 n 次方根，它是计算________和平均发展速度比较适宜的一种方法。

2. 当标志值较大而次数较多时，平均数接近于标志值较________的一方；当标志值较小而次数较多时，平均数靠近于标志值较________的一方。

3. 中位数是位于变量数列________的那个单位的标志值，众数是在总体中出现频数或频率________的那个标志值。中位数和众数也可以称为________平均数。

4. 对某村 8 户居民家庭共 30 人进行调查，所得的结果是，人均收入 1 400 元，其离差平方和为 2 700 000，则标准差是________，标准差系数是________。

二、 单项选择题

1. 加权算术平均数的大小(　　)。

A. 受各组权数 f 的影响最大

B. 受各组标志值 x 的影响最大

C. 只受各组标志值 x 的影响

D. 受各组次数 f 和各组标志值 x 的共同影响

2. 平均数反映了(　　)。

A. 总体分布的集中趋势　　B. 总体分布的集中趋势的代表值

C. 总体分布的离散趋势　　D. 总体变动的趋势

3. 某商业集团下属 10 个超市，已知每个超市某月销售额计划完成百分比和实际销售额，要求计算该集团平均计划完成程度，应采用加权调和平均数的方法计算，其权数是(　　)。

A. 计划产值　　B. 实际产值　　C. 工人数　　D. 企业数

4. 由组距变量数列计算算术平均数时，用组中值代表组内标志值的一般水平，有一个假定条件，即(　　)。

A. 各组的次数必须相等　　B. 各组标志值必须相等

C. 各组标志值在本组内均匀分布　　D. 各组必须是封闭组

5. 平均差与标准差的主要区别在于(　　)。

A. 指标意义不同　　B. 计算条件不同

C. 计算结果不同　　D. 数学处理方法不同

三、 多项选择题

1. 在各种反映集中趋势的指标中，不受极端值影响的是(　　)。

A. 算术平均数　　B. 调和平均数

C. 中位数　　D. 几何平均数

E. 众数

2. 加权算术平均数的大小(　　)的影响。

A. 受各组频数或频率的影响　　B. 受各组标志值大小的影响

C. 受各组标志值和权数共同影响　　D. 只受各组标志值大小的影响

E. 只受权数大小的影响

3. 中位数是(　　)。

A. 由标志值在变量数列中所处的位置决定的

B. 根据标志值出现的次数决定的

C. 总体单位水平的平均值

D. 总体一般水平的代表值

E. 不受总体中极端数值的影响

4. 不同总体间的标准差不能简单进行对比，是因为(　　)。

A. 平均数不一致　　B. 标准差不一致

C. 计量单位不一致　　D. 总体单位数不一致

E. 与平均数的离差之和不一致

5. 不同数据组间各标志值的变异程度可以通过标准差系数进行比较，因为标准差系数(　　)。

A. 消除了不同数据组各标志值计量单位的影响

B. 消除了不同数列平均水平高低的影响

C. 消除了各标志值差异的影响

D. 数值的大小与数列的差异水平无关

E. 数值的大小与数列的平均数大小无关

四、 判断题

(　　)1. 权数对算术平均数的影响作用取决于权数绝对值的大小。

(　　)2. 当各标志值的连乘积等于总比率或总速度时，宜采用几何平均法计算平均数。

(　　)3. 平均数基本公式中的分子资料未知时，应采用加权算术平均数方法计算。

(　　)4. 按人口平均的粮食产量是一个平均数。

(　　)5. 同一数列，同时计算平均差、标准差，二者必然相等。

五、 思考与练习

1. 如何理解平均指标？它与强度相对指标有何区别？

2. 如何理解权数的意义？在什么情况下，应用简单算术平均数和加权算术平均数计算的结果是一样的？试举例说明。

3. 加权算术平均数和加权调和平均数之间的关系如何？举例说明。

4. 为什么称中位数和众数为位置平均数？

5. 什么是标志变异指标？测定标志变动程度的指标有哪些？各有何特点？

6. 已知某班学生“统计原理”考试成绩资料如下：

按成绩分组/分	学生人数百分比/%	按成绩分组/分	学生人数百分比/%
60 以下	8	80~90	28
60~70	20	90~100	4
70~80	40	合计	100

试求该班学生考试成绩的算术平均数、中位数和众数。

7. 以下统计分析报告所用的平均指标有何不当？应如何计算？请改正过来。

（1）本厂 3 个车间第二季度生产情况是：第 1 车间实际产量 960 件，完成计划 95%；第 2 车间实际产量 1 050 件，完成计划 100%；第 3 车间实际产量 1 460 件，完成计划 110%。因此，三个车间产品产量的平均计划完成程度为：

$$(95\%+100\%+110\%)/3=101.67\%$$

（2）第 1 车间人均产量 9.5 件，第 2 车间人均产量 16 件，第 3 车间人均产量 10.5 件，则三个车间平均每个人生产产品件数为：

$$(9.5+16+10.5)/3=12(件)$$

8. 从生产线上随机抽选44个轮胎，在实验室进行道路模拟实验，轮胎不停地转动，直到爆裂为止。实验结果如下：

爆裂前行进的千米数	轮胎数	爆裂前行进的千米数	轮胎数
30 000~35 000	2	45 000~50 000	20
35 000~40 000	4	50 000~55 000	7
40 000~45 000	10	55 000~60 000	1

问：轮胎爆裂前行进的千米数的算术平均数、众数和中位数各是多少？并予以解释说明。

9. 两种不同的水稻品种分别在五块试验田上种植，资料如下：

甲品种		乙品种	
试种面积/亩	产量/斤	试种面积/亩	产量/斤
1.2	1 200	1.5	1 680
1.1	1 045	1.3	1 300
1.0	1 100	1.3	1 170
0.9	810	1.0	1 208
0.8	840	0.9	630
5.0	4 995	6.0	5 988

试分别计算甲、乙两个品种的平均亩产量，并分析哪个品种具有较大的稳定性和推广价值。

调查研究

1. 目标

培养初步的平均指标及变异指标计算及应用分析能力。

2. 内容与要求

按每6~8人为一组组建调查小组，确定一名组长，每组调查学校所在城市商业中心、学校附近商业中心及孤立地点等区域规模相近的三家商店的平均月营业额，并分析其营业额差异程度及其产生原因。

3. 成果与检测

各小组就各自的分析结果在班级进行汇报，并对其他小组所提疑问进行答辩，教师及各小组长评价打分。

第六章

理念决定成败——抽样推断

【学习目标】

素养目标：

- 通过随机抽样，领悟部分反映事物全貌的实质，养成科学严谨的工作态度；
- 通过部分推断总体，领悟统计的科学性，培养求真务实的职业观。

知识目标：

- 掌握随机抽样的含义及抽样方法；
- 掌握抽样平均误差的计算方法；
- 掌握样本容量的计算方法。

能力目标：

- 能够熟练运用抽样估计的一般原理推断全及总体指标；
- 能够熟练运用抽样估计原理进行区间估计和计算概率保证程度。

【思维导图】

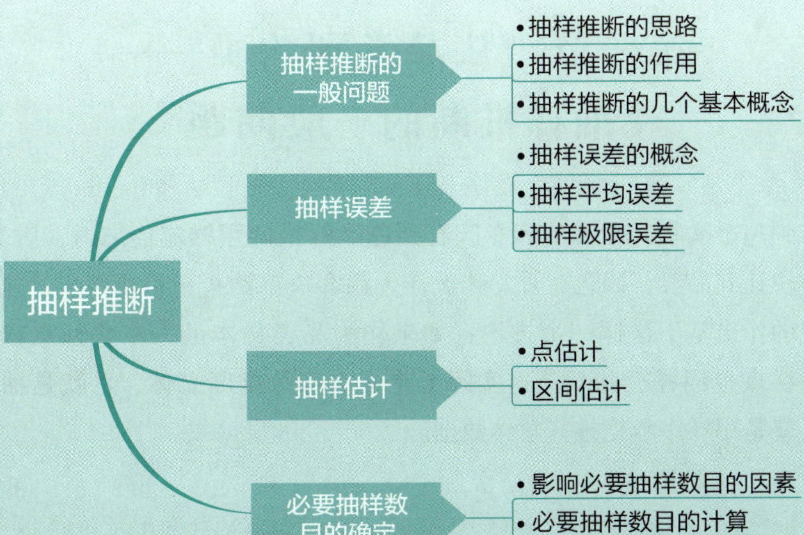

情景引入

说到无人机，人们就会想到“大疆”。大疆从一家创客公司，仅用了9年时间就成为占据全球小型无人机市场七成份额的龙头企业，将一款小众产品带到了大众消费领域。

大疆的早期作品是一款被称为“风火轮”的无人机，用户群体是航模发烧友，市场狭小。为拓展市场，经市场调查发现，影视传媒机构和摄影爱好者的航拍需求一般只能通过搭载直升机拍摄来满足，成本贵、门槛高且体验不佳。为此，大疆将无人机与运动摄像机功能集成，创造出开箱即飞的航拍一体机“大疆精灵”，引领了业界风潮。受此启发，大疆经对普通消费者抽样调查后做出推断，无人机产品也可进入大众消费领域。依据“市场=购买者+购买力+购买欲望”公式，要吸引普通消费者，一是靠高功能激发购买欲望，二是要降低成本提升购买力。经过创新，大疆开发出便携、操控灵活且具有航拍、影视拍摄等多功能的产品；材料方面，将智能手机和个人计算机等通用的易采购零部件转用于无人机，大幅降低成本。

基于正确的抽样推断和持续创新，大疆将无人机的受众从“专业玩家”扩展到“影视爱好者”再扩展到“普通消费者”，成功地将无人机从“小众”产品拓展为“大众”消费品。

第一节　从品尝到购买——抽样推断的一般问题

微课：抽样推断

顾客到超市购物，在食品店专区看到色泽鲜艳的蛋糕流连忘返，店员随意切下了一小块让其品尝，因色、香、味俱佳，顾客决定购买一整块回去让全家享用。这项决定的作出基于这样一个推论：如果作为品尝样本的一小块糕点味美的话，那么整块糕点也同样会味美。这实际上是在由部分推断总体，也就是抽样推断。抽样推断就是用样本数据推算总体数据。

一、抽样推断的思路

抽样推断是按照随机原则从研究对象的总体中抽取一部分单位进行调查，并根据所获得的分析研究结果，来推断所研究对象总体的相应指标的一种统计方法。抽样推断的总体思路是，为了达到对经济社会现象总体数量特征的认识，在受限于总体的广泛性和全面调查的困难性，特别是在人力、物力、财力受限制的情况下，通过科学的方式把对总体特征的认识转化为对随机样本数量特征的认识，通过调查、整理、汇总得到样本指标，再由样本指标推断总体指标，并在一定可靠性条件下对抽样误差做出推断，进而达到对总体数量特征的认识。总体、样本、总体指标、样本指标、抽样误差等概念就构成了抽样推断中几个最基本的范畴。它们之间的关系如图 6-1 所示。

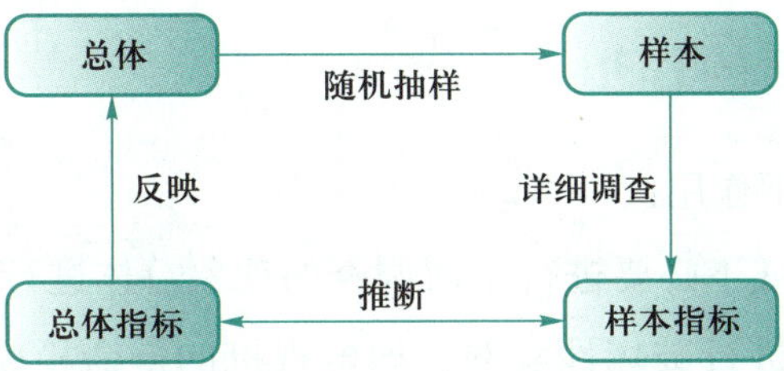

图 6-1 抽样推断总体与样本之间的关系示意图

抽样推断在实际工作中应用广泛。例如，品菜师根据试吃少量的菜，对菜的品质作出结论；医学上，一滴血的样本就可推断出病人是否贫血；气象部门用卫星数据推算 $PM_{2.5}$ 污染状况；企业年底用实物盘点推算有无差错；海关检查员从一车货物中抽取一包货物进行检验；农艺师从一片稻田中抽取几棵稻谷进行检验；技术检验人员从全部产品中抽取一定比例检验其废品率等。它们都是通过局部推断总体。

抽样推断具有以下特点：

（1）按随机原则从总体中抽选样本单位。随机原则是指调查对象总体中被调查单位的抽选不受调查组织者的主观愿望影响，也不取决于被调查者的主观意愿，完全排除了主观意识的作用。也就是说哪些单位中选纯粹是偶然的、客观的。这样，就使调查对象总体中的每个调查单位都有同等可能的抽中机会，从而保证被抽中的样本在总体中的代表性。所以随机原则也称机会均等原则。

（2）用样本单位的指标推断总体的相应指标。通过抽样推断，取得样本单位的实际资料，据以计算样本的综合指标，然后对于总体的规模、水平、结构指标作出推断。由于抽样推断以概率论作为理论基础，科学地解决了用部分单位指标推断总体指标的问题，从而大大提高了统计分析的认识能力。

抽样推断时所取样本指标一般有两个：一是平均数；二是成数。用样本平均数推断研究对象总体的平均数，用样本成数推断研究对象总体的成数就成为抽样估计的常用手段。

（3）抽样推断所产生的抽样误差，在抽样推断之前就可以事先计算并加以控制。在用样本单位的调查结果推断现象总体的平均数或成数时，会产生一定的抽样误差。由于抽样推断是以概率论为理论基础的，因而可以用科学的方法，通过对一定资料的事先计算，采取一定的组织措施来控制这个误差范围，保证抽样推断达到一定的可靠程度。因而抽样推断的准确性是有保证的。

二、抽样推断的作用

抽样推断具有以下作用：

（1）能够对不能或不必要进行全面调查的现象总体进行推断。对某些产品进行质量检验时，需要进行破坏性实验，如电视机的寿命检验、汽车的里程检验、炮弹的杀伤力检验、摄影胶卷的质量检验、钢筋拉力检验等，产品一经实验便全部遭受破坏，失去销售价值。另一些现象总体数量过大，单位过于分散或全面调查费用过大，如水库中鱼的数量、天空中鸟的数量、地上蛇及蚊子的数量，不仅总体太大，而且处于活动状态，不断地生，不断地死，实施全面调查在实际中很难进行，也没有必要进行全面调查，只能用抽样推断的方法进行推断。

拓展应用

曹操基本统一北方后，率得胜之师渡江发起赤壁之战。曹军号称 83 万大军，吓得盘踞荆州的刘琮不战而降。诸葛亮、周瑜怀疑曹军 80 万大军的说法，在部分调查基础上推断曹军仅有 20 多万人，且北军不习水战，刚投降的荆州士兵军心不稳。为此，孙刘联军积极应战大获全胜，奠定了三足鼎立的局面。赤壁之战成为中国历史上以少胜多的经典战例。

（2）能够对全面调查起补充验证作用。全面调查由于范围广、工作量大、参加人数众多，产生主观误差的机会可能就多。而抽样推断由于省力、节时、费用低，可在全面调查完成后，随机抽取一部分单位重新调查一次，将其与全面调查的结果进行对比和验证，计算其差错率，并可以用此差错率对全面调查的结果进行校正，以进一步提高全面调查资料的准确性。

统计素养

事后质量抽查为人口普查质量保驾护航

第七次全国人口普查现场登记工作结束后，就转入事后质量抽查阶段。国家制定了《第七次全国人口普查事后质量抽查方案》，并规定事后质量抽查工作，由国务院人口普查办公室负责。质量抽查组成31个抽查组，并配备了一名社会监督员，每个抽查组负责1个省（自治区、直辖市）的人口普查质量抽查工作。

事后质量抽查作为检验人口普查数据质量的有效手段，可以准确了解普查登记内容的真实性，并通过差错率和误差率等指标予以量化，为评判人口普查数据质量提供依据，为科学使用人口普查数据提供保障。

（3）能够起到节时省力提高工作质量的功效。由于抽样调查单位少，调查人员都是受过专门训练的精干的专业人员，因而有利于减少中间环节，节约时间，减少各方面的干扰，并可根据实际调查工作需要，灵活增加调查项目，取得比较详细的资料，更好地保证调查数字的质量。

（4）能够用于工业生产过程的质量控制。抽样推断不但广泛用于生产成果的估计，而且也有效地应用于成批生产或大量生产的工业产品的生产过程中进行质量控制，检查生产过程是否正常，并及时提供有关信息，便于采取措施，保证生产过程的正常进行。

拓展应用

第二次世界大战期间，战场对军火的大量需求，迫使大批生产民用产品的企业转产军需物资。当时的事后检验方法无法预先控制废品，使得产品因存在各种质量缺陷不能按期交货而贻误战机。同时，成品的低可靠性造成军火和装备经常发生事故，炮弹炸膛事件层出不穷，影响了战局。为此，军方在军工产品生产中普遍采用抽样推断质量控制方法，产生了非常显著的效果。

（5）可以对总体的某种假设进行检验，来判断这种假设的真伪，决定行动的取舍。如新技术、新材料、新工艺、新配方等的使用是否取得了显著的经济效益。可以通过作出某种假设，然后根据抽取样本的调查资料对所作假设进行检验，作出抉择。

课堂讨论

某汽车商说其车经济省油："百千米油耗5升，比一般车省钱50%！"

讨论： 该车商的说法有何问题？提示：我们要多问几个问题，譬如："测试车是随机抽样的，还是专门装配的？""油耗5升是在什么条件下得到的，是正常使用条件下，还是在特殊环境下的理论油耗？""油耗5升是平均值，还是最小值？""如果5升是油耗下限，那么这款车的最少油耗是多少？"

三、抽样推断的几个基本概念

（一）全及总体和样本总体

在抽样推断中，有两种不同的总体，即全及总体和样本总体。

全及总体是指所研究现象的整体，包括要调查的所有单位。因而全及总体简称总体，其单位数用 N 表示。例如，研究某省小麦的平均亩产情况，则该省的全部小麦播种面积即是一个全及总体。

样本总体是指从全及总体中随机抽选出来，代表全及总体的那部分单位的集合体。样本总体简称样本，其单位数用 n 表示。相对于 N 来说，n 一般很小，根据 n 的大小，样本分为大样本和小样本。通常把样本单位数在30及30个以上的叫大样本，而在30个以下的称为小样本。自然实验中所选择的样本一般为小样本，而社会经济现象的抽样推断多使用大样本。如某市有近20万户城镇居民家庭，若采用60户居民家庭为调查样本，以此推算城镇居民人均可支配收入等总体指标，样本的代表性就明显不够。

小贴士

超市似乎有一种魔力，促使你不得不多买很多实际上并不需要的东西。按照统计规律，如果超市广告的商品是从商场里所有商品中抽取的随机样本，这个样本会有很大的代表性。但超市的广告样本是刻意安排的。超市方面特地拿出一些商品以成本价甚至亏本价作为广告商品，来吸引顾客眼球，使顾客产生广告商品是一个有代表性的样本的误区，他们依此样本得出该超市什么东西都便宜的错误印象。

其实，超市的魔力是很好地运用了“抽样”以点带面的功能。其便宜品种占所有商品门类的比例可能是1%，但在促销广告上你看到的100%都是便宜货，即让小概率事件100%地发生。

（二）全及指标和样本指标

全及指标是根据全及总体而计算的统计指标。由于全及总体是唯一的，因而全及总体的全及指标也是唯一的。

在抽样推断中，全及指标是未知的，即需要推算的数。正因为如此，才需要抽样推断。如果全及指标已经知道，就没有必要进行抽样推断了。

样本指标是根据所抽取的样本计算出来的统计指标。由于从一个全及总体中可以抽取多个样本，样本不同，样本指标也就不同，因此，样本指标不是唯一的。

常用的全及指标及样本指标如下：

1. 全及总体平均数和样本平均数

全及总体平均数用 $\overline{X}$ 表示，样本平均数用 $\overline{x}$ 表示。用样本平均数推算全及总体平均数，是抽样推断的目的之一。

设全及总体变量 X 有 N 个值。分别是 X_1，X_2，X_3，…，X_N，则总体平均数：

$$\overline{X}=\frac{X_1+X_2+X_3+\cdots+X_N}{N}=\frac{\sum_{i=1}^{i=N}X_i}{N}$$

设样本有 n 个变量：x_1，x_2，x_3，…，x_n，则样本平均数：

$$\overline{x}=\frac{x_1+x_2+x_3+\cdots+x_n}{n}=\frac{\sum_{i=1}^{n}x_i}{n}$$

2. 全及总体成数和样本成数

全及总体成数是指在全及总体中，具有某一特征的单位数占全及总体单位数的比重，用 P 表示。若在 N 个全及总体单位中，有 N_1 个单位具有某种属性，N_2 个单位不具有某种属性，则具有某种特征的全及总体成数：

$$P=\frac{N_1}{N}$$

不具有某种特征的全及总体成数

$$Q=\frac{N_2}{N}=\frac{N-N_1}{N}=1-P$$

样本成数的计算方法与全及总体成数相同。若用 n 代表样本单位数，n_1 代表具有某种特征的样本单位数，n_2 代表不具有某种特征的样本单位数，则样本成数公式为：

$$p=\frac{n_1}{n}$$

$$q=\frac{n_2}{n}=\frac{n-n_1}{n}=1-p$$

3. 全及总体标准差和样本标准差

全及总体标准差是测度总体各单位标志值变异程度的指标，用 σ 表示。

全及总体平均数的标准差：

$$\sigma_x=\sqrt{\frac{\sum(X-\bar{X})^2}{N}}$$

全及总体成数的标准差：

$$\sigma_p=\sqrt{P(1-P)}$$

样本标准差是说明样本各单位标志值变异程度的指标，是用来推断全及总体的，用 s 表示。

样本标准差：

$$s_x=\sqrt{\frac{\sum_{i=1}^{i=n}(x_i-\bar{x})^2}{n}}$$

修正样本标准差：

$$s_x=\sqrt{\frac{\sum_{i=1}^{i=n}(x_i-\bar{x})^2}{n-1}}$$

样本成数的标准差：

$$s_p=\sqrt{p(1-p)}$$

为了便于记忆，将上述指标名称及符号列表（见表 6-1）。

表 6-1 抽样推断常用指标及其字母表示

指标名称	样本	总体	指标名称	样本	总体
单位数	n	N	平均数标准差	s_x	σ_x
平均数	$\bar{x}$	$\bar{X}$	成数标准差	s_p	σ_p
成数	p	P			

全及总体和样本总体、全及指标与样本指标的关系如图 6-2 所示。

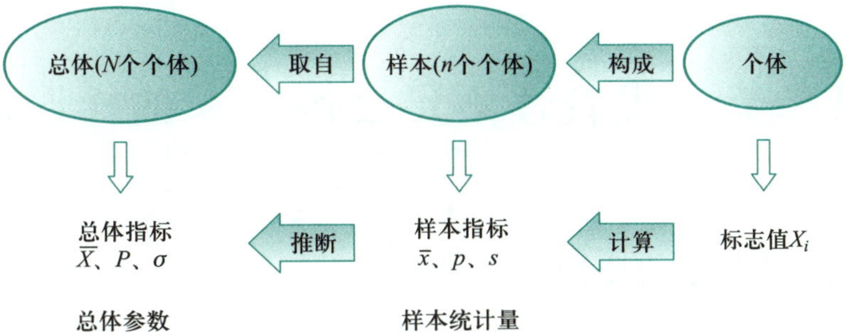

图 6-2　全及总体和样本总体、全及指标与样本指标的关系

小贴士

3·15 期间有消费者反映买的鲈鱼罐头分量不足。质监部门检测发现，包装上标明其净含量是(500±3.5)g，在市场上随机抽取了 50 瓶，测得实际平均重量为 499.5 g，标准差为 2.45 g。由这个样本数据可以推断该批罐头的重量在 497.05~501.95 g，符合产品包装标注的(500±3.5)g 要求，不支持消费者的怀疑。这些数据还可以进一步对产品进行区间估计。

（三）重复抽样和不重复抽样

在抽样推断中，抽取的样本数目与抽样方法有关。根据抽选时每个样本单位是否允许重复，分为重复抽样和不重复抽样。

重复抽样是从总体中随机抽取一个样本单位进行调查登记后，把它放回总体中去，然后再从全部总体中抽取样本单位。这样，每次抽选是在完全相同的条件下进行的，总体单位数不变，每个单位中选的机会完全相同，已经被抽中的样本单位仍然有同等的机会再被抽中。如若总体单位数为 N，用重复抽样方法抽取 n 个单位构成一个样本，则共能抽取 N_n 个样本。

不重复抽样是从总体中随机抽取一个样本单位调查登记后，不再放回原总体，而从剩余的单位中再抽取样本单位。这样，各次抽选的条件不同，所研究总体的单位数将逐步减少。因此，各个单位中选的机会在各次中是不同的。如从总体 N 个单位中每次抽取 n 个不重复单位的样本，全部可能的抽取数目为 $N(N-1)(N-2)\cdots(N-n+1)$ 个。

由于上述两种抽样方法不同，因而产生的抽样误差大小不同，计算抽样误差的公式也就不同。

第二节　代表性不足之谬——抽样误差

一、抽样误差的概念

根据样本指标推断总体指标时，由于样本指标是根据抽取的样本资料计算的，它们与全及总体指标有一定的差别，这个差别就是抽样误差。

在抽样推断过程中，造成抽样误差的原因很多，归纳起来主要可分为两种：一种是登记误差，即在调查过程中，由于观察、测量、登记、计算等主观原因而引起的差错所造成的误差，包括故意性登记误差和非故意性登记误差。另一种是代表性误差，即由于样本各单位的结构情况不足以代表总体而造成的误差。代表性误差又分为两种情况，一是系统性误差，即由于抽取样本时，破坏了抽样的随机原则而造成的误差。如有意识地多选较好的单位或较差的单位进行调查，这样算出的样本指标就可能偏小或偏大，由此推断总体就形成了系统性误差。系统性误差和登记误差是由抽样组织工作造成的，这些误差是能够通过改善组织工作，采取措施尽量避免或者缩小的。二是偶然性误差，是指即使遵循了随机性原则，由于只抽选了部分单位作为样本，被抽选的样本各种各样，从而使选中的样本结构与总体结构不相一致而产生的误差。我们所指的抽样误差就是这种误差。这种误差是客观存在的，无法消除的，但可以用公式加以精确计算，确定它的具体数量界限，并能通过有关方法加以控制。

案例：抽样误差从哪里来

影响抽样误差的因素主要有：

（1）样本容量 n 的大小。在其他条件不变的情况下，n 越大，抽样误差越小；n 越小，抽样误差越大。

（2）总体各单位标志值的变异程度。变异程度越大，则抽样误差也越大；反之，则越小。很显然，变异程度越小，各单位之间的差别越小，因而抽取样本的结果越接近实际；如果变异程度为零，即总体各单位的标志值相等，此时样本指标完全等于全及指标，抽样误差就不存在了。

（3）抽样方法。一般而言，不重复抽样的误差小于重复抽样误差。

（4）抽样推断的组织形式。不同的抽样推断组织形式有不同的抽样误差。机械抽样和类型抽样所选择的样本代表性较高，抽样误差较小，而整群抽样误差较大。

二、抽样平均误差

（一）抽样平均误差的概念

抽样平均误差是样本平均数或样本成数的标准差。它反映了样本平均数或样本成数与总体平均数或总体成数的平均误差程度。按照标准差的计算公式，样本平均数或成数的标准差是按样本平均数或成数与其平均数的离差平方和计算的，由于样本平均数或样本成数平均数等于总体平均数或总体成数，因而抽样指标的标准差恰好反映了样本指标和全及总体指标的平均离差程度。

设 $\bar{x}$ 表示样本均值，$\bar{X}$ 表示总体均值，μ_x 表示样本平均数的平均误差；p 表示样本成数，P 表示总体成数，μ_p 表示样本成数的平均误差，M 表示全部可能的样本数目，则从理论上讲，抽样平均误差公式为：

$$\mu_x=\sqrt{\frac{\sum(\bar{x}-\bar{X})^2}{M}},\quad \mu_p=\sqrt{\frac{\sum(p-P)^2}{M}}$$

由于总体平均数和总体成数我们并不知道（如果知道，就不用样本指标进行估计了），因而在实际工作中，用上述公式计算抽样平均误差既不可能也无必要。实践上，可以根据数理统计的研究结果，直接用公式计算。

（二）抽样平均误差的计算

由于抽取样本的方法有重复抽样和不重复抽样之分，而用每种方法抽取样本后在计算指标时又有样本平均数和样本成数之别，因而抽样误差的计算方法也就不同。

1. 平均数抽样平均误差的计算

平均数抽样平均误差计算公式如表 6–2 所示。

表 6–2 平均数抽样平均误差计算公式

误差类型	计算公式	公式解释
重复抽样平均误差	$\mu_x=\sqrt{\frac{\sigma^2}{n}}=\frac{\sigma}{\sqrt{n}}$	μ_x 表示抽样平均误差； σ 表示全及总体标准差； n 表示样本单位数

续表

<table>
<tr><th>误差类型</th><th>计算公式</th><th>公式解释</th></tr>
<tr><td rowspan="2">不重复抽样平均误差</td><td>$\mu_x=\dfrac{\sigma}{\sqrt{n}}\sqrt{\dfrac{N-n}{N-1}}$</td><td>$N$ 表示全及总体单位数</td></tr>
<tr><td>简化公式：$\mu_x=\dfrac{\sigma}{\sqrt{n}}\sqrt{\left(1-\dfrac{n}{N}\right)}$</td><td>当 N 很大时，$N-1$ 接近于 N，据此公式可得到简化</td></tr>
<tr><td>二者关系</td><td colspan="2">不重复抽样平均误差等于重复抽样平均误差在根号内乘以修正因子（$1-n/N$）。由于该因子总小于1，因此不重复抽样平均误差小于重复抽样平均误差。当总体单位数足够大时，抽样数目所占的百分比$\dfrac{n}{N}$很小，因子$\left(1-\dfrac{n}{N}\right)$接近于1，因而不重复抽样平均误差常用重复抽样平均误差公式来计算</td></tr>
</table>

在计算抽样平均误差时，全及总体的标准差 σ 是不知道的。在大样本情况下，通常可用样本标准差来代替，即用 s 代替 σ，或者用过去的资料计算的全及总体标准差来代替。

例 6-1 某地水稻播种面积为 50 万亩，按随机原则抽取 1 000 亩进行实收实测，计算结果是平均亩产为 500 千克，标准差为 100 千克，试用重复抽样和不重复抽样两种方法，分别计算抽样平均误差。

（1）重复抽样时：

$n=1\ 000$，$\sigma\approx s=100$。将 n 和 σ 代入重复抽样平均误差公式：

$$\mu_x=\sqrt{\frac{\sigma^2}{N}}\approx\sqrt{\frac{s^2}{n}}=\sqrt{\frac{100^2}{1\ 000}}=3.16(\text{千克})$$

（2）不重复抽样时：

将已知条件代入不重复抽样平均误差公式：

$$\mu_x=\sqrt{\frac{\sigma^2}{N}\left(1-\frac{n}{N}\right)}\approx\sqrt{\frac{s^2}{n}\left(1-\frac{n}{N}\right)}=\sqrt{\frac{100^2}{1\ 000}\left(1-\frac{1\ 000}{500\ 000}\right)}=3.16(\text{千克})$$

由上例可见，当总体单位数很大时，重复抽样平均误差和不重复抽样平均误差相差甚微。

2. 成数抽样平均误差的计算（见表 6-3）

表 6-3 成数抽样平均误差计算公式

误差类型	成数抽样平均误差计算公式	公式解释
重复抽样时	$\mu_P=\sqrt{\dfrac{P(1-P)}{n}}$	μ_P 表示成数的抽样误差；P 表示全及总体成数；n 表示样本单位数
不重复抽样时	$\mu_P=\sqrt{\dfrac{P(1-P)}{n}\left(\dfrac{N-n}{N-1}\right)}\approx\sqrt{\dfrac{P(1-P)}{n}\left(1-\dfrac{n}{N}\right)}$	N 表示全及总体单位数。P 未知时，解决方法与全及总体标准差 σ 未知时的解决方法相同

例 6-2 从欣欣牛奶厂生产的 10 000 件产品中，随机抽取 2%进行检验，结果发现其中 10 件产品有缺陷。求抽样平均误差。

实训：计算抽样平均误差

已知：$N=10\ 000$，$n=200$，$P\approx p=\dfrac{10}{200}=5\%=0.05$。

（1）重复抽样时：

$$\mu_P=\sqrt{\frac{P(1-P)}{n}}=\sqrt{\frac{0.05\times(1-0.05)}{200}}=1.54\%$$

（2）不重复抽样时：

$$\mu_P=\sqrt{\frac{P(1-P)}{n}\left(1-\frac{n}{N}\right)}=\sqrt{\frac{0.05\times(1-0.05)}{200}\left(1-\frac{200}{10\ 000}\right)}=1.53\%$$

上例表明，不重复抽样的抽样平均误差小于重复抽样的抽样平均误差。

在实际应用时，一般用不重复抽样方法进行抽样调查，而在计算成数抽样误差时，往往简便地采用重复抽样的抽样平均误差公式。因为 N 很大时，$\left(1-\dfrac{n}{N}\right)$ 接近于 1。

三、抽样极限误差

（一）抽样极限误差的概念

抽样极限误差是指样本指标和全及总体指标之间误差的最大可能范围。由于未知的全及总体指标是一个确定的量，而样本指标是一个随机变量，它围绕全及总体指标左右变动，它与全及总体指标可能产生正离差或负离差。这样以样本指标值计算全及总体指标时，要达到完全准确几乎是不可能的，必须根据研究的目的、研究对象的变异程度和分析任务的要求确定能够允许的误差范围，它是估计中允许的最大误差范围，在这个范围内的数字都是有效的。

设 Δ_x 与 Δ_p 分别表示样本平均数与样本成数的抽样极限误差，则：

$$\Delta_x = |\bar{x}-\bar{X}| \quad \Delta_p = |p-P|$$

抽样极限误差和抽样平均误差是有区别的。抽样极限误差是人为规定的，可大可小，而抽样平均误差是计算出来的，从严格的意义上说，在一定的抽样方式中是唯一的。

（二）抽样极限误差的计算

抽样极限误差是人为规定的，根据统计推断的要求，抽样极限误差通常要以抽样平均误差为标准单位来衡量，即 $\Delta_x = t \cdot \mu_x$，$\Delta_p = t \cdot \mu_p$。我们将抽样误差扩大或缩小的倍数(t)，叫作概率度，即 $t=\dfrac{\Delta_x}{\mu_x}$或 $t=\dfrac{\Delta_p}{\mu_p}$。抽样极限误差的范围越大，则概率度越大；反之，则越小。

数理统计证明，抽样极限误差的变化范围和把握程度之间有密切的关系。即扩大抽样极限误差的范围能够提高抽样推断的把握程度。而抽样极限误差 Δ_x 和 Δ_p 与概率度 t 的大小有关，故把握程度(概率)与概率度有关。即概率度 t 与概率 $F(t)$ 之间有数量对应关系(函数关系)，概率越大，则概率度的值也越大；反之，概率越小，则概率度的值也越小。图 6-3 是几个常用概率度与概率之间的关系，其他具体对应值可查概率表。

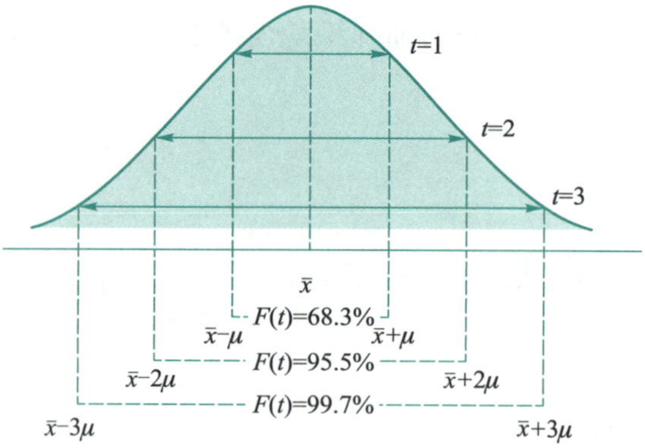

图 6-3 常用概率与概率度之间关系图

平均数和成数的抽样极限误差计算公式如表 6-4 所示。

表 6-4　平均数和成数的抽样极限误差计算公式

抽样极限误差类型	抽样极限误差计算公式
重复抽样条件下	$\Delta_x = t\mu_x = t\sqrt{\frac{\sigma^2}{n}}$
	$\Delta_p = t\mu_p = t\sqrt{\frac{P(1-P)}{n}}$
不重复抽样条件下	$\Delta_x = t\mu_x = t\sqrt{\frac{\sigma^2}{n}\left(1-\frac{n}{N}\right)}$
	$\Delta_p = t\mu_p = t\sqrt{\frac{P(1-P)}{n}\left(1-\frac{n}{N}\right)}$

例 6-3　某校对 1 000 名 7 岁儿童进行健康调查，随机抽查了 100 人，测量和计算的平均体重为 25 千克，标准差为 4 千克。试以 0.954 5 的概率计算该校 1 000 名学生平均体重的抽样极限误差。

已知 $N=1\ 000$，$n=100$，$\bar{x}=25$，$\sigma\approx s=4$，$F(t)=0.954\ 5$，经查附录正态分布概率表（以下称查表）得 $t=2$。

（1）重复抽样时的抽样极限误差

$$\Delta_x = t\mu_x = t\sqrt{\frac{\sigma^2}{n}} = 2\times\sqrt{\frac{4^2}{100}} = 0.8\text{（千克）}$$

（2）不重复抽样时的抽样极限误差

$$\Delta_x = t\mu_x = t\sqrt{\frac{\sigma^2}{n}\left(1-\frac{n}{N}\right)} = 2\times\sqrt{\frac{4^2}{100}\left(1-\frac{100}{1\ 000}\right)} = 0.76\text{（千克）}$$

第三节　胜在“一把土”——抽样估计

王村的冬枣因脆甜、口感好，价格很高，引得全国各地的枣农纷至沓来，高价购苗、剪枝后回去种植嫁接。高职农学专业毕业的小李来到王村详细考察后，先抓了一把土带到权威测土实验室检测，然后按照这把土的营养成分照样将自家田地进行土壤改造，最后再购置苗木栽培。几年后枣农引种的冬枣上市，但大都因不酸不甜而收益不佳。而小李的冬枣因种植土壤成分与王村一致，加上管理有方，结果其品质、卖相甚至超过了原产地，产品供不应求，获利丰厚。小李胜在用一把土准确估计出了出产优质冬枣的土壤特性。

案例：巧用抽样估计

抽样估计就是根据样本的实际资料计算的样本指标对总体指标作出数量上的判断和估计。由于实际中全及总体指标是未知的，需要我们研究如何根据样本资料进行分析和计算，对未知的总体参数作出科学的估计。抽样估计的方法有两种，即点估计和区间估计。

一、点估计

点估计就是用样本指标直接估计总体指标，即 $\bar{x}=\bar{X}$，$p=P$。

以例 6-3 的资料为例，以样本平均体重 25 千克作为全校 1 000 名学生的平均体重的估计值。以例 6-1 中样本水稻的产量作为全部水稻产量的估计值等。

第二次世界大战期间盟军估计德军制造的坦克总数，是点估计应用的一个经典案例。基于战略上的需要，盟军非常想搞清楚当时德军制造的坦克总数。非常幸运的是德军在制造坦克时墨守成规地从 1 开始，对所造坦克进行连续编号。在战争进行的过程中，盟军缴获了一些德军坦克，并记录了它们的编号。怎么用这些已经统计的号码估计坦克总数呢？

微课：抽样估计

盟军的统计人员顺着这样的思路来解决这个问题：第一，制造出来的坦克总数肯定大于或等于记录中的最大编号；第二，总体可以看作德军生产出未知的坦克总数，而缴获的坦克可代表从所有坦克中随机抽取的一个样本；第三，将计算的所缴获坦克编号的平均值代表德军所有坦克编号的平均值，即近似的坦克总编号的中位数，因此，用中位数乘以 2 就是德军坦克总数的估计值。从第二次世界大战后发现的行军记录看，盟军的估计值非常接近所生产的坦克的真实值。

当用点估计推断全及总体总量指标时，可用样本平均指标或成数乘以全及总体单位数。

全及总体总量指标 = 样本平均数（成数）× 总体单位数

例 6-4　以例 6-1 的资料为例，用点估计方法推断该地水稻总产量。

全及总体总量指标 = 样本平均数 × 总体单位数

$=\bar{x}N=500\times500\ 000=250\ 000\ 000$（千克）

即该地水稻总产量为 250 000 000（千克）。

参数点估计的方法虽然简便、易行、原理直观，但也有不足之处，由于抽样的随机性，样本指标或 p 的具体值作为未知总体指标的估计值，必然会产生误差。

如果误差较小，那么点估计值是个较好的估计值；如果误差较大，那么点估计值将失去意义。点估计又不能计算估计误差，无法指出误差在一定范围内的可靠程度有多大。所以，点估计法在统计实践中应用得并不广泛。要解决这些问题，就要采用区间估计的方法。

二、区间估计

计算抽样极限误差的目的是进行区间估计。即以一定的概率保证程度对总体参数可能落入的一个数值范围作出估计。具体区间范围可表示为：

估计量±概率度×抽样平均误差

实训：区间估计（一）

当用区间估计的方法估计未知总体指标时，一方面希望建立的区间能以很高的概率包含未知参数，另一方面希望这个区间不能太大，因为区间越大说明估计结果的精确度越低。事实上，这是一对矛盾。在固定的条件下，区间越大，虽然估计的误差越大，但是包含未知全及总体指标的概率越大，也就是概率把握程度越高；区间越小，虽然估计的误差小了，可是包含未知全及总体指标的概率也变小，也就是概率把握水平越低。因此，在实际应用中，应根据需要与可能来选择合适的概率度和区间范围。

（一）平均数的区间估计方法

平均数的区间范围基本公式为：$\bar{x}\pm\Delta_{\bar{x}}$，具体公式如表 6-5 所示。

表 6-5 区间范围估计公式

平均数的区间范围估计公式	全及总体指标所在范围估计公式
$\bar{x}-\Delta_{\bar{x}}\leqslant\bar{X}\leqslant\bar{x}+\Delta_{\bar{x}}$	$N(\bar{x}-\Delta_{\bar{x}})\leqslant N\bar{X}\leqslant N(\bar{x}+\Delta_{\bar{x}})$
或 $\bar{x}-t\mu_{x}\leqslant\bar{X}\leqslant\bar{x}+t\mu_{x}$	$N(\bar{x}-t\mu_{x})\leqslant N\bar{X}\leqslant N(\bar{x}+t\mu_{x})$
二者关系：由平均数的区间范围估计全及总体指标，可在平均数对应公式两边同乘总体单位数 N	

实训：区间估计（二）

例 6-5 某奶牛场有 10 000 头奶牛，随机抽取 100 头进行日产奶量调查，分组整理得到如下数列（见表 6-6），试以 95.45% 的把握程度估计该奶牛场奶牛的日平均产奶量及奶牛场的产奶总量。

已知：$N=10\ 000$，$n=100$，$F(t)=0.954\ 5$，查表得 $t=2$。

表 6-6 100 头奶牛产奶量及计算表

每头牛日产量/千克①	奶牛头数 f/头②	组中值×③	xf ④=②×③	$(x-\bar{x})^2f$ ⑤=(③-11.78)²×②
6~8	15	7	105	342.73
8~10	18	9	162	139.11
10~12	20	11	220	12.17
12~14	19	13	247	28.28
14~16	16	15	240	165.89
16~18	12	17	204	326.98
合计	100	—	1 178	1 015.16

$$\bar{x}=\frac{\sum xf}{\sum f}=\frac{1\ 178}{100}=11.78(\text{千克})$$

$$\sigma\approx s=\sqrt{\frac{\sum(x-\bar{x})^2f}{\sum f}}=\sqrt{\frac{1\ 015.16}{100}}=3.19(\text{千克})$$

$$\Delta_{\bar{x}}=t\mu_x=t\sqrt{\frac{\sigma^2}{n}\left(1-\frac{n}{N}\right)}=2\times\sqrt{\frac{3.19^2}{100}\times\left(1-\frac{100}{10\ 000}\right)}=0.635$$

$$\bar{x}-\Delta_{\bar{x}}\leqslant\bar{X}\leqslant\bar{x}+\Delta_{\bar{x}}$$

$$11.78-0.635\leqslant\bar{X}\leqslant11.78+0.635$$

$$11.145\leqslant\bar{X}\leqslant12.415$$

$$N(\bar{x}-\Delta_{\bar{x}})\leqslant N\bar{X}\leqslant N(\bar{x}+\Delta_{\bar{x}})$$

$$10\ 000\times11.145\leqslant N\bar{X}\leqslant10\ 000\times12.415$$

$$111\ 450\leqslant N\bar{X}\leqslant124\ 150$$

以95.45%的概率保证奶牛的日平均产奶量在11.145千克至12.415千克之间，该奶牛场的产奶总量在111 450千克至124 150千克之间。

（二）成数的区间估计方法

成数的区间范围基本公式为：$p\pm\Delta_p$，具体公式见表6-7。

表 6-7 成数的区间范围估计公式

成数的区间范围估计公式	全及总体指标单位数所在范围估计公式
$p-\Delta_p\leqslant P\leqslant p+\Delta_p$	$N(p-\Delta_p)\leqslant NP\leqslant N(p+\Delta_p)$
或 $p-t\mu_p\leqslant\bar{X}\leqslant p+t\mu_p$	$N(p-t\mu_p)\leqslant N\bar{X}\leqslant N(p+t\mu_p)$
二者关系：由成数的区间范围估计全及总体所在范围，可在成数对应公式两边同乘总体单位数 N	

例 6-6 以表 6-6 的资料为例，若规定日产奶量 10 千克以上的奶牛为良种奶牛，试以 99.73%的概率保证程度估计该奶牛场奶牛的良种率及良种奶牛总头数的范围。

已知：样本中日产奶量 10 千克以上的奶牛数 $n_1=20+19+16+12=67$(头)

$F(t)=99.73\%$，查表得 $t=3$

样本的良种率 $p=\frac{n_1}{n}=\frac{67}{100}=67\%$，$P\approx p=67\%$

$$\Delta_p=t\mu_p=t\sqrt{\frac{P(1-P)}{n}\left(1-\frac{n}{N}\right)}=3\times\sqrt{\frac{67\%\times(1-67\%)}{100}\times\left(1-\frac{100}{10\ 000}\right)}=14.04\%$$

$$p-\Delta_p\leqslant P\leqslant p+\Delta_p$$

$$67\%-14.04\%\leqslant P\leqslant 67\%+14.04\%$$

$$52.96\%\leqslant P\leqslant 81.04\%$$

$$N(p-\Delta_p)\leqslant NP\leqslant N(p+\Delta_p)$$

$$10\ 000\times 52.96\%\leqslant NP\leqslant 10\ 000\times 81.04\%$$

$$5\ 296\leqslant NP\leqslant 8\ 104$$

以 99.73%的概率保证该奶牛场的奶牛良种率在 52.96%~81.04%，良种奶牛数量在 5 296~8 104 头。

例 6-7 某电视节目主持人想了解观众对其主持节目的喜好情况，他抽查了 500 个观众，发现喜欢其主持节目的有 175 人。试以 99.73%的概率保证程度估计观众喜欢其主持节目的区间范围。若该主持人希望估计的极限误差不超过 5%，那么有多大把握程度?

已知：$n=500$，$n_1=175$，$F(t)=99.73\%$，查表得 $t=3$

样本成数 $p=\frac{n_1}{n}=\frac{175}{500}=35\%$，$P=p=35\%$

$$\Delta_p=t\mu_p=t\sqrt{\frac{P(1-P)}{n}}=3\times\sqrt{\frac{35\%\times(1-35\%)}{500}}=3\times 0.021\ 3=6.39\%$$

喜欢其节目的范围：$p-\Delta_p\leqslant P\leqslant p+\Delta_p$

$$35\%-6.39\%\leqslant P\leqslant 35\%+6.39\%$$

即 $28.61\%\leqslant P\leqslant 41.39\%$

若极限误差不超过 5%，则：

$$t=\frac{\Delta_p}{\mu_p}=\frac{5\%}{2.13\%}=2.35$$

查表得：$F(t)=98.12\%$

即把握程度为 98.12%。

统计素养

网红加盟店骗局爆雷凸显科学抽样估计重要性

在奶茶品牌“茶芝兰”店门口排起的长长队伍背后，竟然还暗藏着案值7亿元的犯罪套路。目前，这起以虚假品牌奶茶招商网站吸引加盟商、骗取加盟费的诈骗案被上海警方成功侦破。

该团伙的诈骗手段之一是长期雇“托”充场，在加盟商实地考察时，雇佣人员冒充消费者，在奶茶店铺前循环排队，营造生意火爆的假象。他们将品牌吹得天花乱坠：“每家店的营业数据都没有低于1万元的。人民广场店一天的营业数据都在1.3万元到1.5万元。”在他们的诱导下，仅2020年12月至2021年3月，就有数百名加盟者被骗。

加盟商被骗主要是其所考察的店面是品牌方特意表演出来的，现实中一旦违反随机抽样原则进行估计，结果一定会严重背离现实，产生巨大误差。

第四节 抽样数量要适度——必要抽样数目的确定

一、影响必要抽样数目的因素

由抽样误差的计算公式可以看出，抽样误差的大小和抽样数目的平方根成反比。即抽样数目越多，抽样误差就越小；反之，则越大。可见，抽样数目不能过少，过少了就得不到准确的结果，但抽样数目又不可选得过多，过多了，就会造成大量人力、物力和财力的消耗。为确定一个合理的抽样数目，使抽样误差控制在预先规定的范围之内，必须首先了解确定抽样数目的几个因素。

（1）总体各单位的标志变异程度。标志变异程度与抽样数成正比。即标志变异程度越大，抽样数目就越多；反之，抽样数目就越少。

（2）抽样极限误差。在标志变异程度及概率不变的条件下，抽样单位数反比例于抽样极限误差。就是说，在给定的概率把握程度下，抽样极限误差越大，抽样数目就越少；抽样极限误差越小，抽样数目就越多。必须指出的是，抽样极限误差在调查之前就确定了，它的大小是由调查对象的性质、调查目的和调查力量的大小决定的。

（3）可靠程度，即概率度 t 的大小。在对抽样极限误差的要求不变的条件下，抽样数目与可靠程度，即概率度成正比。也就是说，对推断可靠程度要求越高，抽样数目就越多；反之，抽样数目就可以减少。概率度也是调查之前规定的。

（4）抽样调查组织形式。从统计工作的意义上说，增加样本单位数，以求适当降低抽样误差，提高抽样推断的效果倒不如从抽样的组织形式上考虑，在不违反随机原则下降低抽样误差。因为通过等距抽样、类型抽样等组织形式抽选样本，可以缩小各区段或类型中各单位之间的标志变异程度或抽样误差，从而减少样本的单位数。因此，适当地采取各种不同的组织形式，也是缩小抽样平均误差的一个重要因素。

统计素养

事后质量抽查 10 万人，确保人口普查质量

人口总量、结构、分布状况等是国家宏观决策的重要依据。在当前人口流动频繁，社会公众的自我信息保护意识不断增强的背景下，为全面准确摸清人口数据，国家制定了科学严谨的第七次全国人口普查事后质量抽查方案，组建了 31 个抽查组，按照统一的标准、方法、时点，从 31 个省（自治区、直辖市）中抽取 141 个县、406 个普查小区，约 3.2 万户、计 10 万人。通过对抽中的 10 万人进行现场调查，开展逐户逐人逐项询问，根据申报人的回答据实填报，做到了不重不漏、准确无误。对查验及修正人口普查数据发挥了重要作用。

二、必要抽样数目的计算

根据抽样误差的计算公式 $\Delta_x = t\mu_x$、$\Delta_p = t\mu_p$，可以推导出抽样数目的相应公式。

（一）平均数的必要抽样数目

1. 重复抽样的计算公式

由平均数的抽样极限误差公式 $\Delta_x = t\sqrt{\dfrac{\sigma^2}{n}}$，两边同时乘方得：

微课：确定抽样数目

$$\Delta_x^2=\frac{t^2\sigma^2}{n}$$

由上式得到必要抽样数目公式：

$$n=\frac{t^2\sigma^2}{\Delta_x^2}$$

2. 不重复抽样的计算公式

由 $\Delta_x=t\sqrt{\frac{\sigma^2}{n}\left(1-\frac{n}{N}\right)}$ 两边同时乘方得：

$$\Delta_x^2=t^2\left(\frac{\sigma^2}{n}-\frac{\sigma^2 n}{nN}\right)$$

由上式解得：

$$n=\frac{Nt^2\sigma^2}{N\Delta_x^2+t^2\sigma^2}$$

例 6-8　彗星电子元件公司有 1 000 名职工，在已知邻厂职工上下班途中时间的总体方差为 900 名的情况下，能否通过确定抽取职工数量，以 95%的把握保证抽样调查时间的抽样误差范围在 10 分钟以内。

已知：$N=1\ 000$，$\sigma^2=900$，$F(t)=95\%$，查表得 $t=1.96$，$\Delta_x=10$。

$$n=\frac{Nt^2\sigma^2}{N\Delta_x^2+t^2\sigma^2}=\frac{1\ 000\times1.96^2\times900}{1\ 000\times10^2+1.96^2\times900}=33.42\approx34$$

即在 95%的可靠程度下，应抽取的职工人数为 34 人。

（二）成数的必要抽样数目

与求平均数的必要抽样数目公式的推导过程类似，根据成数的抽样极限误差公式，可得到成数的必要抽样数目公式。

1. 重复抽样的计算公式

$$n=\frac{t^2P(1-P)}{\Delta_p^2}$$

2. 不重复抽样的计算公式

$$n=\frac{Nt^2P(1-P)}{N\Delta_p^2+t^2P(1-P)}$$

实训：计算抽样单位数

例 6-9　向阳公司生产电子元件 10 000 件，按随机原则抽样进行质量检验，根据去年的经验，电子元件的合格率为 98%。在 95%的概率保证条件下，要求抽样合格率的极限误差不超过 5%，那么必要的抽样单位数是多少？

已知：$N=10\ 000$，$P=98\%$，$\Delta_p=5\%$，$F(t)=95\%$，查表得 $t=1.96$。

$$n=\frac{Nt^2P(1-P)}{N\Delta_p^2+t^2P(1-P)}=\frac{10\ 000\times1.96^2\times98\%\times(1-98\%)}{10\ 000\times5\%^2+1.96^2\times98\%\times(1-98\%)}=30(件)$$

即在 95%的概率保证程度下，需要抽查 30 件电子元件。

在利用上列公式确定必要的抽样数目时，要用到总标准差和成数的数值，而这在抽样以前是不知道的。因此在实际中需要加以估计。主要方法有：

第一，通过试点调查，以试点中样本的方差和成数来代替，或者用以往进行的类似调查的标准差和成数来代替，或者用样本方差和成数来代替。在无法得到成数 P 值时，可以用 $P=0.5$ 计算。

第二，如果同时计算平均数和成数的样本单位数，所得到的必要抽样数目又不相同，即 $n_x\neq n_p$，此时可取其中较大的 n 值，作为必要抽样数目。

例 6-10　某公司对其生产的彩电在某地区的市场占有率及使用寿命进行调查。根据该公司在其他地区的调查情况，彩电使用寿命的标准差为 3 000 小时，要求以 95%的可靠程度保证彩电平均使用寿命的极限误差不超过 800 小时，对市场占有率的极限误差不超过 10%，那么应抽取多少样本单位数？

已知：$\sigma=3\ 000$，$\Delta_x=800$，$F(t)=95\%$。即 $t=1.96$，$\Delta_p=10\%$

$$n_x=\frac{t^2\sigma^2}{\Delta_x^2}=\frac{1.96^2\times3\ 000^2}{800^2}\approx54(台)$$

因 P 值未知，可采用 $P=0.5$，计算必要的样本单位数。

$$n_p=\frac{t^2P(1-P)}{\Delta_p^2}=\frac{1.96^2\times0.5\times(1-0.5)}{(10\%)^2}=96(台)$$

因 $n_p>n_x$，为保证平均使用寿命和市场占有率的抽样误差都控制在允许范围内，应取其中的最大值，即必要抽样数目为 96 台。

学以致用

一、填空题

1. 运用抽样调查选取样本单位要按__________原则进行，使样本单位被抽中的机会__________。

2. 全及指标是根据全及总体计算出来的统计指标，全及指标__________唯一的，样本指标随样本不同而不同，样本指标__________唯一的。

第六章交互式测验

3. 抽样误差分为__________和代表性误差；抽样推断中的登记误差是指__________。代表性误差分为__________和__________。

4. 在其他条件不变的情况下，样本容量与抽样误差成__________比；总体各单位标志值的变异程度与抽样误差成__________比。

二、单项选择题

1. 抽样误差的大小(　　)。

A. 既可以避免，也可以控制　　B. 既无法避免，也无法控制

C. 可以避免，但无法控制　　D. 无法避免，但可以控制

2. 在重复抽样条件下随机抽样的平均误差取决于(　　)。

A. 样本单位数　　B. 总体方差

C. 抽样比例　　D. 样本单位数和总体方差

3. 在其他条件不变的情况下，如果允许误差缩小为原来的1/2，则样本容量(　　)。

A. 扩大到原来的2倍　　B. 扩大到原来的4倍

C. 缩小到原来的1/4　　D. 缩小到原来的1/2

4. 当可靠程度大于0.682 7时，抽样极限误差(　　)。

A. 等于抽样平均误差　　B. 小于抽样平均误差

C. 大于抽样平均误差　　D. 为抽样平均误差的2倍

三、多项选择题

1. 以下各项表述正确的有(　　)。

A. 全及总体是唯一确定的　　B. 样本总体是唯一确定的

C. 全及总体是随机的　　D. 样本总体是随机的

2. 影响抽样误差的因素有(　　)。

A. 样本容量的大小　　B. 抽样推断的组织形式

C. 总体各单位标志值的变异程度　　D. 抽样方法

3. 抽样估计方法有(　　)。

A. 点估计　　B. 区间估计

C. 统计估计　　D. 抽样估计

4. 影响必要样本容量的主要因素有(　　)。

A. 总体方差的大小　　B. 抽样方法

C. 抽样组织方式　　　　　　　　　　D. 允许误差范围大小

E. 要求的概率保证程度

四、判断题

(　　)1. 抽样误差是不可避免的，但人们可以调整总体方差的大小来控制抽样误差的大小。

(　　)2. 样本单位数的多少可以影响抽样误差的大小，而总体标志变异程度的大小和抽样误差无关。

(　　)3. 抽样估计中的点估计就是被估计的总体指标直接等于样本指标。

(　　)4. 采用不重复抽样时，若调查的单位数为全及总体的20%，则所计算的抽样平均误差比重复抽样计算的抽样误差少20%。

五、思考与练习

1. 什么是抽样推断，它有哪些特点？

2. 为什么说全及总体指标是唯一确定的量，而样本指标则是一个随机变量？

3. 什么是抽样误差，它的大小受哪些因素影响？

4. 为什么说不重复抽样误差总是小于而又接近于重复抽样误差？

5. 怎样理解抽样极限误差？它与抽样平均误差有什么联系？

6. 影响必要抽样数目的因素有哪些？

7. 假定样本单位数增加 4 倍、1.25 倍时，重复抽样平均误差是怎样变化的？当样本单位数减少50%或20%时，重复抽样平均误差又是怎样变化的？

8. 在重复抽样条件下，为使抽样平均误差减少50%，样本单位数应如何变化？

9. 某市某街道有居民 1 600 户，随机抽取 160 户进行电视机家庭保有量调查。调查结果显示，所抽家庭的电视机普及率为 99%。请分别用重复抽样和不重复抽样两种方法，计算电视机家庭普及率的抽样平均误差。

10. 某灯泡厂生产了一批灯泡共 10 000 只，质检人员随机抽取 100 只进行试验，分别整理得到如下分配数列：

耐用时间/小时	900 以下	900~1 000	1 000~1 100	1 100~1 200	1 200 以上
灯泡数/个	3	7	28	32	30

试求该批灯泡平均耐用时间的抽样平均误差和耐用时间在 1 000 小时以上的产

品所占成数的抽样平均误差。

11. 仍以上题资料为例，试以95.45%的概率保证程度估计：

（1）平均耐用时间的范围。

（2）耐用时间在1 000小时以上的产品所占成数的范围。

12. 某公司生产一种茶叶，规定每包重量不低于150克，现在用不重复抽样的方法从中抽取1%进行检验，结果如下：

每包重量/克	146~149	149~150	150~151	151~152
包数	10	20	50	20

试以95.45%的概率估计：

（1）这批茶叶平均每包重量的范围和这批茶叶总重量的范围。

（2）这批茶叶合格率的范围。

13. 从10 000名工人中随机抽取144名工人的土方工程进行实测，结果每人的平均日工作量为4.95 米^3，标准差为1.5 米^3。以95.45%的概率保证程度求工人平均日产量的抽样极限误差。若要求抽样极限误差不超过0.1 米^3，应抽多少工人进行调查？如再把抽样的精度提高一倍，即抽样极限误差不超过0.05 米^3，应抽取多少工人进行调查？

14. 某机械制造公司日产10 000只标准件，现在要求标准件的一级品率的抽样极限误差不超过5%，问以95.45%的概率保证程度需要抽取多少只产品进行检验？（提示：缺少一级品率，此时可用$P=0.5$代替。）

15. 2022年12月底某街道职工家庭有20 000户，以简单随机抽样方式组织一次空调器家庭普及率的调查。先抽取小样本40户进行探测调查，结果显示空调器家庭普及率达60%。这次调查要求允许误差不超过4%，把握程度为95.45%。分别用重复抽样和不重复抽样的计算公式，计算需要抽取多少家庭进行调查。如果允许误差不超过5%，把握程度为95%，则应抽选多少调查户？用不重复抽样的计算公式计算。

调查研究

1. 目标

培养初步的抽样推断分析应用能力。

2. 内容与要求

按每 6~8 人为一组组建调查小组，每组确定一名组长，调查 50 名学生毕业后的预期收入，并据此计算预期收入平均值及标准差，然后以 99.73%的概率估计学生毕业后的收入预期值。自行设计汇总整理情况表。

3. 成果与检测

各小组就各自的估计结果在班级进行汇报，由教师及各小组组长相互评价打分。

第七章

西瓜销量与天气——相关分析和回归分析

【学习目标】

素养目标：

- 通过相关分析的学习，培养从事物关联性中挖掘商机的创新创业精神；
- 通过对数据的精细化分析，培养严谨务实的职业精神。

知识目标：

- 掌握相关关系的概念、分类及相关关系的计算方法；
- 掌握回归分析的概念及简单直线回归方程的求法；
- 掌握估计标准误差的含义及计算公式；
- 掌握几种常用的预测方法及其应用条件。

能力目标：

- 能够熟练运用相关分析方法进行分析；
- 能够熟练运用简单直线回归方程开展回归分析；
- 能够运用回归分析方法进行简单统计预测。

【思维导图】

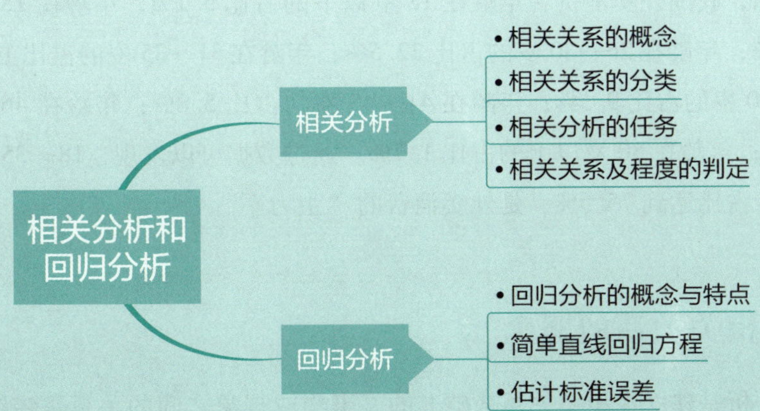

情景引入

众所周知，西瓜的销量受多种因素影响，但天气无疑是众多因素中的主要影响因素，生产季节碰上阴雨天气，不仅会影响西瓜的产量，而且会导致西瓜糖分含量低，西瓜不够甜，严重影响口感。销售季节赶上阴雨天或大幅降温，会严重破坏人们吃西瓜的兴致，从而造成西瓜销量下降、价格降低。西瓜商贩李先生卖瓜的第一年，有赔有挣很不稳定，第二年他就开始记录每天的最高气温及销量数据，经分类整理、汇总后获得的数据见表 7-1。

表 7-1　最高气温与销量之间的关系

最高气温/℃	29	30	31	32	33	34	35	36	37	38
销量/吨	0.10	0.12	0.15	0.18	0.24	0.27	0.31	0.35	0.39	0.44

数据显示，西瓜销量与气温及天气呈明显的正相关性，即天气晴朗、气温高，则西瓜销量大；天气阴沉、气温低，则西瓜销量小。李先生如获至宝，第三年他看天气预报进货，预报第二天天气晴、气温高就多进货；预报第二天天气阴、温度低则少进货，结果获得了可喜的收益。

第一节　年龄与外卖——相关分析

社会经济现象之间都是相互联系、相互依存、相互制约的。例如，光、热、水、土壤和二氧化碳等因素与农作物的产量就有着极密切的联系。又如，相关研究数据显示，我国外卖消费者年龄在 18 岁以下的占比 5.1%，年龄在 18—25 岁的占比 36.1%；年龄在 26—30 岁的占比 22.5%；年龄在 31—35 岁的占比 16.9%；年龄在 36—40 岁的占比 9.5%；年龄在 41—45 岁的占比 5.8%；年龄在 46—50 岁的占比 2.4%；年龄在 50 岁以上的占比 1.7%。通过数据可以发现，18—35 岁的年轻人外卖消费占比达到 75.5%，是外卖消费的“主力军”。

一、相关关系的概念

相关分析是建立在相关关系基础上的。事物或现象之间的关系是错综复杂的，但归纳起来，大致可分两大类：一是确定的；二是非确定的。

（一）函数关系

函数关系是指现象之间存在的一种固定的、确定性的、严格的数量依存关系。表现为当因素标志的数量确定之后，结果标志的数量也随之完全确定。例如，正方形的面积与边长的关系，圆面积 s 对于半径 r 的依存关系，这些都是确定的关系。在数学中表现为函数关系，如 $s=\pi r^2$，当给定圆半径 r 的数值，都有一个确定的圆面积 s 和它相对应。又如销售收入的多少，决定于销售量的大小与销售价格的高低，即销售收入=销售价格×销售量。因此，凡是确定的关系都可以表示为函数 $y=f(x)$ 的关系。这种关系是数学函数所研究表述的对象。

（二）相关关系

除了确定的函数关系外，很多社会经济现象表现为非确定的相关关系，如商品销售额与商品流通费用率、亩产量与施肥量、身高与体重等。这些事物间的依存关系称为相关关系，但它们不是确定的和严格意义上的依存关系。相关关系有两个特点：

动画：巧用相关增效益

1. 相关关系是反映非确定的事物之间确实存在的数量依存关系

这种非确定的关系表现为，因素标志的一个数值都可能有若干个结果标志数值与之对应，因此，相关关系是一种不完全的依存关系。例如，一般而言，身材高的人体重重些；增加施肥量农作物亩产量会提高；商品零售价格降低，销售量会增加；劳动生产率提高，相应地会使成本降低，利润增加；学生投入学习的时间多，学习成绩就会好些等。

2. 现象之间数量关系的具体关系值不是固定的

例如，身高 1.7 米的人，可以表现为许多个体重值；又如同样多的施肥量，不同地块的农作物亩产量并不相同；学生每天都上七节课，但学习成绩有高有低等。

相关关系和函数关系既有区别，又有联系。一般函数关系是确定的，而相关关系是不确定的。但为了便于找到相关关系的一般数量表现形式，在研究相关关系的时候，常常要使用函数关系的形式来表现，函数关系是相关分析的工具。应该指出的是，相关关系必须是客观存在的真实关系，不是主观想象的关系。脱离了这种客观性，就会犯认识上的错误。

二、相关关系的分类

客观现象之间的相互关系是错综复杂的，表现出多种具体形式和类型。因此，根据不同的标志，相关关系可进行如下分类：

（一）按相关程度分为完全相关、不完全相关和不相关

完全相关是指变量之间，某一变量的值完全由另一个或另一组变量的值所决定。这时相关关系就转化为函数关系。不完全相关是指变量之间，某一个变量的值与另一个或另一组变量的值有关，但受随机因素的影响。不相关是指变量之间，某一变量的值与另一个变量或另一组变量的值没有任何关系，彼此独立。

（二）按相关关系的表现形式分为线性相关和非线性相关

对具有相关关系的两个现象进行调查，可获得一系列成对的数据。将相关两个变量的对应值绘在坐标图上，如果其散布点近似地表现为直线形式，则称为线性相关或直线相关；如果其分布点趋向于某种曲线的形式，则称为非线性相关或曲线相关。例如，施肥量在一定数量界限内，与亩产量的相关关系表现为线性相关；超过一定数量界限，亩产量会减少，即非线性相关。

现象表现为哪一种相关关系，我们就要用哪一种分析方法去研究。

课堂讨论

统计表明，多数汽车事故往往在中速行驶过程中出现，极少事故是发生在大于150千米/小时的行驶速度上。

讨论： 能否由此断定高速行驶比较安全？

（三）按照相关关系的方向分为正相关和负相关

若两个变量向相同的方向变化。即当自变量 x 的值增加，因变量 y 的值也随之相应增加，这种相关称为正相关。例如，身高增加，体重也增加；施肥量在一定限度内增加，农作物产量也增加等。若两个变量向相反的方向变化，即当自变量 x 的值增加时，因变量 y 的值随之而减少，就是负相关。例如，商品价格降低，商品销售量增多；劳动生产率提高，成本降低等。

上述三类相关关系如图 7-1 所示。

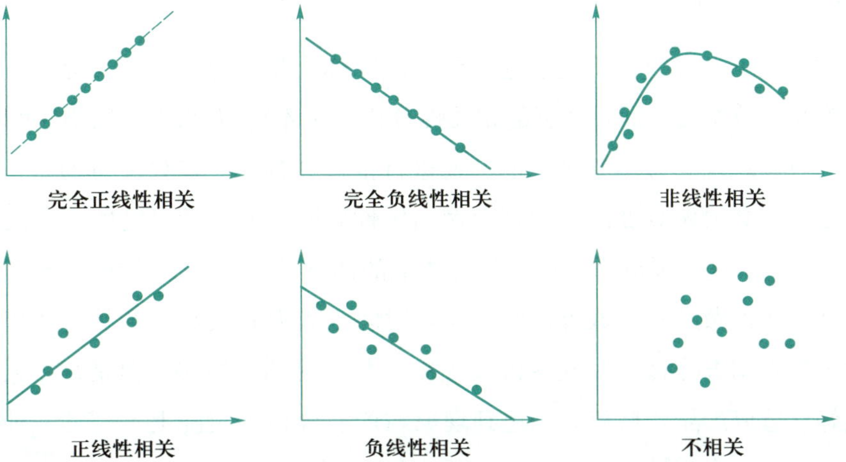

图 7-1　相关关系分类示意图

统计素养

兴修水利　利国利民

水利投资与经济发展之间存在密切的相关关系。据中国宏观经济研究院估算，重大水利工程每投资 1 000 亿元可带动 GDP 增长 0. 15 个百分点。为拉动经济增长，使水资源发挥利国利民作用，党中央、国务院非常重视重大水利工程建设，仅“十三五”期间就累计开工 149 项重大水利工程，其中 36 项工程已经建成并发挥效益，为稳投资、保增长发挥了重要作用。例如，南水北调东中线一期工程通水以来，共有 5 981. 2 立方米的长江水一路北上，受益人口超过 1. 5 亿人，同时还向沿线部分河道进行生态补水。水利工程投资既促进了经济发展，又取得了显著的社会效益和生态效益。

（四）从相关关系涉及的因素多少分为单相关和复相关

单相关也称一元相关，是指两个因素之间的相关关系，就是说只有一个自变量、一个因变量的相关关系。复相关亦称多元相关，是多个因素之间的复杂依存关系，即一个因变量和两个及两个以上自变量的相关关系。如原材料总费用与产量、单位产品原材料消耗量及原材料单价的相关关系就是复相关。本书只涉及单相关知识。

三、相关分析的任务

案例：
曹操输给了“一阵风”

对客观现象具有的相关关系进行分析研究称为相关分析。相关分析所采用的方法称为相关分析法。通过数据的相关性分析，是希望得到现象之间的因果联系，以便我们对客观现象做出某种判断，或进行推算和预测。需要注意的是，进行相关分析之前，必须先对被研究的现象做出定性判断，明确所研究的现象之间客观上确实存在内在的实质联系，而不是形式上的偶然巧合，然后才能进行定量分析。例如，某企业曾做过一个调查，发现有段时间工人迟到人数与产品合格率高度正相关。经深入调查分析，发现冬天天气冷，职工迟到人数多。但是，冬天生产设备散热好，造成产品合格率高。迟到现象与产品合格率实际上不过是一种虚假相关。相关分析的主要任务如下：

（一）判定客观现象之间是否存在相关关系

这是相关分析的出发点。例如，统计发现，手指头越黄的人，得肺癌的概率越大。但事实上，手指的颜色和得肺癌的概率之间没有直接的因果联系。统计数据显示的相关性是因为手指黄和肺癌都是由吸烟造成的，由此造成了这两者之间的虚假相关性。另外，相关关系又可表现为直线相关和曲线相关，不同的表现形式要用不同的方法来分析；否则，也会使认识发生错误。

（二）判定相关关系的密切程度

客观现象之间如果具有某种相关关系，那么，就要进一步确定这种关系的密切程度。显然，关系不密切，就不必太重视它；关系密切，就要重视它，并据以进行推算和预测。判断相关关系密切程度的主要方法是绘制相关图和计算相关系数。相关图能帮助我们做一般性判断，相关系数则能从数量上明确说明相关关系的密切程度。

拓展应用

全球最大的零售商沃尔玛公司通过对顾客购物数据的统计分析，发现很多周末购买尿布的顾客同时也购买啤酒。经过深入研究发现，美国家庭购买尿布的多是爸爸。年轻的父亲们下班后要到超市买尿布，同时“顺手牵羊”带走啤酒。为此，沃尔玛就把尿布和啤酒摆放得很近，从而促进了尿布和啤酒的销量。

（三）确定相关关系的具体形式

相关关系表现形式不同，使用的相关分析方法也就不同。相关分析的一个目的就是要确定自变量和因变量之间的一般性关系。也就是说，当自变量改变一定量时，一般来讲，因变量会发生多大数量上的变化，也就是建立一种类似函数关系的数学表达式。这种表达式通常叫作经验公式。有了这种经验公式，就找到了现象之间相互依存关系数量上的规律性，这是进行判断、推算和预测的根据。

拓展应用

进行农作物试验时发现，如果其他试验条件相同，某种粮食作物的产量会随着某种肥料的增加而增加，最初增加施肥量时，产量增加较快，以后增加同样的施肥量，粮食产量的增加会减少，当施肥量增加到一定数值时，产量不再增加。这时，如果再增加施肥量，产量反而会减少。粮食产量与施肥量之间的这种数量关系可用抛物线拟合，这就是数量的规律性。据此可以确定最佳施肥量，以求得最大效益。

（四）测定因变量估计值和实际值之间误差的程度，以反映因变量估计值的可靠性

因变量与自变量之间找到了其一般的数量变化关系，即经验公式，可以根据这个经验公式得到若干个因变量的估计值。这个估计值与实际观察值肯定是有出入的。出入小表示估计得准确，出入大则说明估计得不够准确。用来反映因变量估计值准确程度的指标叫估计标准误差。

四、相关关系及程度的判定

在相关分析中，相关关系的判断是非常重要的。如果判断错误，自变量和因变量及其相关关系定得不对，就会出现统计学中所谓的虚假关系，由此所作的计算、估计全都无用，甚至有害。

（一）相关关系的判定

1. 定性分析

在进行相关分析之前，首先应根据研究目的和研究者的理论知识、专业知识和实践经验，对客观现象之间是否存在相关关系，以及有何种相关关系做出定性分析判断。这是下一步用编制相关表和画相关图的方法进行定量分析和判断的基础。

拓展应用

第二次世界大战后期，盟军想利用轰炸，尽可能多地摧毁敌方的工业设施及军事目标，同时减少自己空中力量的损失。但由于敌方组织了强大的防空体系，盟军长途奔袭，或者劳而无功，或者损兵折将。为此，盟军找统计学家研究敌方军事工业及民用工业之间的相互关系，认为在高度相关的情况下，每个工业部门都在很大程度上依赖于其他部门，如果破坏了其中的关键一链，就会产生多米诺骨牌效应，足以使整个军事工业瘫痪。因此盟军对滚珠、轴承等十几个防空力量较弱但很关键的工厂、仓库实施了猛烈轰炸。这样一来，兵工厂因缺少滚珠、轴承而无法制造新的飞机、坦克，战场车辆又因缺少补给而变成一堆废铁。一度以机械化闪电战自诩的敌方军队像被斩断了双脚，有时不得不靠征用骡马来完成部队的集结，常常贻误战机。

2. 简单相关表和相关图

实训：绘制相关图

将总体中各单位的原始资料或整理资料不经任何分组，只将一个变量的变量值按由小到大的顺序列表排列，另一个变量值与其一一对应，并按相应的变量值顺序排列，就形成了简单相关表。表 7-2 就是某企业生产某产品的月产量与生产费用之间的简单相关表。

表 7-2　某产品的月产量与生产费用相关表

月产量/千吨	1.2	2.0	3.1	3.8	5.0	6.1	7.2	8.0
生产费用/万元	62	86	80	110	115	132	135	160

简单相关表可作为进一步计算和分析的根据，并可以根据相关表绘制相关图，以便更明确地显示相关关系的趋势。

相关图也叫散点图或相关点图，相关图上的横坐标代表自变量 x，纵坐标代表因变量 y。把观察所得的有关资料，依次以相关点标在图上，从相关点在图像上的分布及趋势，可以掌握变量之间的相关关系的状况。依据表 7-2 绘制的相关图见图 7-2。

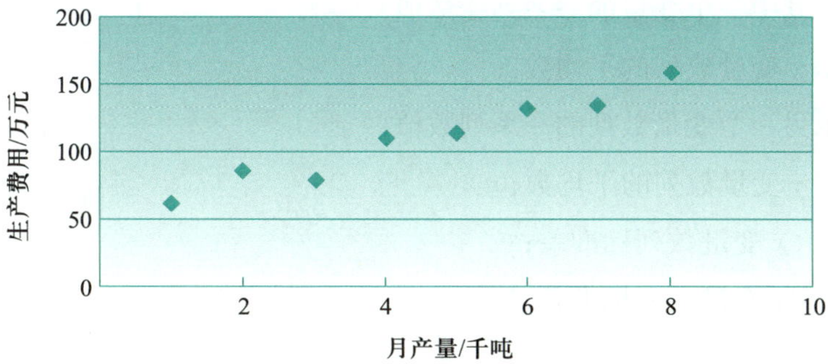

图 7-2　月产量与生产费用之间的相关图

3. 分组相关表

如果原始资料很多，据以编制的简单相关表会很长，使用起来不方便。由于相关点太多，相关图也不好绘制。在这种情况下，就需要编分组相关表。所谓分组相关表，就是把原始的相关资料加以分组，排列在一张表格上，用以观察现象之间相关关系的表格。依分组标志的多少分为单变量分组相关表和双变量分组相关表两种。单变量分组相关表是按一个变量进行分组，求出各组内另一个变量的次数和取值的平均数，列表表示变量之间关系的方法。如表 7-3 所示，双变量分组相关表是对自变量和因变量都进行分组而编制的相关表。

表 7-3　某公司产量和成本分组相关表

按产量分组/千件	企业个数	平均成本/（元/件）
50 以下	2	72
50~60	10	73
60~70	8	68
70~80	6	67
90~100	4	64

（二）相关程度的判定

相关图表只是初步的判断，是相关分析的开始。为了说明现象之间相关关系的紧密程度，尚需计算相关系数。相关系数是直线相关条件下说明两个现象之间相关关系密切程度的统计分析指标。计算相关系数最常用的方法是积差法。

积差法计算公式：

$$r=\frac{\sum(x-\bar{x})(y-\bar{y})}{n\sigma_x\sigma_y}$$

式中：r 为相关系数；

x 表示其中一个变量的一系列变量值；

$\bar{x}$ 表示 x 变量数列的平均数；

y 表示另一个变量数列的一系列数值；

$\bar{y}$ 表示 y 变量数列的平均数；

σ_x 表示 x 变量数列标准差；

σ_y 表示 y 变量数列标准差；

n 表示项数。

用积差法计算相关系数，需要先计算变量 x、y 的标准差，比较麻烦，通常用以下简化公式。相关系数公式：

$$r=\frac{n\sum xy-\sum x\sum y}{\sqrt{n\sum x^2-(\sum x)^2}\cdot\sqrt{n\sum y^2-(\sum y)^2}}$$

利用相关系数 r 可做如下判定：

（1）相关系数 r 的取值范围是在 -1 和 $+1$ 之间即 $-1\leqslant r\leqslant +1$。

（2）r 取正值，表示正相关；r 取负值，表示负相关。$r=\pm1$ 表示完全线性相关，$r=0$ 表示变量 x 和 y 完全没有线性相关关系。

（3）一般说来，相关系数 $|r|$ 越接近 1，表示两个变量之间的线性相关程度越高；反之，r 越接近 0，表示两个变量之间的线性相关程度越低。通常的判断标准是：r 的绝对值在 0.8~1 为高度相关，介于 0.5~0.8 是显著相关，0.3~0.5 是低度相关，0.3 以下是微弱线性相关。

例 7-1　用表 7-2 的资料计算相关系数如表 7-4 所示。

表 7-4　相关系数计算表

企业编号	月产量 x /千吨	生产费用 y /万元	x^2	y^2	xy
1	1.2	62	1.44	3 844	74.4
2	2.0	86	4.00	7 396	172.0
3	3.1	80	9.61	6 400	248.0
4	3.8	110	14.44	12 100	418.0
5	5.0	115	25.00	13 225	575.0
6	6.1	132	37.21	17 424	805.2
7	7.2	135	51.84	18 225	972.0
8	8.0	160	64.00	25 600	1 280.0
合计	36.4	880	207.54	104 214	4 544.6

将表中合计数代入相关系数公式得：

$$r=\frac{n\sum xy-\sum x\sum y}{\sqrt{n\sum x^2-(\sum x)^2}\cdot\sqrt{n\sum y^2-(\sum y)^2}}$$

$$=\frac{8\times 4\ 544.6-36.4\times 880}{\sqrt{8\times 207.54-36.4^2}\cdot\sqrt{8\times 104\ 214-880^2}}=0.97$$

相关系数 $r=0.97$，表明生产费用与月产量存在显著的高度正相关。

相关系数用数量说明了两种现象相关的方向，以及相关的密切程度。但没有说明一种现象发生了一定量的变化之后，另一种现象一般会在量上相应地发生多大的变化，即无法进行推算、预测。为此，还必须进一步作回归分析。

课堂讨论

某医学研究所在一次对人体脂肪含量和年龄关系的研究中，获得的资料如表 7-5 所示。

表 7-5　人体脂肪含量和年龄对应数据

年龄	23	27	38	41	45	49	50	53	54	56	57	58	60	61
脂肪含量/%	9.5	17.8	21.2	25.9	27.5	26.3	28.2	29.6	30.2	31.4	30.8	33.5	35.2	34.6

讨论： 表中资料显示，随着人们年龄的增加，人体中的脂肪含量也在增加。能否就此得出人体脂肪含量与年龄之间存在相关关系的结论？

实训：计算相关系数

第二节　身高与回归——回归分析

一、回归分析的概念与特点

分析经济现象时，不仅需要知道两个现象之间相关关系的密切程度和方向，而且要知道现象的两个或多个变量之间在数量上变动的比例关系值，以便进行统计推算和预测。而回归分析恰好可以解决这一问题。所谓回归分析指对具有相关关系的现象，根据其相关形态选择一个合适的数学模型，近似地表示变量之间平均变化关系，并以一个变量或几个变量的取值去预测和控制另一个变量取值的统计方法。

回归分析这个概念是英国生物学家葛尔顿（1822—1911 年）提出的。葛尔顿经过长时间的观察研究，发现人的身高具有如下特征。父母个子高的，其子女个子也高，但其子女的平均身高要低于父母的身高；父母个子矮的，其子女的个子也矮，但其子女的平均身高要高于父母的身高。因此，他得出结论，人类由于血缘的影响，使得子女的身高向人类平均身高“回归”。就是说，子女的平均身高有回复到人类平均身高的倾向。葛尔顿的学生著名统计学家卡尔·皮尔逊(1857—1936年)把回归的概念和数学方法联系起来，把代表现象之间一般数量关系的直线或曲线叫作回归直线或回归曲线。后来，回归这个词就被用来泛指变量之间的一般数量关系，并被广泛地应用到社会经济领域。本节介绍简单回归中的直线回归。简单直线回归分析有以下几个特点：

（1）两个变量之间不是对等关系，一个是自变量，一个是因变量。在进行回归分析时，必须先根据研究目的确定哪个变量是自变量，哪个是因变量。

（2）在 x、y 两个变量中，从方程式看，存在着两个回归方程：一个是以 x 为自变量，y 为因变量的关系式；另一个是以 y 为自变量，x 为因变量的关系式。用图形表示为两条斜率不同的回归直线。因此，一般情况下，两个变量 x 和 y 是不能互换的。

（3）直线回归方程中的回归系数是有实际经济意义的数值，是表明因变量 y 对自变量 x 的回归关系。它有正负之分，与相关系数的正负是一致的。正的系数表示上升直线，两个变量同方向变化；负的系数表示下降直线，两个变量反方向变化。

（4）直线回归方程中，要求自变量是非随机的，是给定的值，将自变量代入方程，求出估计的因变量值(非观察值)。这个估计值，就是众多因变量实际观察值的一个平均值，又称理论值或趋势值。由此可以计算估计值的标准误差。

课堂讨论

某国政府为了救援海外难民，委托商人发放救援物资后，按照账单到政府去报销。可是政府无法进行实地核实。

讨论： 那么，该如何核对账单的真实性呢？可利用各种物资之间的相关关系推断，如由食盐数量估计难民数量，由难民数量估计救援物资的数量。因为食盐最便宜，商人一般不会在这方面造假，由此估计的难民数量可准确推算贵重物资耗用量，据此核对商人提供的账目。

回归分析的用途很广，是分析因果变动和其他有联系变动的有力工具，计量经济学中就大量使用该方法。

二、简单直线回归方程

回归分析的任务是，根据散点图初步确定的相关关系方程表达式的类型，拟合一个恰当的数学模型，从而对变量之间的关系程度进行一些较精确的计算分析。这个模型称为回归方程，表明两个变量间一般数量关系的线性方程称为简单直线回归方程。

简单直线回归方程又称一元一次回归方程，当自变量为 x，因变量为 y 时，其基本形式如下：

$$y_c=a+bx$$

式中：a 是直线的纵截距；b 是直线的斜率，又叫回归系数；y_c 表示对应于自变量 x 的因变量 y 的变动平均数（即估计值）。a 和 b 是方程中的待定参数，只要由所给资料求出 a 和 b，回归方程就确定了。估计这些参数可用不同的方法，统计中使用最多的是最小平方法，用这个方法求出的回归线是原资料的最适线。即：

$$\sum(y-y_c)^2=\text{最小值}$$

这里的最小平方法与时间数列一章中长期趋势测定的最小平方法是同一方法。实际上，长期趋势测定也是回归法的一种，那是把时间作为自变量，动态指标作为因变量计算的。因此，在长期趋势测定中讲的有关公式，在这里也都适用，只要把时间变量的符号 t 改为自变量 x 即可。

用最小平方法求解直线回归方程中的参数 a、b 的标准方程式为：

$$na+b\sum x=\sum y$$

$$a\sum x+b\sum x^2=\sum xy$$

依据上述方程组，可以分别求出 a、b 两个参数的值：

$$b=\frac{n\sum xy-\sum x\sum y}{n\sum x^2-(\sum x)^2}$$

$$a=\bar{y}-b\bar{x}$$

例 7-2　仍以表 7-2 的资料为例，列计算表 7-6。

实训：线性回归分析

表 7-6 直线回归方程计算表

企业编号	月产量 x/千吨	生产费用 y/万元	x^2	xy	y_c（预测值）
1	1.2	62	1.44	74.4	66.80
2	2.0	86	4.00	172.0	77.12
3	3.1	80	9.61	248.0	91.30
4	3.8	110	14.44	418.0	100.33
5	5.0	115	25.00	575.0	115.80
6	6.1	132	37.21	805.2	129.99
7	7.2	135	51.84	972.0	144.17
8	8.0	160	64.00	1 280.0	154.49
合计	36.4	880	207.54	4 544.6	880.00

将表 7-6 中的有关数值代入参数 a、b 的公式：

$$b=\frac{n\sum xy-\sum x\sum y}{n\sum x^2-(\sum x)^2}=\frac{8\times 4\ 544.6-36.4\times 880}{8\times 207.54-36.4^2}=12.896$$

$$a=\bar{y}-b\bar{x}=\frac{\sum y}{n}-b\frac{\sum x}{n}=\frac{880}{8}-12.896\times\frac{36.4}{8}=51.323$$

即

$$y_c=51.323+12.896x$$

动画：做好预测巧经营

这个回归方程式的意义是，根据 8 个企业的产品月产量(x)和生产费用(y)资料求出的回归方程表明，月产量每增加 1 000 吨，生产费用平均增加 12.896 万元。根据这个方程式，把 8 个企业月产量的实际值 x 逐项代入，就可算出对应的生产费用估计值 y_c，对应在表 7-6 的末栏。把这些估计值（也称预测值）画成图形，就是一条上升的直线，其斜率为 12.896，截距为 51.323。

根据回归直线方程，可以根据给定的自变量值来预测因变量的值。如上例，当月产量为 9 000 吨时，生产费用的预测值为：$y_c=51.323+12.896\times 9=167.387$（万元）。

课堂讨论

按表 7-5 的资料计算，以年龄为自变量，以脂肪含量为因变量的线性回归方程为 $y_c=3.176\ 1+1.644\ 0x$。据此预测，当人们年龄达到 70 岁时，人体中脂肪的百分比 $y_c=3.176\ 1+1.644\ 0\times 70=118.256\ 1$。

讨论： 为什么会出现人体脂肪含量超过 100% 的现象？

小贴士

如果已用积差法计算了相关系数及标准差，也可用如下方法求回归直线方程的参数 a、b 的值：

$$b=r\cdot\frac{\sigma_y}{\sigma_x}$$

$$a=\bar{y}-b\bar{x}$$

$$r=b\cdot\frac{\sigma_x}{\sigma_y}$$

例 7-3　根据某县环境卫生管理所的资料，县城 2017 年至 2022 年垃圾产生量及人均日产生量如表 7-7 所示。

表 7-7　2017 年至 2022 年某县城垃圾产生量统计及预测表

年份	人口/万人	年产生量/吨	人均日产生量 y /千克	序号 x	xy	x^2
2017	6	25 185	1. 15	1	1. 15	1
2018	6. 5	28 707. 25	1. 21	2	2. 42	4
2019	6. 9	32 236. 8	1. 28	3	3. 84	9
2020	7. 6	37 449	1. 35	4	5. 40	16
2021	7. 8	39 858	1. 40	5	7. 00	25
2022	8. 6	45 515. 5	1. 45	6	8. 70	36
合计			7. 84	21	28. 51	91

从表 7-7 中可以看出，2022 年人均垃圾产生量比 2017 年增长 26. 09%，年均增长 4. 789%。根据表 7-7 中资料，用一元回归法对 2023 年人均垃圾产生量预测：

$$y_c=a+bx$$

$$b=\frac{n\sum xy-\sum x\sum y}{n\sum x^2-(\sum x)^2}=\frac{6\times28.51-21\times7.84}{6\times91-21^2}=\frac{6.42}{105}=0.0611$$

$$a=\bar{y}-b\bar{x}=\frac{\sum y}{n}-b\frac{\sum x}{n}=\frac{7.84}{6}-0.0611\times\frac{21}{6}=1.0928$$

$$y_c=1.0928+0.0611x=1.0928+0.0611\times7=1.5205$$

即 2023 年人均垃圾产生量预测值为 1. 52 千克。

拓展应用

到黄石公园旅游的游客，多着迷于神奇而美丽的间歇式喷泉。该喷泉的喷发时间和间隔时间是随机的，喷泉每次喷发持续1.5分钟至5分钟；两次喷发的间隔时间短时40多分钟，长时近90分钟，这一不确定性增添了喷泉的神秘性。试分析导游为能帮助游客安排好旅游时间，如何对两次喷发之间的间隔时间做出预测。

分析：资料给出的是喷泉每次喷发持续时间和两次喷发的间隔时间，要对两次喷发时间间隔做出预测，需拟合回归直线方程，且每次喷发持续时间应确定为(x)，间隔时间应确定为(y)。

收集x与y的对应资料：经过对8天喷发持续时间(x)和间隔时间(y)的记录进行整理，结果发现各天的数据有明显的正相关趋势，即某次喷发持续的时间越长，则下次再喷发的间隔时间也越长。这从道理上不难解释，即某次喷发释放的能量越多，则达到喷发压力或能量所需积累的时间越长；反之亦然。经过对观察值数据进行加工整理，得到如下计算结果：

$\bar{x}=3.46$　　$n\sum xy-\sum x\sum y=1\,222$　　$n\sum x^2-(\sum x)^2=113.8$

$\bar{y}=68.2$　　$n\sum y^2-(\sum y)^2=17\,820$　　$n=107$

利用最小平方法(OLS)拟合的回归直线$y_c=a+bx$的系数a、b为：

$$b=\frac{n\sum xy-\sum x\sum y}{n\sum x^2-(\sum x)^2}=\frac{1\,222}{113.8}=10.7$$

$$a=\bar{y}-b\bar{x}=68.2-10.7\times 3.46=31.2$$

由此得回归直线方程：

$$y_c=31.2+10.7x$$

假设上一次喷发持续了2分钟，那么下一次喷发需要等多长时间？如果旅游者用上面的预测值作为他们抵达间歇式喷泉喷发景点的时间，他们赶上开始喷发时刻的可能性有多大？

要预测下次喷发的间隔时间y，应将已知的$x=2$代入回归方程，得到

$$y_c=31.2+10.7\times 2=52.6(\text{分钟})$$

即若上次喷发持续了2分钟，则要等52.6分钟才开始下一次喷发，游客可以利用这段时间去附近景点参观。

由于我们的预测值(落在回归直线上的数据)是个平均值，即有大约一半点落在回归直线上方，一半点落在回归直线以下。我们用预测值作为到达喷发景点

的时间，则有50%的可能性喷泉在游客到达景点前已开始喷发，有50%的可能性喷泉在游客到达后开始喷发。因此，为不错过观看机会，应提早一点回来等待为好。

三、估计标准误差

由回归方程计算的估计值和真正的实际观察值之间是有差距的。一般情况下，这个离差数值越小，估计值 y_c 与实际值 y 越接近，表明推算越准确，估计值的代表性高；反之离差值大，即 y_c 值与 y 值相距甚远，表明推算不够准确，估计值的代表性低。这就是说，离差的大小直接关系到推算结果的准确程度，也就是关系到回归分析的精确性。将一系列 y_c 值与 y 值进行比较可以发现，它们存在着的一系列离差，有的是正值，有的是负值，易于验证。如果将所有这样的离差值求和，结果是0，即 $\sum(y-y_c)=0$。回归方程的代表性如何，一般是通过估计标准误差指标的计算予以检验的。

我们知道平均数的代表性大小通常是用标准差这一指标予以配合验证的。因变量估计值同样也可以从离差的大小来看它的代表性大小，并根据离差计算估计标准误差。估计标准误差是用来综合反映回归方程代表性大小的统计分析指标。估计标准误差和标准差的性质是相同的，不同的是前者说明回归直线的代表性，后者说明平均数的代表性。

估计标准误差的计算公式为：

$$S_{yx}=\sqrt{\frac{\sum(y-y_c)^2}{n-m}}$$

式中：S_{yx} 是估计标准误差，其下标 yx 表示因变量 y 依 x 而回归的方程；y 是因变量实际观察值；y_c 是根据回归方程推算出来的因变量估计值；n 是因变量的个数；m 是回归方程中参数的个数。在简单回归直线方程中有 a、b 两个参数，m 就是2。若是大样本，由于 $n-2\to n$，也可用 n 代替 $n-m$，此时上式变为：

$$S_{yx}=\sqrt{\frac{\sum(y-y_c)^2}{n}}$$

根据上述公式计算估计标准误差的好处是，计算方法含义明确，又和标准差的计算相类似，计算公式和过程大家易于接受。但是需要计算出所有的估计值，计算比较麻烦，工作量大。如果已经计算出直线回归方程的参数 a、b，可改用下列简便法计算公式：

$$S_{yx}=\sqrt{\frac{\sum y^2-a\sum y-b\sum xy}{n-m}}$$

例 7-4　仍以表 7-2 的资料为例，计算估计标准误差如表 7-8 所示。

表 7-8　估计标准误差计算表

企业编号	月产量 x/千吨	生产费用 y/万元	y^2	xy
1	1.2	62	3 844	74.4
2	2.0	86	7 396	172.0
3	3.1	80	6 400	248.0
4	3.8	110	12 100	418.0
5	5.0	115	13 225	575.0
6	6.1	132	17 424	805.2
7	7.2	135	18 225	972.0
8	8.0	160	25 600	1 280.0
合计	36.4	880	104 214	4 544.6

将表 7-8 中有关数据代入公式得：

$$S_{yx}=\sqrt{\frac{\sum y^2-a\sum y-b\sum xy}{n-m}}=\sqrt{\frac{104\ 214-51.323\times880-12.896\times4\ 544.6}{8-2}}$$

$$=\sqrt{\frac{442.6}{6}}=8.59(\text{万元})$$

计算结果可能有少许出入，这是由于计算过程中小数点取舍造成的。

拓展应用

估计标准误差与相关系数存在着紧密的联系。当 S_{yx} 值渐小时，则 $|r|$ 值渐大。S_{yx} 越小，说明各相关点离回归线越近，相应的 r 就越渐近于 (±1)，表明相关关系越密切。若 $S_{yx}=0$，r 值就是 ±1，此时，乃完全相关。当 S_{yx} 值越大，则 $|r|$ 值越小，散点图中的点离回归直线就远些，表明相关关系越不密切。二者之间的关系式为

$$S_{yx}=\sigma_y\sqrt{1-r^2}$$

在实际工作中，既可根据此式用相关系数计算估计标准误差，也可用估计标准误差来计算相关系数。

学以致用

一、填空题

1. 统计对现象之间数量关系的研究，一般从两个方面进行：一是研究非确定的事物之间确定存在的数量依存关系，这种研究称为__________；二是研究现象之间存在的一种固定的、确定性的、严格的数量依存关系，可以用数学方程式表达，称为__________。

第七章交互式测验

2. 两个相关现象之间，当一个现象的数量由小变大，另一个现象的数量__________，这种相关称为正相关；当一个现象的数量由小变大，另一个现象的数量__________，这种相关称为负相关。

3. 回归方程 $y_c=a+bx$ 中的参数 a 是__________，b 是__________，估计待定参数常用的方法是__________。

4. 一个回归方程只能作一种推算，即给出__________的数值，估计__________的可能值。

5. 已知自变量的标准差为 2，因变量的标准差为 5，两个变量的相关系数为 0.8，则回归系数为__________。

二、单项选择题

1. 年劳动生产率 x（千元）和工人工资 y 的关系为 $y=1\ 000+100x$，这意味着年劳动生产率每提高 1 000 元时，工人工资平均（　　）。

A. 增加 100 元　　B. 减少 100 元

C. 增加 1 100 元　　D. 减少 1 100 元

2. 回归系数和相关系数的符号是一致的，其符号均可用来判断现象是（　　）。

A. 线性相关还是非线性相关　　B. 正相关还是负相关

C. 完全相关还是不完全相关　　D. 单相关还是复相关

3. 某校学生的学习时间（x）与考试成绩（y）之间的线性回归方程为 $y_c=180-5.8x$，该方程参数的计算（　　）。

A. a 值是明显不对的　　B. b 值是明显不对的

C. a 值和 b 值都是不对的　　D. a 值和 b 值都是正确的

4. 进行相关分析时，要求相关的两个变量（　　）。

A. 都是随机的　　B. 都不是随机的

C. 一个是随机的，一个不是随机的 D. 随机或不随机都可以

5. 由变量 x 对变量 y 回归，同由变量 y 对变量 x 回归，所得到的回归方程是不同的，表现在(　　)。

A. 与方程对应的两条直线只有一条经过点$(\bar{x},\bar{y})$

B. 参数的估计方法不同

C. 方程中参数的实际意义不同

D. 如果其中一个方程反映的是正相关，那么另一个方程反映的就是负相关

三、多项选择题

1. 下列现象之间存在相关关系的有(　　)。

A. 家庭收入与消费支出关系

B. 圆的面积与它的半径关系

C. 广告支出与商品销售额关系

D. 单位产品成本与利润关系

E. 在价格固定的情况下，销售量与商品销售额关系

2. 对于一元线性回归分析来说，(　　)。

A. 两个变量之间必须明确哪个是自变量，哪个是因变量

B. 回归方程是据以利用自变量的给定值来估计和预测因变量的平均可能值

C. 可能存在着 y 依 x 和 x 依 y 的两个回归方程

D. 回归系数只有正号

E. 确定回归方程时，尽管两个变量都是随机的，但要求自变量是给定的

3. 可用来判断现象相关方向的指标有(　　)。

A. 相关系数　　B. 回归系数　　C. 回归方程参数 a

D. 估计标准误差　　E. x、y 的平均数

4. 在直线相关和回归分析中(　　)。

A. 据同一资料，相关系数只能计算一个

B. 据同一资料，相关系数可以计算两个

C. 据同一资料，回归方程只能配合一个

D. 据同一资料，回归方程随自变量与因变量的确定不同，可能配合两个

E. 回归方程和相关系数均与自变量和因变量的确定无关

5. 下列属于正相关的现象是(　　)。

A. 家庭收入越多，其消费支出也越多

B. 某产品产量随工人劳动生产率的提高而增加

C. 流通费用率随商品销售额的增加而减少

D. 生产单位产品所消耗工时随劳动生产率的提高而减少

E. 产品产量随生产用固定资产价值的减少而减少

四、 判断题

(　　)1. 相关系数 r 有正负、有大小，因而它反映的是两现象之间具体的数量变动关系。

(　　)2. 在进行相关和回归分析时，必须以定性分析为前提，判定现象之间有无关系及其作用范围。

(　　)3. 相关系数 r 越大，则估计标准误差 S_{xy} 值越大，从而直线回归方程的精确性越低。

(　　)4. 工人的技术水平越高，劳动生产率越高。这种关系是一种不完全的正相关关系。

(　　)5. 一种回归直线只能作一种推算，不能反过来进行另一种推算。

五、 思考与练习

1. 什么是相关关系？相关关系和函数关系的区别和联系是什么？

2. 相关分析和回归分析这两个概念的主要区别是什么？

3. 估计标准误差与相关系数的关系是什么？

4. 怎样利用相关系数来判别现象之间的相关程度？

5. 某企业全员劳动生产率(元/人)和全员人均创利(元)两个变量的回归方程为：$y_c=41+0.460x$。式中，x 表示全员劳动生产率，y 表示人均创利。试判断以下结论是否正确：

(1) 劳动生产率每提高 1 000 元，可多创利 4 100 元；

(2) 当全员劳动生产率为 10 000 元/人时，人均创利额为 4 641 元；

(3) 当人均创利 10 000 元时，全员劳动生产率为 $x=(10\ 000-41)/0.460$。

(4) $b=0.460$ 是人均创利额的起点。

6. 某企业 2022 年 1—7 月份某种产品产量和单位成本资料如下表。要求：

(1) 确定直线回归方程，解释回归系数的含义；

(2) 当产量为 60 吨时，单位成本为多少？单位成本为 60 元时，产量为多少？

月份	1	2	3	4	5	6	7
产量/吨	20	20	30	40	30	40	50
单位成本/(元/吨)	75	76	73	72	71	73	69

7. 某地2013—2022年个人消费支出和收入资料如下表，要求：

年份	个人收入 x/元	消费支出 y/元	年份	个人收入 x/元	消费支出 y/元
2013	12 800	11 200	2018	21 400	17 600
2014	14 000	12 000	2019	25 000	20 400
2015	15 400	13 200	2020	28 600	23 600
2016	16 400	14 000	2021	33 000	27 200
2017	18 400	15 600	2022	37 800	31 000

（1）计算两个变量之间的相关系数；

（2）建立 y 依 x 的回归方程；

（3）计算估计标准误差；

（4）当个人收入为40 000元时，估计个人消费支出额。

调查研究

1. 目标

培养初步的相关分析及应用能力。

2. 内容与要求

按每6~8人为一组，每组确定一名组长，调查50名学生每人手机价格及每月话费额，经整理后形成分组表，然后计算相关系数，据此计算手机价格与每月话费额之间的相关程度，并分析其存在的相关关系趋势。汇总整理情况表自行设计。

3. 成果与检测

各小组就各自计算与分析的结果在班级进行讨论、汇报，由教师及各小组组长进行评价打分。

第八章

人类寿命呈动态变化——时间数列

【学习目标】

素养目标：

- 通过时间数列分析，培养立足当下、着眼未来的发展观；
- 通过长期趋势及季节变动规律的学习，树立百折不挠、长期奋斗的人生观。

知识目标：

- 掌握时间数列的概念、类型和编制原则；
- 掌握时间数列中常用的各种动态分析指标的计算方法；
- 掌握长期趋势和季节变动的测定方法。

能力目标：

- 能够运用时间数列的水平指标及速度指标进行统计分析；
- 能够运用时间数列指标进行趋势分析，揭示事物发展的规律性。

【思维导图】

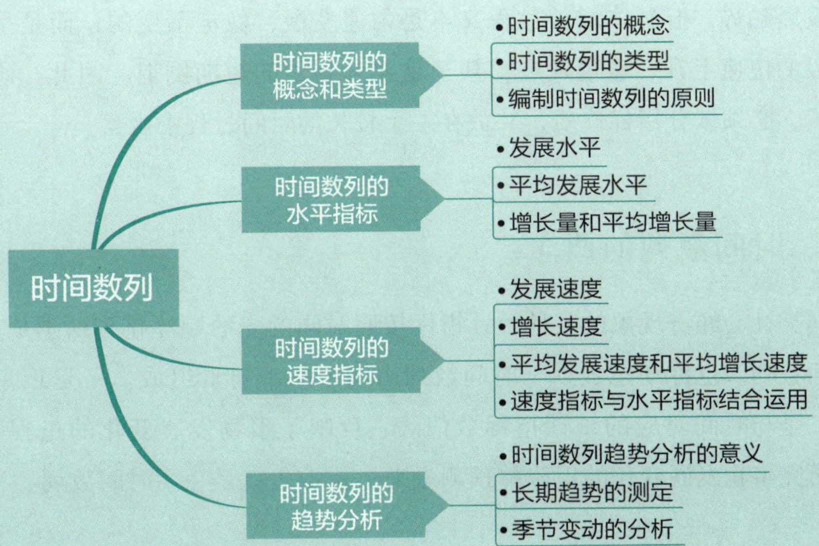

情景引入

根据深圳市统计局的数据，深圳市 GDP 从 2011 年的 11 506 亿元增加到 2022 年的 32 387.68 亿元，增长了 181.49%，经济总量位居亚洲城市第 5 位。

深圳市在经济快速增长的同时，碳排放强度却显著降低。早在 2010 年，深圳市就率先实施低碳发展中长期十年规划，制定了低碳城市发展指标体系。经过十余年的低碳发展，“十三五”时期深圳单位 GDP 能耗、单位 GDP 二氧化碳排放分别下降 19.9%、26.85%，提前完成了国家碳排放强度的下降目标，达到国际先进水平。深圳的发展经验证明，碳排放达峰，不仅可以与空气质量达标形成“双达”，还可以与经济高质量增长协同实现“三达”，为党的二十大报告提出的“积极稳妥推进碳达峰碳中和”探索出成功样板。

思考： 随着我国经济的高质量发展，在实现 GDP 增长的同时，我国“碳排放”将会呈现怎样的发展态势？

第一节 经济发展看长远——时间数列的概念和类型

任何一个国家或地区的经济发展，从一个较长的历史时间上看，都呈现向上增长的发展趋势，但具体增长过程又不是匀速发展、稳定不变的，而是呈现为不同时间段的快速上升、缓慢发展，甚至是部分年份的短期倒退。因此，研究社会经济发展，必须区分指标性质，并放在一个较长的时间过程中观察。

一、时间数列的概念

将同类社会经济现象的某种统计指标按照时间的先后顺序排列所形成的数列，称为时间数列，也称动态数列。时间数列由两个基本要素组成。一是现象所属的时间；二是与时间对应的统计指标数值。它反映了事物发展变化的过程和方向，可用来研究事物发展变化的规律并预测未来。表 8-1 就是一个时间数列。

表 8-1　“十三五”期间我国货物进出口贸易额

年份	2016	2017	2018	2019	2020
金额/亿元	243 386	277 923	305 050	315 446	321 557

根据国家统计局公布数据，2020 年我国货物进出口总额为 321 557 亿元，连续 5 年保持增长。2021 年和 2022 年，我国贸易顺差分别为 43 687 亿元和 58 630 亿元，凸显了我国在“抗疫”背景下的经济高水平发展。

时间数列的作用主要表现在：首先，可以描述社会经济现象的发展过程和结果；其次，可以研究社会经济现象的发展趋势和发展速度；再次，可以研究社会经济现象发展变化的规律性；最后，可以对某些社会经济现象进行预测。

二、时间数列的类型

时间数列按其指标的性质和表现形式不同，可以分为总量指标时间数列、相对指标时间数列和平均指标时间数列三种。其中，总量指标时间数列是基本数列，后两者都是前者的派生数列。

（一）总量指标时间数列

把一系列同类的总量指标按时间先后顺序排列而成的时间数列称为总量指标时间数列。它反映社会经济现象在不同时期达到的水平及发展变化情况。按照总量指标反映的社会经济现象的性质不同，又可以分为时期数列和时点数列。

1. 时期数列

在总量指标时间数列中，如果每个总量指标都反映现象在一段时间内发展过程的总量，这种时间数列就称为时期数列。在时期数列中，每个指标所涉及的时间长度称为“时期”。时期可以是日、月、季、年或更长的时间长度。时期数列有以下几个特点：

（1）数列中各指标数值是可以相加的，相加后的数值表示现象在更长一段时期内的发展总量。

（2）数列中各项指标数值的大小与所属时期长短有直接联系。时期数列指标数值反映现象在某一段时期内发展过程的总量，除了极个别指标数值可能出现负数外（如各年利润额指标，可能有个别年份发生亏损），一般来说，时期越长，指标数值就越大；反之就越小。

（3）数列中各项指标数值通常是通过连续不断的登记而取得的。

统计素养

中国铁路加速奔跑

“十三五”时期，我国铁路固定资产投资超过3.88万亿元，连续每年保持在8 000亿元左右。铁路运营里程由12.10万千米增加到14.63万千米，比“十二五”期末的12.10万千米增长了20.9%，高铁由1.98万千米增加到3.79万千米，翻了近一番，“四纵四横”高铁网提前建成运营，“八纵八横”高铁网加密成型，高速、高原、高寒、重载铁路技术达到世界领先水平。

路网纵横，四通八达；人便其行，物畅其流。中国铁路以“奋斗者”的姿态，创造了举世瞩目的成就，也为我国经济社会的发展提供了强有力的支撑。

2. 时点数列

在总量指标时间数列中，如果每个总量指标都反映某一瞬间上现象所达到的水平，这种总量指标时间数列就称为时点数列。

在时点数列中，各个时点指标有连续的，也有间断的。间断时点数列中，相邻两个时点指标间的距离叫“间隔”。间隔长短视具体情况而定。时点数列具有以下几个特点：

（1）时点数列中各项指标数值不能直接相加。这是由于时点数列中每一个指标数值都是表明现象在某一瞬间的量。相加后，会造成重复计算。

（2）时点数列中各项指标数值的大小与其间隔长短没有直接联系。

（3）时点数列中每个指标数值通常是通过间隔一定时期登记一次而取得的。即时点数列指标不具有连续统计的特点。

课堂讨论

在我国国内生产总值、社会商品销售额、年末商品房库存面积、居民储蓄余额等宏观经济指标中，哪些是时期指标？哪些是时点指标？说明原因。

（二）相对指标时间数列

把某一相对指标的一系列数值按时间的先后顺序排列而成的时间数列叫相对

指标时间数列。它反映社会经济现象之间相互联系的发展过程。

由于相对指标时间数列是总量指标时间数列的派生数列，根据相对指标分子、分母的构成状况不同，可以将相对指标时间数列分为以下三种：

（1）由两个时期数列对比而得的相对指标时间数列。

（2）由两个时点数列对比而得的相对指标时间数列。

（3）由一个时期数列和一个时点数列对比而得的相对指标时间数列。

（三）平均指标时间数列

将某一平均指标的一系列数值按时间先后顺序排列而成的时间数列叫平均指标时间数列。它反映社会经济现象一般水平的发展趋势。平均指标时间数列中，各个指标数值也是不能相加的。由于平均指标分为静态平均指标(总体单位平均数)和动态平均指标(序时平均数)两大类，因此，平均指标时间数列也分为静态平均指标时间数列和动态平均指标时间数列。

三、编制时间数列的原则

编制时间数列的目的，是通过对数列中各个指标数值的动态对比和动态分析，来研究社会经济现象的发展变化过程及其规律性。因此，保证数列中各个指标数值具有可比性，就成为编制时间数列的基本原则。为此，在编制时间数列时，应注意以下几点：

（一）时期长短应该统一

时期数列中各个指标数值的大小与其时期长短有直接的关系。因此，时期长短应该保持一致，只有如此，才能进行动态比较，比较的结果才有实际意义。时点数列的指标只表示某一时刻上的状态，不存在时期问题，只有时间间隔因素。尽管时点指标数值与时间间隔无明显关系，但由于事物都处在不断发展变化之中，一般来说，时间间隔越长，发展变化就越明显。因此，为了便于分析，时点数列中的间隔最好也要相等。

（二）总体范围应该统一

时间数列中，各个指标所包含的总体范围应该前后一致。如果前后不一致，指标数值对比的结果便失去意义。例如，我们要研究一个地区的人口增长情况，那个地区的行政区划如果有了变化，则前后期指标数值就不能直接对比，必须对资料进行适当的调整，使总体范围前后一致，然后再作动态分析。

（三）经济内容应该统一

不同历史时期或同一历史时期的不同阶段，由于某些重大改革或变化的影响，会导致某一指标的经济内容前后不一致，各指标的内容是异质的，由此形成的时间数列是不可比的。如我国从 1985 年起，增加了农村社会总产值指标，并把村办工业总产值从农业划归工业统计，因此造成农业总产值指标 1985 年后的经济内容与以前不一致，需要调整后才能编制时间数列。

（四）计算方法应该统一

时间数列中不同时间指标数值的计算口径、计算价格、计量单位应该一致。只有前后一致，才能进行动态对比。如不一致，就应按研究的目的对其进行调整统一，使之可比。如在计算劳动生产率指标时，可以按全部职工计算，也可按生产工人计算，两种计算方法所得到的指标数值是不可比的。再如，1995 年的工业总产值不能与 1979 年对比，因为这两个年份的工业总产值所采用的不变价格不同。必须将其按一个不变价格换算统一后，才能进行对比。

第二节 乾隆盛世靠农业——时间数列的水平指标

为了通过时间数列来分析社会经济现象的发展水平，认识现象发展变化的规律和趋势，就需要计算一系列动态分析指标。如据史料记载，我国历朝历代粮食总产量总体上呈逐步上升趋势，秦汉为 417 亿斤[①]，唐代为 626 亿斤，宋代为 835 亿斤，明代为 1 392 亿斤。到清乾隆晚期，一跃达到 2 088 亿斤。受益于农业发展，乾隆六十年（1795 年），我国人口增至 29 696 万人，50 年翻了一番，被称为“乾隆盛世”。时间数列水平指标除发展水平外，还包括平均发展水平、增长量和平均增长量。

动画：时间数列明证　乾隆兴盛靠农业

一、发展水平

时间数列中每项指标数值称为发展水平。它反映社会经济现象在各个时间所

① 1 斤 = 500 克。

达到的规模或水平。发展水平可以是总量指标，也可以是相对指标或平均指标，它是计算其他动态分析指标的基础。

时间数列 a_0，a_1，a_2，…，a_n 的首项指标数值 a_0 叫最初水平，末项指标数值 a_n 叫最末水平，其余各项 a_1，a_2，…，a_{n-1}叫中间水平；在进行动态分析时，我们把所研究的指标叫报告期水平或计算期水平，把用作对比基础的指标叫基期水平。

发展水平在文字上习惯用“增加到”“增加为”“降低到”“降低为”等来表示。如我国 2012 年的财政收入为 11.7 万亿元，2022 年增加到 20.37 万亿元，接近翻了一番。

二、平均发展水平

平均发展水平是对不同时期的发展水平加以平均而得到的平均数，又称序时平均数或动态平均数。它和一般平均数的共同之处就是都将个别数值的差异抽象化，不同之处是，平均发展水平所平均的是不同时间上的数量表现，从动态上说明某一时期发展的一般水平，是根据时间数列计算的；而一般平均数是将总体各单位的某个数量标志在同一时间上的数量差异抽象化，用以反映在具体历史条件下的一般水平，是根据变量数列计算的，所以，一般平均数又称静态平均数。

微课：时间数列水平指标

利用序时平均数，既可以使时间长短不一的指标由不可比变为可比，又可以消除现象在短期内波动的影响，便于观察现象发展变化的趋势，有利于进行统计预测和决策，另外还便于对不同空间的同一发展水平进行广泛的对比与分析。

序时平均数可以由总量指标时间数列来计算，也可以由相对指标或平均指标时间数列来计算。从方法上说，总量指标的序时平均数是最基本的计算方法，其他两种数列计算序时平均数可作为总量指标序时平均数的派生数列理解。

（一）由总量指标时间数列求序时平均数

总量指标时间数列包括时期数列和时点数列两种。由于二者性质不同，因而计算序时平均数的方法也不一致。

1. 由时期数列计算序时平均数

由于时期数列具有可加性，直接用各时期的指标数值求和再除以项数即可。

计算公式：

$$\bar{a}=\frac{a_1+a_2+a_3+\cdots+a_n}{n}=\frac{\sum a}{n}$$

式中：$\bar{a}$ 表示序时平均数；

$a_i(i=1,2,\cdots,n)$ 表示各期发展水平；

n 表示时期数列项数。

例 8-1 某县 2017—2022 年降水量资料如表 8-2 所示，计算该县 2017—2022 年的平均降水量。

表 8-2 某县 2017—2022 年历年降水量

年份	2017	2018	2019	2020	2021	2022
降水量/毫米	420	400	380	650	350	800

2017—2022 年的平均降水量为：

$$\bar{a}=\frac{\sum a}{n}=\frac{a_1+a_2+a_3+\cdots+a_n}{n}=\frac{420+400+380+650+350+800}{6}=500(\text{毫米})$$

课堂讨论

农业是我国国民经济的基础。长期以来，党和政府极为重视农业发展。近年来我国粮食产量逐年增加，2018 年 6.58 亿吨、2019 年 6.64 亿吨、2020 年 6.69 亿吨、2021 年 6.82 亿吨、2022 年 6.87 亿吨。我国主要粮食产量连续多年位居世界第一。

讨论： 怎样计算 2018—2022 年我国的平均粮食产量？

2. 由时点数列计算序时平均数

时点数列是某一瞬间的资料，两个时点之间存在着一定的间隔，所以严格地说，时点数列都是间断的，但统计上规定如果时点数列的资料是逐日记录又逐日排列的，就可以将其视为连续时点数列，否则视为间断时点数列。

案例：时点数列为什么能相加

（1）由连续时点数列求序时平均数。连续时点数列包括间隔相等和间隔不等两种情况：

① 间隔相等的连续时点数列。用简单算术平均法求序时平均数。

计算公式：

$$\bar{a}=\frac{\sum a}{n}$$

例 8-2　某气象站记录的某地 2023 年 1 月上旬的最高气温，如表 8-3 所示。

表 8-3　某气象站 2023 年 1 月上旬最高气温

日期	1 日	2 日	3 日	4 日	5 日	6 日	7 日	8 日	9 日	10 日
最高气温	10℃	11℃	10℃	12℃	13℃	11℃	10℃	12℃	10℃	11℃

该地 2023 年 1 月上旬平均日最高气温为：$\bar{a}=\frac{\sum a}{n}=\frac{110}{10}=11$(℃)

② 间隔不等的连续时点数列。不是逐日登记时，可用每次变动持续的间隔长度(f)作为权数，用加权算术平均法计算公式计算序时平均数。

计算公式：

$$\bar{a}=\frac{\sum af}{\sum f}$$

例 8-3　某企业 4 月 1 日的工人数为 1 500 人，4 月 11 日增加到 1 600 人，则该企业 4 月份平均工人数为：

$$\bar{a}=\frac{\sum af}{\sum f}=\frac{1\ 500\times10+1\ 600\times20}{10+20}=1\ 567(\text{人})$$

（2）由间断时点数列求序时平均数。间断时点数列也有间隔相等和间隔不等两种情况：

① 由间隔相等的间断时点数列求序时平均数。如果掌握的是间隔相等的每期期初或期末资料，可以假定社会经济现象在两时点间的变动是均匀的，采用“首末折半法”计算序时平均数。

例 8-4　某企业第三季度的职工人数，6 月 30 日为 438 人，7 月 31 日为 452 人，8 月 31 日为 462 人，9 月 30 日为 578 人。计算该企业第三季度的职工平均人数。

首先计算各月的平均人数，其公式为：

$$\text{平均人数}=\frac{\text{月初人数}+\text{月末人数}}{2}$$

7 月份职工平均人数＝(438+452)/2＝445(人)

8 月份职工平均人数＝(452+462)/2＝457(人)

9 月份职工平均人数＝(462+578)/2＝520(人)

第三季度职工平均人数＝(445+457+520)/3＝474(人)

或：

$$\frac{\frac{438+452}{2}+\frac{452+462}{2}+\frac{462+578}{2}}{3}=\frac{\frac{438}{2}+452+462+\frac{578}{2}}{4-1}=474(\text{人})$$

计算公式：
$$\bar{a}=\frac{\frac{a_1}{2}+a_2+a_3+\cdots+a_{n-1}+\frac{a_n}{2}}{n-1}$$

② 由间隔不等的间断时点数列求序时平均数。如果掌握的是间隔不等的每期期初或期末资料，则可以两个相邻时点指标先求平均数，然后用间隔长度(f)为权数，用加权算术平均法来计算序时平均数。

计算公式：
$$\bar{a}=\frac{\left(\frac{a_1+a_2}{2}\right)\times f_1+\left(\frac{a_2+a_3}{2}\right)\times f_2+\cdots+\left(\frac{a_{n-1}+a_n}{2}\right)\times f_{n-1}}{f_1+f_2+\cdots+f_{n-1}}$$

例 8-5　2022 年某企业成品仓库中某产品库存资料如表 8-4 所示。

表 8-4　企业某产品的库存量

日期	1 月 1 日	3 月 1 日	7 月 1 日	8 月 1 日	10 月 1 日	12 月 31 日
库存量/吨	38	42	24	11	60	0

我们假定库存量在两点之间均匀变动。根据加权算术平均公式，该产品 2022 年平均库存量为：

$$\bar{a}=\frac{\frac{38+42}{2}\times 2+\frac{42+24}{2}\times 4+\frac{24+11}{2}+\frac{11+60}{2}\times 2+\frac{60+0}{2}\times 3}{2+4+1+2+3}=32.5(\text{吨})$$

（二）由相对指标时间数列求序时平均数

相对指标时间数列不能直接计算序时平均数，要分别计算出相对指标分子、分母时间数列的序时平均数，然后求比值，所得比值就是其序时平均数。

计算公式：
$$\bar{c}=\frac{\bar{a}}{\bar{b}}$$

式中：$\bar{a}$ 表示分子数列的序时平均数；$\bar{b}$ 表示分母数列的序时平均数。

（1）由两个时期数列对比所形成的相对指标时间数列。

计算公式：
$$\bar{c}=\frac{\bar{a}}{\bar{b}}=\frac{\frac{\sum a}{n}}{\frac{\sum b}{n}}=\frac{\sum a}{\sum b}$$

实际若仅知 b 与 c，由于 $c=a/b$，故 $a=bc$，将 $a=bc$ 代入即可。

计算公式：

$$\bar{c}=\frac{\sum bc}{\sum b}$$

此公式为加权算术平均数公式。

另外，如果获取的实际资料是 a 与 c，则按 $b=a/c$ 代入即可。

计算公式：

$$\bar{c}=\frac{\sum a}{\sum \frac{a}{c}}$$

此公式为加权调和平均数公式。

例 8-6 某企业 2023 年 1 月、2 月、3 月产量完成情况如表 8-5 所示，现计算其第一季度的平均计划完成程度。

表 8-5 某企业计划完成情况

月份	1 月份	2 月份	3 月份
实际完成数(a)/件	5 100	6 180	8 640
计划数(b)/件	5 000	6 000	8 000

$$\bar{c}=\frac{\sum a}{\sum b}=\frac{5\ 100+6\ 180+8\ 640}{5\ 000+6\ 000+8\ 000}=\frac{19\ 920}{19\ 000}=104.8\%$$

统计素养

良好政策促进“三新”经济持续发展

随着我国经济进入新旧动能“换锚期”，供需两端“三新”（新产业、新业态、新商业模式）趋势异军突起。据国家统计局数据，2017—2021 年“三新”经济增加值及比重如表 8-6 所示。

表 8-6 2017—2021 年“三新”经济增加值及比重

年份	2017 年	2018 年	2019 年	2020 年	2021 年
“三新”经济增加值/亿元(a)	129 578	145 369	161 927	169 254	197 270
“三新”经济增加值占 GDP 比重/%(c)	15.7	16.1	16.3	17.08	17.25

2017—2021 年“三新”经济增加值占 GDP 的平均比重为：

$$\bar{c}=\frac{\sum a}{\sum \frac{a}{c}}=\frac{129\ 578+145\ 369+161\ 927+169\ 254+197\ 270}{\frac{129\ 578}{0.157}+\frac{145\ 369}{0.161}+\frac{161\ 927}{0.163}+\frac{169\ 254}{0.170\ 8}+\frac{197\ 270}{0.172\ 5}}=\frac{803\ 398}{4\ 856\ 210.48}=0.165\ 4$$

自2017年开始，我国“三新”经济增加值占GDP的比重连续走高，平均占比达到16.54%。

“三新”经济快速增长很大程度上缘于我国积极的财政政策。在扩大有效投资的过程中，重点支持“两新一重”（新型基础设施、新型城镇化，以及交通、水利等重大工程）建设，这既实现了短期“稳增长”目标，又兼顾了中长期“调结构”目标。

（2）由两个时点数列相应项对比所形成的相对指标时间数列计算序时平均数。时点数列包括连续时点数列和间断时点数列两种，而每种又有间隔相等和间隔不等两种情况。其中，最常用的是由间隔相等的间断时点数列对比，求序时平均数，其公式为：

$$\bar{c}=\frac{\dfrac{\frac{a_1}{2}+a_2+a_3+\cdots+\frac{a_n}{2}}{n-1}}{\dfrac{\frac{b_1}{2}+b_2+b_3+\cdots+\frac{b_n}{2}}{n-1}}=\frac{\frac{a_1}{2}+a_2+a_3+\cdots+\frac{a_n}{2}}{\frac{b_1}{2}+b_2+b_3+\cdots+\frac{b_n}{2}}$$

例8-7　某地区2018—2022年每年年末制造业企业数资料如表8-7所示，求2018—2022年规模以上制造业企业占全部制造业企业比重的序时平均数。

表8-7　某地区制造业企业数　　　　单位：个

年份	2018	2019	2020	2021	2022
规模以上制造业企业数(a)	820	840	840	834	842
全部制造业企业数(b)	3 230	3 480	3 550	3 773	3 815

$$\bar{c}=\frac{\frac{a_1}{2}+a_2+a_3+\cdots+\frac{a_n}{2}}{\frac{b_1}{2}+b_2+b_3+\cdots+\frac{b_n}{2}}=\frac{\frac{820}{2}+840+840+834+\frac{842}{2}}{\frac{3\ 230}{2}+3\ 480+3\ 550+3\ 773+\frac{3\ 815}{2}}=23.35\%$$

根据其他类型的时点数列组成的相对指标时间数列计算序时平均数，基本思路是一致的。

（3）由时期数列和时点数列对应项对比，所形成的相对数时间数列求序时平均数。其公式仍然是$\bar{c}=\frac{\bar{a}}{\bar{b}}$，具体计算时要根据数列中分子、分母指标的性质分别求序时平均数，然后加以对比。

例 8-8 某企业固定资产及其折旧资料如表 8-8 所示。

表 8-8 某企业固定资产及其折旧资料 单位：万元

年份	2019	2020	2021	2022
年末固定资产总额(b)	1 100	1 574	1 880	2 150
期内折旧总额(a)	121	132	173	202

计算 2019—2022 年的年平均折旧率(2018 年年末固定资产总额为 1 006 万元)。

平均折旧率的分母即固定资产总额，是时点指标；分子即折旧额，是时期指标。这是一个时期数列与一个时点数列对比而得到的相对数时间数列，根据分子、分母数列性质应分别采用简单算术平均法求分子数列的序时平均数，用加权序时平均法求分母数列的序时平均数，然后加以对比。即：

$$\bar{c}=\frac{\frac{\sum a}{n}}{\frac{\frac{b_1}{2}+b_2+b_3+\cdots+\frac{b_{n+1}}{2}}{n}}=\frac{\frac{121+132+173+202}{4}}{\frac{\frac{1\ 006}{2}+1\ 100+1\ 574+1\ 880+\frac{2\ 150}{2}}{5-1}}=10.24\%$$

（三）由平均数时间数列求序时平均数

平均数时间数列由一般平均数和序时平均数构成。

（1）由一般平均数构成的平均数时间数列求序时平均数。一般平均数时间数列是由两个总量指标时间数列对比形成的。它不能直接计算其序时平均数，必须分别计算分子数列和分母数列的序时平均数，然后将两者对比。

计算公式：

$$\bar{c}=\frac{\bar{a}}{\bar{b}}$$

该公式分子一般为标志总量数列，多属时期数列；分母是总体单位总量数列，多属时点数列。

例 8-9 某企业第一季度生产情况如表 8-9 所示。

表 8-9　某企业第一季度生产情况

月份	1	2	3	4
总产值(a)/元	706 100	737 100	761 400	786 700
月初人数(b)/人	790	810	810	830
月劳动生产率/(元/人)	883	910	929	—

表 8-8 中，月劳动生产率是平均指标，由月总产值除以月平均人数而得。第一季度的平均月劳动生产率为：

$$\bar{c}=\frac{\dfrac{\sum a}{n}}{\dfrac{\dfrac{b_1}{2}+b_2+b_3+\cdots+\dfrac{b_{n+1}}{2}}{n}}=\frac{\dfrac{706\ 100+737\ 100+761\ 400}{3}}{\dfrac{\dfrac{790}{2}+810+810+\dfrac{830}{2}}{4-1}}=907.24(\text{元/人})$$

（2）由序时平均数组成的平均数时间数列求序时平均数。如果数列中各指标的时间间隔相等，可直接用简单算术平均法计算，其公式为 $\bar{c}=\dfrac{\sum a}{n}$。如果时间间隔不等，则以间隔时间作为权数，采用加权算术平均法计算。

计算公式：

$$\bar{c}=\frac{\sum af}{\sum f}$$

例 8-10　2022 年某旅游区游客人数 1 月份平均 11 万人次，2 月、3 月两个月平均每月 14 万人次，4—8 月平均每月 17 万人次。9—11 月平均每月 15 万人次，12 月平均 11 万人次，则全年平均每月游客人次为：

$$\bar{c}=\frac{\sum af}{\sum f}=\frac{1\times11+14\times2+17\times5+15\times3+11\times1}{1+2+5+3+1}=\frac{180}{12}=15(\text{万人次})$$

三、增长量和平均增长量

（一）增长量

增长量是用来说明社会现象在一定时期内所增长的绝对数量的指标，它是报告期水平与基期水平之差。其计算公式为：

$$\text{增长量}=\text{报告期水平}-\text{基期水平}$$

如果增长量为正值，表示现象水平不断增加，是增加量；如果增长量为负值，表示现象水平不断降低，是降低量。

由于采用的基期不同，增长量可分为逐期增长量和累计增长量(见表 8-10)。

表 8-10 增长量类型及关系表

增长量	定义	符号表示
逐期增长量	报告期水平减前一期水平所得的差	a_1-a_0，a_2-a_1，a_3-a_2，…，a_n-a_{n-1} 或：$a_i-a_{i-1}(i=1,2,3,\cdots,n)$
累计增长量	报告期水平减某一固定基期水平所得的差	a_1-a_0；a_2-a_0；…，a_n-a_0 或：$a_i-a_0(i=1,2,\cdots,n)$
二者关系	累计增长量等于同期各逐期增长量之和；两个相邻的累计增长量之差等于相应的逐期增长量。据此，可以互相推算相邻的逐期增长量和累计增长量	$a_i-a_0=a_1-a_0+a_2-a_1+\cdots+a_i-a_{i-1}$ $(a_i-a_0)-(a_{i-1}-a_0)=a_i-a_{i-1}$

例 8-11 根据 A 市高技术产业增加值，计算增长量如表 8-11 所示。

表 8-11 A 市高技术产业增加值增长量计算表

年份	2019	2020	2021	2022
高技术产业增加值/亿元	1 278.35	1 468.50	1 690.79	1 975.42
逐期增长量/亿元	—	190.15	222.29	284.63
累计增长量/亿元	—	190.15	412.44	697.07

实训：计算增长量

表 8-11 中逐期增长量之和为 697.07 亿元，等于 2019—2022 年的累计增长量。

（二）平均增长量

平均增长量是现象在一定时期内平均每期增长的数量，它是一定时期内逐期增长量的序时平均数。其公式为：

$$平均增长量=\frac{逐期增长量之和}{逐期增长量项数}=\frac{累计增长量}{时期数列项数-1}$$

$$用字母表示的平均增长量=\frac{(a_1-a_0)+(a_2-a_1)+\cdots+(a_n-a_{n-1})}{n}=\frac{a_n-a_0}{n}$$

用表 8-11 中的资料可求得高技术产业增加值平均每年增长量如下：

$$平均增长量=\frac{190.15+222.29+284.63}{3}=232.36(亿元)$$

或

$$\frac{1\,975.42-1\,278.35}{4-1}=232.36(亿元)$$

第三节 动态变动多维看——时间数列的速度指标

一、发展速度

发展速度是报告期水平和基期水平对比，所得到的动态相对指标。它表明社会经济现象发展的方向和程度，是研究事物发展变化的重要分析指标。通常以百分数或倍数表示。其计算公式为：

$$发展速度=\frac{报告期水平}{基期水平}\times100\%$$

发展速度由于采用的基期不同，可分为定基发展速度和环比发展速度（见表8-12）。

表 8-12 发展速度定义及计算公式

类型	定义及内容	计算公式	符号表示
定基发展速度	报告期水平与某一固定时期水平对比，所得动态相对数。说明现象在一个较长时期内总的变动方向和程度	$定基发展速度=\frac{报告期水平}{固定基期水平}\times100\%$	$\frac{a_1}{a_0}, \frac{a_2}{a_0}, \frac{a_3}{a_0}, \cdots, \frac{a_n}{a_0}$
环比发展速度	报告期水平与其前一期水平对比，所得动态相对数。说明现象在单位时间内发展的方向和程度	$环比发展速度=\frac{报告期水平}{前一期水平}\times100\%$	$\frac{a_1}{a_0}, \frac{a_2}{a_1}, \frac{a_3}{a_2}, \cdots, \frac{a_n}{a_{n-1}}$

续表

类型	定义及内容	计算公式	符号表示
二者数量换算关系	定基发展速度等于环比发展速度的连乘积。$\frac{a_i}{a_0}=\frac{a_1}{a_0}\times\frac{a_2}{a_1}\times\frac{a_3}{a_2}\times\cdots\times\frac{a_i}{a_{i-1}}$		
	将相邻两期定基发展速度相除，则可以得到相应的环比发展速度$\frac{a_i}{a_{i-1}}=\frac{a_i}{a_0}\div\frac{a_{i-1}}{a_0}$		

二、增长速度

增长速度是增长量与基期水平对比所得到的商数，它是反映某种现象增长的相对程度的指标。通常用百分数或倍数表示，其计算公式为：

$$增长速度=\frac{增长量}{基期水平}\times100\%=\frac{报告期水平-基期水平}{基期水平}\times100\%=发展速度-1$$

课堂讨论

股民甲：前几天我花10元钱买的一只股票现在跌到了5元，一下子损失了50%，只能等到这只股票再上涨50%才能捞回来。

股民乙：老兄，你说的不对。这只股票的亏损需要上涨100%才能弥补回来。

讨论： 两位股民的说法，谁的正确呢？

由于对比基期不同，增长速度也分为定基增长速度和环比增长速度两种（见表8-13）。

表8-13　增长速度及计算公式

类型	定义内容	计算公式	符号表示
定基增长速度	某一时期的累计增长量与固定基期水平之比。表明现象在某一时期内的总增长程度	$定基增长速度=\frac{累计增长量}{固定期水平}\times100\%$	$\frac{a_i-a_0}{a_0}$ $i=1, 2, \cdots, n$
环比增长速度	逐期增长量与前一期水平之比。表明现象逐期的增长程度	$环比增长速度=\frac{逐期增长量}{前一期水平}\times100\%$	$\frac{a_i-a_{i-1}}{a_{i-1}}$ $i=1, 2, \cdots, n$

续表

类型	定义内容	计算公式	符号表示
二者关系	定基增长速度和环比增长速度都是发展速度的派生指标，都只反映增长部分的相对程度。二者不能直接进行推算，但还原为对应发展速度后，可由对应发展速度换算		
	$增长速度=\frac{增长量}{基期水平}\times100\% =\frac{报告期水平-基期水平}{基期水平}\times100\% =发展速度-1$ 即：环比增长速度=环比发展速度-1；定基增长速度=定基发展速度-1		

例 8-12　广东省是我国经济发展的“领头羊”，根据相关统计资料，2017—2022 年，广东省全省居民人均可支配收入如表 8-14 所示，由此可计算出各年的定基发展速度、环比发展速度、定基增长速度和环比增长速度。

表 8-14　　2017—2022 年广东省居民人均可支配收入情况

年份	2017	2018	2019	2020	2021	2022
人均可支配收入/元	33 003	35 810	39 014	41 029	44 993	47 065
环比发展速度/%	—	108. 5	108. 9	105. 2	109. 7	104. 6
定基发展速度/%	—	108. 5	118. 2	124. 3	136. 3	142. 6
环比增长速度/%	—	8. 5	8. 9	5. 2	9. 7	4. 6
定基增长速度/%	—	8. 5	18. 2	24. 3	36. 3	42. 6

人均可支配收入条形图及环比增长速度折线图如图 8-1 所示。

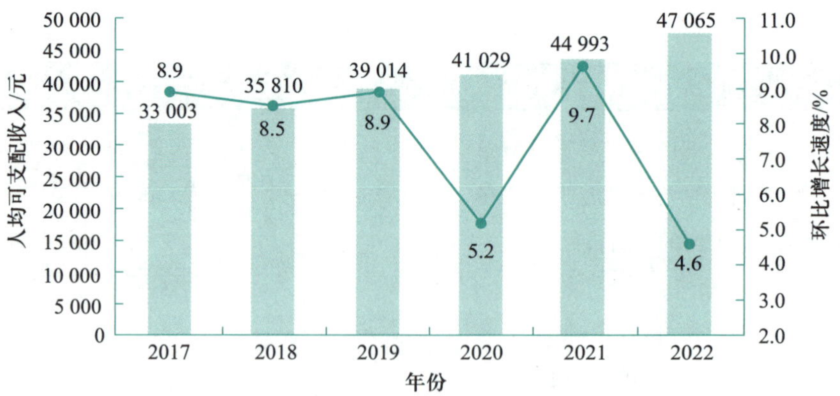

图 8-1　2017—2022 年广东省居民人均可支配收入及环比增长速度

课堂讨论

2000 年，中国 GDP 总量仅有 1.21 万亿美元，相当于美国的 1/8。2022 年，中国 GDP 折合 18 万亿美元，我国与美国的差距缩小至 7.5 万亿美元。中国从很低的起点腾飞，靠连续多年的高速和中高速增长，成为世界第二大经济体。

讨论： 从上述资料中，你能发现哪些总量指标及速度指标？

三、平均发展速度和平均增长速度

平均发展速度和平均增长速度是研究社会经济现象和制定社会经济发展计划指标的重要依据，是比较分析不同时期国民经济发展的基本情况，以及不同国民经济部门、不同地区的发展程度，研究国民经济平衡发展的规律性的重要手段，是进行统计预测的重要方法。

（一）平均发展速度

世界万物都有自身固有的发展规律。社会经济现象在发展变化过程中，会受各种客观因素影响，表现在发展速度上，就会显得时快时慢。为揭示现象发展的本质规律，需要计算平均发展速度。平均发展速度是各个时期环比发展速度的序时平均数，是说明社会经济现象在较长时期内发展程度的一般水平的统计指标。计算方法有水平法和累计法两种。本节主要介绍应用较多的水平法。

水平法也叫几何平均法。由于总发展速度不等于各期环比发展速度之和，而等于各期环比发展速度的连乘积，因此计算平均发展速度不能用算术平均法，而要用几何平均法。几何平均法的理论依据是：从最初水平 a_0 出发，每期按各期的环比发展速度 x_1，x_2，x_3，…，x_n 发展，到期末就可以达到最末发展水平 a_n。而各期环比发展速度的序时平均数是平均发展速度，因此，用平均发展速度分别代替各期环比发展速度，经过 n 期发展，可达到同样的最末水平。用公式表示如下：

$$a_0 \cdot x_1 \cdot x_2 \cdot x_3 \cdots x_n = a_n$$

用 $\bar{x}$ 代替 $x_i(i=1,2,3,\cdots,n)$ 得

$$a_0\bar{x}^n = a_n$$

$$\bar{x} = \sqrt[n]{\frac{a_n}{a_0}} = \sqrt[n]{R} = \sqrt[n]{x_1 \cdot x_2 \cdot x_3 \cdots x_n} = \sqrt[n]{\prod x}$$

式中：$\bar{x}$ 表示平均发展速度；

$x_i(i=1,2,3,\cdots,n)$ 表示各期环比发展速度；

n 表示环比发展速度个数；

R 表示总速度。

实训：计算发展速度

应用几何平均法求平均发展速度时，可根据实际所掌握的资料，选用上述任意一个公式，但不管用哪个公式，由于 n 较大，都需要开高次方根，通常要应用对数方法或计算器计算。

例 8-13　1972 年，中美贸易总额仅为 0.56 亿美元，2022 年中美贸易总额达到 7 594 亿美元。计算 1972—2022 年中美贸易总额的平均发展速度。

已知：$a_0=0.56$ 亿美元，$a_{50}=7\ 594$ 亿美元，$n=50$

$$\bar{x}=\sqrt[n]{\frac{a_n}{a_0}}=\sqrt[50]{\frac{7\ 594}{0.56}}=120.96\%$$

（二）平均增长速度

平均增长速度是反映现象在一段时期内平均每年增减的程度。它不能用环比增长速度直接求得，而是通过求出平均发展速度后减 1 求得。其计算公式为：

$$平均增长速度=平均发展速度-1$$

例 8-14　甲、乙两个油田 2017—2022 年的原油产量如表 8-15 所示：

表 8-15　甲、乙两个油田原油产量表

年份	产量		年份	产量	
	甲油田	乙油田		甲油田	乙油田
2017	3 190	4 820	2020	3 620	5 140
2018	3 290	4 940	2021	3 800	5 242
2019	3 400	5 040	2022	4 000	5 346

试问：(1) 甲、乙两个油田原油产量的年平均增长速度是多少？

(2) 两个油田按此增长速度同时增长，甲油田的产量哪年才能赶上乙油田？

(3) 甲油田要想在 2028 年赶上乙油田产量，2022 年后的增长速度应达到百分之几？

(1) 甲、乙两个油田原油产量的年平均增长速度为：

甲油田年平均发展速度：

$$\bar{x}=\sqrt[5]{\frac{4\ 000}{3\ 190}}=\sqrt[5]{1.253\ 9}=1.046\ 29$$

即甲油田年平均增长速度为 4.6%。

乙油田年平均发展速度：

$$\bar{x}=\sqrt[5]{\frac{5\ 346}{4\ 820}}=\sqrt[5]{1.109\ 1}=1.020\ 9$$

即乙油田年平均增长速度为 2.1%。

（2）甲油田产量赶上乙油田所需年数：

设 n 年后甲油田赶上乙油田，则：

$$4\ 000\times(1.046\ 29)^{n}=5\ 346\times(1.020\ 9)^{n}$$

两边取对数得：

$$\lg 4\ 000+n\ \lg 1.046\ 29=\lg 5\ 346+n\ \lg 1.020\ 9$$

$$3.602\ 1+0.019\ 65n=3.728+0.008\ 98n$$

$$n=\frac{0.125\ 9}{0.010\ 67}=11.8$$

即甲油田产量赶上乙油田需要 12 年。

（3）设甲油田 2022 年后的发展速度为 $\bar{x}$ 时，2028 年赶上乙油田产量。则：

$$4\ 000\times(\bar{x})^{6}=5\ 346\times(1.020\ 9)^{6}=5\ 346\times1.132=6\ 052.4$$

$$(\bar{x})^{6}=\frac{6\ 052.4}{4\ 000}=1.513\ 1$$

$$\bar{x}=\sqrt[6]{1.513\ 1}=1.071$$

$\bar{x}-1=1.071-1=0.071$。即 2023 年开始甲油田年平均增长速度只要达到 7.1%，则 2028 年可赶上乙油田产量。

课堂讨论

表 8-16 是我国 2015—2022 年的 GDP 数据。

表 8-16　2015—2022 年中国 GDP　　单位：亿元

年份	2015 年	2016 年	2017 年	2018 年	2019 年	2020 年	2021 年	2022 年
GDP	688 858	746 395	832 036	919 281	986 515	1 013 567	1 149 237	1 210 207

讨论：　请计算 2015—2022 年我国 GDP 平均增长速度。照此速度发展，哪一年我国的 GDP 总量可以赶上美国？（美国 2015 年 GDP 为 182 060 亿美元，假设美国平均增长速度为 2.1%，汇率为 1 美元=6.9 元人民币。）

四、速度指标与水平指标结合运用

在实际工作过程中，为了更深刻地对现象进行动态分析，需将速度指标和水平指标结合起来加以运用。

（1）要把发展速度和增长速度同隐藏在其后的绝对数即发展水平和增长量结合起来。也就是说，分析时应注意到：发展速度和增长速度下降时，增长量却可能在增加；增长量稳定不变，而增长速度却可能逐期下降；当现象逐期同速增长时，增长量都是逐期增加；数列中某些时期指标数值的负增长可能被逐期增长量的平均值所掩盖，为了全面分析现象的发展情况，需要计算增长1%的绝对值。

增长1%的绝对值是以逐期增长量除以相应用百分数表示的环比增长速度，即前期水平的1%。用符号表示为：

$$|\text{增长}1\%|=\frac{a_i-a_{i-1}}{\left(\dfrac{a_i}{a_{i-1}}-1\right)\times 100}=\frac{a_{i-1}}{100}$$

（2）要将平均速度指标与动态数列水平指标相结合。平均发展速度是那些具有上升或下降趋势的环比速度的代表值。如果时间数列的中间时期指标出现了特殊的高低变化，或最初水平、最末水平受特殊因素的影响而偏离常态，则计算出来的平均速度指标的代表性就会降低或失去意义。

（3）要把总平均发展速度与分段计算的平均发展速度相结合，或用某些突出的速度补充说明总平均发展速度。

统计素养

政策“及时雨”，助力稳外贸

2022年，尽管受到全球经济衰退风险上升、外需增长持续放缓等多重挑战，但我国外贸产业依然展现较强韧性，2022年，我国进出口总值在2021年高基数的基础上延续稳定增长态势，规模再创历史新高，连续6年保持世界第一货物贸易国地位。根据海关总署公布的数据，2022年各月我国进出口商品总值如表8-17所示，进口及出口商品数据如图8-2所示。

表 8-17　2022 年我国进出口商品总值　　　　单位：亿元

月份	1	2	3	4	5	6	7	8	9	10	11	12
进出口商品总值	36 399	25 863	32 109	31 546	34 298	37 300	37 913	37 070	37 988	35 501	36 978	37 713

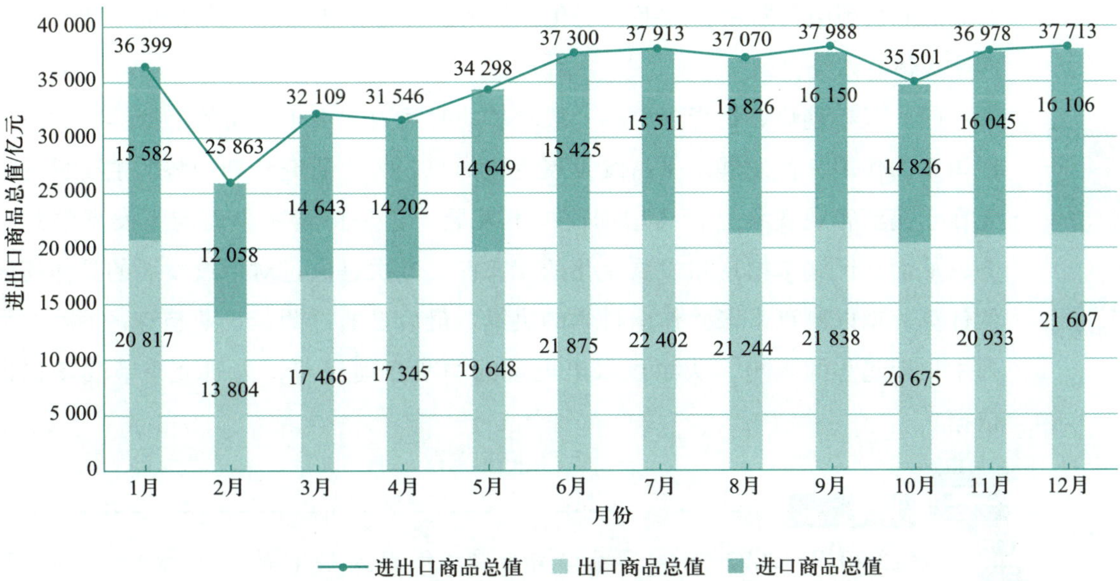

图 8-2　2022 年我国进出口商品数据

2022 年，我国进出口商品总值 42.1 万亿元，比去年同期增长7.7%。具体到各月看，进出口商品总值自 2 月至 6 月有较快的攀升，但此后增速放缓，相较 1 月变化不太明显。面对国际外贸发展环境日趋复杂，世界经济和全球贸易增速回落，我国外贸面临的不确定性增加的情况，商务部及时出台《支持外贸稳定发展若干政策措施》，促进外贸企业激发创新活力，进一步开拓国际市场，为党的二十大报告提出的“推进高水平对外开放”和“加快建设贸易强国”以及“维护多元稳定的国际经济格局和经贸关系”落实打好基础。

第四节　繁荣与萧条——时间数列的趋势分析

在激烈的市场竞争中，取胜的关键并不仅仅取决于产品的价格和质量，更在于企业对未来发展趋势的分析、预测及把握能力。只有准确地把握发展趋势，紧跟热点推出适销对路的产品，满足市场需求，才能踏准脉搏，与时代发展同步，从而获得成功。

一、时间数列趋势分析的意义

时间数列中各期发展水平的变化，是由许多复杂因素共同作用的结果，归纳起来大体有四类：

案例：把握趋势才能掌握未来

（1）长期趋势。是指现象在一段较长的时间内，由于普遍的、持续的、决定性因素的作用，使发展水平持续发展变化的总趋势。研究长期趋势的主要目的首先在于搞清客观现象是持续增加而向上发展，还是持续减少而向下发展的总趋势，从而认识和掌握现象发展变化的规律性。其次是通过对持续发展的具体速度的计算，据以测算未来并作出科学的决策。最后是通过测定长期趋势，消除原数列中长期趋势的影响，从而显示出现象的季节变动规律，为研究季节变动提供依据。

课堂讨论

我国 2017—2022 年电话用户普及率（每百人拥有的电话数）如图 8-3 所示。

图 8-3　我国电话用户普及率

讨论： 从图 8-3 看，我国电话用户量的未来发展趋势将会如何变化？

（2）季节变动。是反映现象受季节性因素的影响而引起的近乎规律性的周期性变动。其变动特点是在一年或更短的时间内随着时序的变化，使现象呈有规则的周期性变化。季节变动的原因既有自然因素，也有人为因素，如气候条件、节假日以及风俗习惯等。认识和掌握季节变动，对于短期行动决策有重要的作用。

（3）循环变动。是指现象发生周期比较长的涨落起伏相间的变动，如经济发展荣衰相间的变动。引起循环变动的原因不同，造成变动的周期长短不同，上下波动程度也不相同，变动的始末也很难确定。

（4）随机性变动。是指现象受临时的、偶然的、意外的因素影响而引起的非周期性、非趋势性的无规律变动。随机性变动是无法预知和测算的，但在一段较长时期内，其离差总和为零。

时间数列趋势分析的任务就是要把时间数列受各类因素的影响分别测定出来，搞清研究对象发展变化的原因及规律，为统计预测和决策提供依据。在实际工作中，对时间数列的分析要具体、实际，包含什么因素就测定什么因素。本节只介绍应用范围较广泛的长期趋势和季节变动的测定方法。

统计素养

趋势分析助力腾讯逆势发展

在全球经贸增长乏力的背景下，不少企业经营收缩，甚至倒闭。而腾讯能经受住考验，并化危为机，逆势发展，得益于其长期的数据积累及趋势分析，腾讯及早预测到了宅经济的爆发。积累了产业互联网能力的腾讯抓住机会，在微信、小程序、腾讯云、腾讯会议等业务上火力全开，构建起覆盖民生政务、医疗、消费和企业服务的广泛业务网。在服务社会的同时也发展了自己。

二、长期趋势的测定

长期趋势测定就是用一定的方法对时间数列进行统计处理，从而清晰地显示出现象发展变化的基本趋势的方法。测定长期趋势的方法主要有时距扩大法、移动平均法及数学模型法等。

案例：工商企业“科技运营”将成大势所趋

（一）时距扩大法

时距扩大法是把原有时间数列中各时期的数值加以合并，扩大每期所包括的时间，得出较长时距的数值，形成一个新的时间序列，以消除原数列中所受的偶然因素影响而引起的波动，清楚地显示现象发展趋势的方法。时距扩大法把较小时间跨度转化为较大时间跨度，如果数列水平波动有一定的周期性，扩大的时距应该与数列中数字资料的变化周期相同，如果时间数列看不出什么周期性，那么就要逐步扩大时距，直到变化周期变得足够清晰为止。

例 8-15 某企业 2022 年销售额资料如表 8-18 所示。

表 8-18 某企业 2022 年各月销售额

月份	1	2	3	4	5	6	7	8	9	10	11	12
销售额/万元	400	425	410	430	420	440	430	425	460	470	460	490

表中数列各月的销售额有升有降，现象的发展趋势变化不明显。采用时距扩大法，将时距由月扩大到季度，依次把每季度中各月的销售额相加，得到一个新的时间数列，如表 8-19 所示。

表 8-19 某企业 2022 年各季度销售额

季度	一	二	三	四
销售额/万元	1 235	1 290	1 315	1 420

新数列与旧数列相比，有升有降的波动消失了，销售额逐季上升的趋势呈现出来。

时距扩大后形成的数列既可以用时距扩大后的总量指标表示，也可以用时距扩大后的平均指标表示。应用时距扩大法时，扩大的时距越大，丢失的数据越多，这既不便于做进一步的趋势分析，也不利于季节变动分析。因此，此法的应用有一定的局限性。

（二）移动平均法

移动平均法是根据平均数能够将变量数列的数量差异抽象化的原理，用逐期递推移动的方法计算一系列扩大时距的序时平均数，并以这一系列移动平均数作为对应时期趋势值，以消除偶然性因素影响，显示出现象发展的基本趋势。

被移动平均的次数越多，对原数列修匀的作用越大，但得出的新时间数列项数却越少。移动平均时项数究竟以多少为宜，应视时间数列的特点而定。一般情况下，要求被移动的项数与数列周期变动的时距相吻合，或是它的整数倍。若数列水平呈无规则变动，也要采取逐步扩大时距的办法，直到所求的移动平均数能把现象的变动趋势表现出来。

移动平均法采用的项数可以是偶数，也可以是奇数。奇数项移动平均所得的数值放在中间一项的位置上，一次平均即可得趋势值；偶数项移动平均所得的数值放在中间两项位置中间，它需要再进行一次两项移动平均，才能得到与时期相对应的趋势值。

例 8-16　某服装企业 2019—2022 年各季度的销售资料如表 8-20 所示。

实训：计算移动平均数

表 8-20　长期趋势计算表

年份	季度	销售量/万件	四项移动平均/万件	四项移动平均数的两项移动平均/万件
2019	1	1.3		
	2	1.8		
			1.100	
	3	0.5		1.100 0
			1.100	
	4	0.8		1.100 0
			1.100	
2020	1	1.3		1.100 0
			1.100	
	2	1.8		1.100 0
			1.100	
	3	0.5		1.112 5
			1.125	
	4	0.8		1.150 0
			1.175	
2021	1	1.4		1.225 0
			1.275	
	2	2		1.325 0
			1.375	
	3	0.9		1.450 0
			1.525	
	4	1.2		1.587 5
			1.650	
2022	1	2		1.737 5
			1.825	
	2	2.5		1.900 0

续表

年份	季度	销售量/万件	四项移动平均/万件	四项移动平均数的两项移动平均/万件
2022			1.975	
	3	1.6		
	4	1.8		

该资料的变动周期为1年，因此，移动平均时应选用4项(1年有4项资料)移动，以便较好地剔除季节变动的影响，更加明显地使现象的发展趋势显示出来。

（三）数学模型法

数学模型法是选用恰当的数学模型对时间数列配合一个方程式，来表现时间数列的长期趋势，并据以计算各期的趋势值。测定长期趋势广泛使用这种方法。

在实际工作中，现象发展有直线趋势和曲线趋势两种类型。本章只介绍直线趋势测定的方法。

如果时间数列逐期增长量相对稳定，即现象发展水平大体按相同的增减量变化时，就可以拟合一个直线方程作为趋势线，来描述趋势变化，预测前景。

如以时间因素作为自变量(t)，以现象水平作为因变量(y)。

拟合的直线趋势方程：

$$y_c = a + bt$$

式中：y_c 表示预测值；

t 表示时间序号；

a、b 表示两个待定参数。

利用直线方程显示时间数列的长期趋势的关键在于确定参数 a、b 的恰当数值。求解参数 a、b 的方法很多，这里只介绍常用的半数平均法和最小平方法。

1. 半数平均法

它是根据两点确定一条直线的原理，把时间数列分为项数相等的两部分，然后分别由每半个数列求出时间和观察值的平均数作为直线上的两个点，代入直线方程联立求解。为保证时间数列能分成相等的两部分，若时间数列为奇数项时，要把最早一期的观察值删去。

半数平均法的数学依据是实际观察值 y 与计算的预测值 y_c 的离差之和等于0，即 $\sum(y-y_c)=0$。

将直线趋势方程 $y_c=a+bt$ 代入上式，得：

$$\sum[y-(a+bt)]=0$$

$$\sum y-na-b\sum t=0$$

上式两边同除以 n，得：

$$\frac{\sum y}{n}-a-\frac{b\sum t}{n}=0$$

即

$$\bar{y}-a-b\,\bar{t}=0$$

将相等的两段数列的平均数分别代入上式，可得待定参数 a、b 的联立方程组。即：

$$\bar{y}_1-a-b\,\bar{t}_1=0$$

$$\bar{y}_2-a-b\,\bar{t}_2=0$$

求解此联立方程，可得参数 a、b 的计算公式。即：

$$\begin{cases}a=\bar{y}_2-b\,\bar{t}_2=\bar{y}_1-b\,\bar{t}_1\\ b=\dfrac{\bar{y}_2-\bar{y}_1}{\bar{t}_2-\bar{t}_1}\end{cases}$$

课堂讨论

某地2017—2022年粮食产量资料如表8-21所示。

表8-21　某地粮食产量资料　　单位：万吨

年份	时间序号 t	产量 y	逐期增长量	预测值 y_c
2017	1	85.6	—	85.6
2018	2	91.0	5.4	90.9
2019	3	96.1	5.1	96.2
2020	4	101.2	5.1	101.5
2021	5	107.0	5.8	106.8
2022	6	112.2	5.2	112.1
合计	21	593.1	—	593.1

讨论： 表8-21中各年资料属于直线趋势，如何用半数平均法预测2023年产量？

实训：统计预测

2. 最小平方法

最小平方法又称最小二乘法，它是测定长期趋势最普遍使用的方法，其数学依据是：数列实际观察值与预测值离差的平方和为最小值，符合这个条件的趋势线作为观察值的理论代表线。用公式表示为：

$$\sum(y-y_c)^2=\text{最小值}$$

（1）最小平方法在直线趋势测定中的应用。将配合直线方程 $y_c=a+bt$ 代入上式，得：

$$\sum(y-y_c)^2=\sum[y-(a+bt)]^2=\text{最小值}$$

根据数学中求极值的方法，分别对 a 和 b 求一阶偏导数并让它们等于 0，经整理，可得到下列标准方程式：

$$\begin{cases}\sum y=na+b\sum t\\ \sum ty=a\sum t+b\sum t^2\end{cases}$$

解联立方程，可得到参数 a、b 的标准公式：

$$\begin{cases}b=\dfrac{n\sum ty-\sum t\sum y}{n\sum t^2-(\sum t)^2}\\ a=\bar{y}-b\bar{t}\end{cases}$$

为保证参数 a、b 计算的准确性，可根据时间数列资料列表计算 $\sum y$、$\sum t$、$\sum ty$、$\sum t^2$ 的值。

例 8-17　以表 8-21 的资料为例，列计算表 8-22。

表 8-22　最小平方法计算表　　　　单位：万吨

年份	时间序号 t	粮食产量 y	t^2	ty	y_c
2017	1	85.6	1	85.6	85.55
2018	2	91.0	4	182.0	90.87
2019	3	96.1	9	288.3	96.19
2020	4	101.2	16	404.8	101.51
2021	5	107.0	25	535.0	106.83
2022	6	112.2	36	673.2	112.15
合计	21	593.1	91	2 168.9	593.10

表 8-22 中数列项数 n 等于 6，将有关数据代入参数 a、b 的公式得：

$$b=\frac{n\sum ty-\sum t\sum y}{n\sum t^2-(\sum t)^2}=\frac{6\times 2\ 168.9-21\times 593.1}{6\times 91-21^2}=5.32$$

$$a=\frac{\sum y}{n}-b\frac{\sum t}{n}=\frac{593.1}{6}-5.32\times\frac{21}{6}=80.23$$

所拟合的直线方程为：

$$y_c=80.23+5.32t$$

将表中 t 值代入此式，可得修匀数列（表中 y_c 栏），这就是长期趋势。令 $t=7$ 可预测 2023 年粮食产量：

$$y_c=80.23+5.32\times7=117.4（万吨）$$

上例是以 2016 年为原点计算的，计算过程较为复杂。如果把移动趋势方程原点即（$t=0$）放在中间，参数 a、b 计算就简单多了。通常，当时间数列项数为奇数时，可用中间一项为原点。此时，t 值分别为…－2、－1、0、1、2…，从而使得 $\sum t=0$。

当时间数列为偶数项时，则可用两个中间项的中点为原点，这时数列原有的时间单位就会缩小一半。因此，t 值应为…－5、－3、－1、1、3、5…，此时仍有 $\sum t=0$。

在以上两种情况下，标准方程简化为：

$$\begin{cases}\sum y=na\\\sum ty=b\times\sum t^2\end{cases}$$

参数 a、b 的公式简化为：

$$\begin{cases}b=\dfrac{\sum ty}{\sum t^2}\\a=\dfrac{\sum y}{n}\end{cases}$$

例 8-18　仍以表 8-21 所示资料为例，若以 2019—2020 年中间为原点，列计算表 8-23。

表 8-23　最小平方法计算表　　　　单位：万吨

年份	时间序号 t	粮食产量 y	t^2	ty	y_c
2017	−5	85.6	25	−428.0	85.55
2018	−3	91.0	9	−273.0	90.87
2019	−1	96.1	1	−96.1	96.19
2020	1	101.2	1	101.2	101.51
2021	3	107.0	9	321.0	106.83
2022	5	112.2	25	561.0	112.15
合计	0	593.1	70	186.1	593.10

代入方程组：

$$b=\frac{\sum ty}{\sum t^2}=\frac{186.1}{70}=2.66$$

$$a=\frac{\sum y}{n}=\frac{593.1}{6}=98.85$$

拟合的直线方程为：

$$y_c=98.85+2.66t$$

从表 8-22 和表 8-23 中可以看出，两个不同公式计算的预测值 y_c 完全一致。

实践中，半数平均法和最小平方法计算的预测值存在一定差别，从理论上说最小平方法预测结果较理想。

（2）最小平方法在曲线趋势测定中的应用。长期趋势模型包括直线趋势模型和非直线趋势模型两种。非直线趋势模型又分为二次抛物线、三次抛物线、简单指数曲线、修正指数曲线等趋势模型，这里只介绍两种常见的非直线趋势模型预测方法。

① 简单指数曲线趋势预测。如果现象的发展大体上以相同的环比增长速度呈递增变动或递减变动，则这种现象具有指数曲线趋势，可以拟合简单指数曲线方程进行预测。

简单指数曲线方程的形式为：

$$x_c=ab^t$$

式中：x_c 表示预测值；

a、b 是待定参数；

t 表示时间序号。

为了确定参数 a、b 的值，只要将指数曲线方程化成对数形式：$\lg x_c=\lg a+t\lg b$，然后用求解直线方程参数的方法，即可求得简单指数曲线方程。

用最小平方法求解直线模型的参数公式可得如下公式

$$\begin{cases}\lg b=\dfrac{n\sum t\lg x-\sum t\sum \lg x}{n\sum t^2-(\sum t)^2}\\[2ex]\lg a=\dfrac{\sum \lg x}{n}-\lg b\dfrac{\sum t}{n}\end{cases}$$

例 8-19　某地区苹果产量如表 8-24 所示。

表 8-24　指数曲线方程参数计算表　　　　单位：万吨

年份	时间序号（t）	苹果产量（x）	$\lg x$	$t\lg x$	t^2
2016	-3	1.76	0.245 5	-0.736 5	9
2017	-2	2.04	0.309 6	-0.619 2	4
2018	-1	2.35	0.371 1	-0.371 1	1
2019	0	2.77	0.442 5	0	0
2020	1	3.20	0.505 2	0.505 2	1
2021	2	3.75	0.574 0	1.148 0	4
2022	3	4.30	0.633 5	1.900 5	9
合计	0	20.17	3.081 4	1.826 9	28

将表 8-24 中有关资料代入上式得：

$$\lg b=\frac{\sum t\lg x}{\sum t^2}=\frac{1.826\,9}{28}=0.065\,2$$

$$\lg a=\frac{\sum \lg x}{n}=\frac{3.081\,4}{7}=0.440\,2$$

查对数表得：$b=1.162$，$a=2.76$

指数曲线方程为：$x_c=2.76\times1.162^t$

预测 2024 年的苹果产量，则 t 为 5，于是：

$$x_{2024}=2.76\times1.162^5=5.85\text{（万吨）}$$

② 二次抛物线趋势预测。如果现象各期数值逐期增长量的增长量（二级增长量）大致相同，则该现象的长期趋势属于二次抛物线形的，可以拟合二次抛物线方程进行外推预测。二次抛物线方程的形式为：

$$x_c=a+bt+ct^2$$

式中：x_c 表示预测值；

a、b、c 是待定参数；

t 是时间序号。

根据最小平方法，可得求解参数 a、b、c 的标准方程组：

$$\begin{cases}\sum x=na+b\sum t+c\sum t^2\\ \sum tx=a\sum t+b\sum t^2+c\sum t^3\\ \sum t^2x=a\sum t^2+b\sum t^3+c\sum t^4\end{cases}$$

为了简化计算，可通过坐标位移使 $\sum t=0$，则 $\sum t^3=0$，此时，通过解方程组可

求得参数 a、b、c 的值。

根据实际资料求出参数 a、b、c 的数值后，代入二次抛物线趋势模型即得所求趋势方程，据此可进行统计预测。

时间数列预测法的优点是，仅仅是根据现象自身的规律和特点，通过选择合适的统计方法做出定量预测，在实际应用中较简便易行。其缺点是，在预测过程中没有考虑其他现象的发展状况带来的影响，因而容易产生误差。

三、季节变动的分析

测定季节变动的方法很多，根据季节变动的形态不同，可分为两种：一是只包括季节变动，长期趋势呈水平趋势的纯季节型时间数列，由于其趋势呈水平态势，故可不考虑其趋势，直接根据原始的时间数列来计算；二是长期趋势和季节变动混合在一起的混合型时间数列，由于长期趋势的存在和影响，因此要将时间数列中长期趋势影响剔除以后再进行计算。前者常用的方法是按月(或季)平均法，其特点是，不同年份中同一时期(如同月、同季等)的数值相加，求总平均数，以消除无规则变动后，再求季节指数。本节仅介绍这种方法。

按月(或季)平均法的步骤是：

(1) 先求历年同月(季)的平均数，然后求同月(季)的总平均数，即：

$$总平均数=\frac{\sum 月(季)平均数}{同月(季)数}$$

(2) 求季节指数。季节指数是同月(季)平均数与总平均数之比，它反映各月(季)平均数对总平均数的变化程度。其计算公式为：

$$季节指数=\frac{同月(季)平均数}{总平均数}\times100\%$$

测定季节变动的目的是掌握季节变动的周期、数量界限及规律性，克服季节变动带来的不利影响，更好地组织经营活动，提高经济效益。

进行季节变动分析，一般需要用较长时期的统计资料，并通过平均分析，显示出季节变动的规律性。

例 8-20 根据表 8-25 中的资料计算季节变动指数。

表 8-25 季节变动指数计算表

年份	一季度	二季度	三季度	四季度	平均数
2019	1.3	1.8	0.5	0.8	1.100 0

续表

年份	一季度	二季度	三季度	四季度	平均数
2020	1.3	1.8	0.5	0.8	1.100 0
2021	1.4	2.0	0.9	1.2	1.375 0
2022	2.0	2.5	1.6	1.8	1.975 0
同季平均数	1.50	2.03	0.88	1.15	1.39
季节指数/%	107.91	146.04	63.31	82.73	100.00

计算结果表明该企业一年中的销售额第三季度最少，属于销售淡季；第二季度最大，属于销售旺季。

若给出的是历年各月份的资料，同样可以计算各月的季节指数。

把最后一步得出的结果绘成折线图，如图 8-4 所示，可以更直观、更清晰地看出各季节的变动情况。

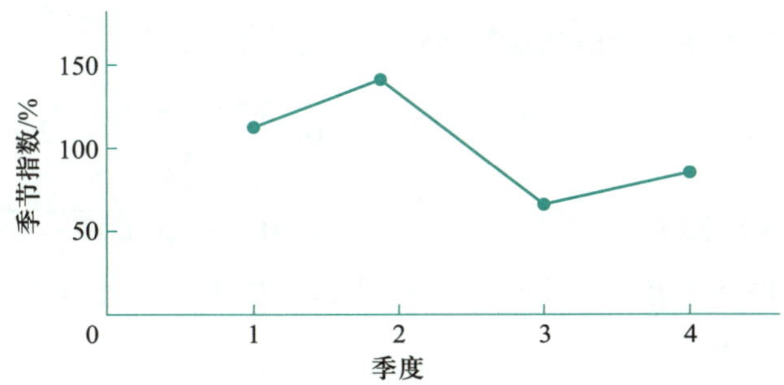

图 8-4　季节指数图

学以致用

一、 填空题

第八章交互式测验

1. 总量指标时间数列中，__________数列中各指标数值是可以相加的；__________数列中各项指标数值的大小与其间隔长短没有直接关系。

2. 各个环比发展速度的连乘积等于__________；相邻两期定基发展速度相除，等于相应的__________发展速度。

3. 发展速度由于采用的基期不同，分为__________和__________两种，它们之间的关系可以表达为__________。

4. 最小平方法的数学依据是：数列实际观察值与预测值离差的平方和为最小

值，用公式表示为：__________。

5. 移动平均法要求被移动的项数与数列周期变动的时距相吻合，或是它的__________。

二、单项选择题

1. 时间数列的构成要素是( )。

A. 变量和次数　　B. 时间和统计指标数值

C. 时间和次数　　D. 主词和时间

2. 编制时间数列的基本原则是保证数列中各个指标数值具有( )。

A. 可加性　　B. 连续性　　C. 一致性　　D. 可比性

3. 某企业2022年产值比2011年增长了1倍，比2016年增长了60%，则2016年比2011年增长了( )。

A. 25%　　B. 17%　　C. 80%　　D. 67%

4. 某企业某产品的单位成本是连年下降的，已知从2017年至2022年间总体降低了40%，则平均每年的降低速度为( )。

A. $\frac{40\%}{5}=8\%$　　B. $\frac{100\%-40\%}{5}=12\%$

C. $\sqrt[5]{40\%}=8.33\%$　　D. $100\%-\sqrt[5]{100\%-40\%}=9.71\%$

5. 某地区根据每个月初的生猪存栏数计算全区半年的生猪平均存栏数，采用的运算方法是( )。

A. 简单平均法　　B. 几何平均法

C. 加权序时平均法　　D. 首末折半法

三、多项选择题

1. 编制时间数列应遵循的原则有( )。

A. 时期长短应一致　　B. 总体范围应该统一

C. 计算方法应该统一　　D. 计算价格应该统一

E. 经济内容应该统一

2. 时点数列的特点有( )。

A. 指标数值的大小与其间隔长短有直接联系

B. 指标数值的大小与其间隔长短没有直接联系

C. 指标数值能直接相加

D. 指标数值不能直接相加

E. 时点数列指标具有连续统计的特点

3. 时间数列的水平指标有(　　)。

A. 发展速度　　B. 发展水平　　C. 增长量

D. 平均发展水平　　E. 平均增长量

4. 测定长期趋势的方法主要有(　　)。

A. 时距扩大法　　B. 方程法　　C. 最小平方法

D. 移动平均法　　E. 几何平均法

5. 关于季节变动的测定，下列说法正确的是(　　)。

A. 目的在于掌握事物变动的季节周期性

B. 常用的方法是按月(或季)平均法

C. 需要计算季节指数

D. 按月计算的季节指数之和应等于400%

E. 季节指数越大，说明事物的变动越处于淡季

四、 判断题

(　　)1. 时间数列中的发展水平都是总量指标。

(　　)2. 由两个时期数列的对应项进行对比而产生的新数列仍然是时期数列。

(　　)3. 因为时点数列和时期数列都是绝对数时间数列，所以，它们具有相同的特点。

(　　)4. 发展速度可以为负值。

(　　)5. 只有增长速度大于100%，才能说明事物的变动是增长的。

五、 思考与练习

1. 什么叫时间数列？分配数列与时间数列有什么区别？编制时间数列应注意哪些基本要求？

2. 计算时期数列和时点数列序时平均数的不同点在什么地方？

3. 一般平均数和序时平均数有何区别？

4. 为什么要将时间数列的速度指标和水平指标相结合？怎样结合运用？

5. 什么是统计预测？为什么要进行统计预测？统计预测有哪些类型？

6. 某地区2018—2022年全社会固定资产投资资料如下：

年份	2018	2019	2020	2021	2022
固定资产投资/万元	5 508.8	7 855.0	12 457.9	16 370.3	19 445.2

计算该地区2018—2022年固定资产投资总额的平均发展水平及年平均增加固定资产总额。

7. 某企业2022年各月职工人数如下：

日期	1月1日	2月1日	4月1日	6月1日	9月1日	12月1日	12月31日
在册职工人数	330	330	335	408	414	412	432

2022年该企业共实现工业增加值2 200万元，试计算：

（1）2022年该企业平均人数。

（2）2022年的月平均劳动生产率。

8. 某企业2022年各季度计划销售额和销售额计划完成程度资料如下：

时间	计划销售额/万元	销售额计划完成程度/%
第一季度	800	130
第二季度	880	135
第三季度	900	138
第四季度	940	125

计算该企业年度计划完成程度。

9. 某公司2022年上半年工业总产值及工人月劳动生产率资料如下：

月份	1	2	3	4	5	6
总产值/万元	400	420	484	484	495	480
平均每个工人产值/元	40 000	42 000	44 000	44 000	45 000	60 000

试计算该企业第一、第二季度平均月劳动生产率、上半年平均月劳动生产率，第一、第二季度和上半年的劳动生产率。

10. 某地2018—2022年期间蔬菜产量资料如下：

年份	2018	2019	2020	2021	2022
蔬菜产量/万吨	13.81	14.55	17.22	19.92	22.05

计算：（1）逐期增长量、累计增长量及全期平均增长量。

（2）定基发展速度和环比发展速度。

(3) 定基增长速度和环比增长速度。

(4) 增长1%的绝对值。

(5) 年平均发展速度和增长速度。

11. 2022年某市GDP为1 573亿元，而2013年只有460亿元。计算：

(1) 2013—2022年该市GDP的平均增长速度。

(2) 照此速度发展到2032年，该市GDP将达到什么水平？

12. 某地区2013—2022年的粮食总产量如下表所示：

年份	产量/万吨	年份	产量/万吨
2013	231	2018	257
2014	236	2019	262
2015	241	2020	276
2016	246	2021	281
2017	252	2022	285

要求：(1) 检查该地区的粮食产量生产发展趋势是否接近于直线型。

(2) 用最小平方法拟合直线趋势方程，并预测2024年的粮食生产水平。

13. 某城市百货商场羊毛衫销售资料如下表：

单位：件

年份	1月销售量	2月销售量	3月销售量	4月销售量	5月销售量	6月销售量	7月销售量	8月销售量	9月销售量	10月销售量	11月销售量	12月销售量
2019	10	8	4	2	0.5	0.4	1	1.2	2.2	5.5	21	25
2020	15	9	4	2.5	1	0.8	1.2	2	3.5	8.5	34	35
2021	24	15	6	3.5	2	1	3.2	4	7	15	42	45
2022	28	14	8	3	1.5	0.8	3.6	4.8	8.3	14	47	51

要求：用按月(或季)平均法计算季节指数。

调查研究

1. 目标

培养初步的时间数列编制及分析能力。

2. 内容与要求

按每 6~8 人为一组，每组确定一名组长，深入家电商场进行调研，搜集调研商场近 5 年各月电视经销数据。用所学知识，将相关数据编制成时间数列，对该时间数列进行长期趋势分析和季节变动分析。汇总整理情况表自行设计。

3. 成果与检测

各小组就各自计算与分析结果在班级进行讨论、汇报，由教师及各小组组长相互评价打分。

第九章

CPI包容万象——指数分析

【学习目标】

素养目标：

- 通过对同度量因素本质的理解，树立办法总比困难多的工作观；
- 通过对综合指数的学习，培养聚焦主要矛盾、抓大放小的哲学观。

知识目标：

- 理解指数的概念、种类与作用；
- 掌握综合指数、平均数指数的基本原理、编制原则与方法。

能力目标：

- 能够熟练计算并运用综合指数进行社会及经济分析；
- 能够熟练运用指数体系进行因素分析。

【思维导图】

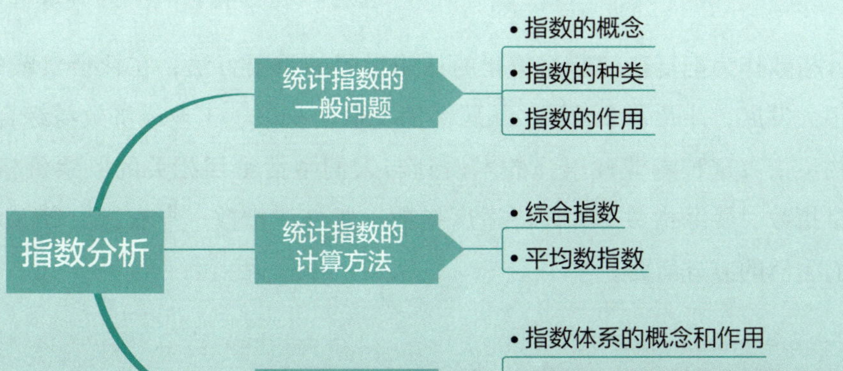

情景引入

居民消费价格指数，简称CPI。这一指数同人民群众的生活密切相关，它不仅在整个国民经济价格体系中具有重要地位，而且是进行经济分析和决策、价格总水平监测、调控及国民经济核算的重要指标。CPI作为测定居民家庭购买消费商品及服务价格水平变动情况、衡量通货膨胀的重要指标，需要将居民日常生活消费所涉及的商品和服务项目，包括食品、烟酒及用品、衣着、家庭设备用品及维修服务、医疗保健及个人用品、交通和通信、娱乐教育文化用品及服务、居住八大类，进行一揽子综合计算，形成各种各样的商品和服务的零售价格变化的平均值。

可以说，CPI不仅包罗万象，而且采价及计算科学严谨。在市场经济条件下，除定期计算CPI外，还需要定期编制诸如商品、股票、外汇以及期货价格指数，以便正确指导投资及政府决策。

第一节　价格变动测定利器——统计指数的一般问题

统计指数作为把复杂问题简单化的认识世界的重要方法，在社会实践的推动下得到很大发展，涉及各个领域，从居民消费价格指数、工业经济效益综合指数、进出口物量指数这种专业性很强的术语到与人们生活密切相关的股票价格指数、空气质量指数、晨练指数、人体舒适度指数、紫外线指数、穿衣指数等，几乎涵盖了人们生活的方方面面。

一、指数的概念

指数是从研究物价的变动中产生的。居民消费价格指数(CPI)反映普通家庭购买的消费品和服务项目价格水平的变动情况。例如，去年某商品购买费用为1 000元，而今年上涨为1 200元，那么CPI＝1 200/1 000×100%＝120%，即上涨20%。随着商品经济的发展，指数理论经过两百多年的发展，现已成为统计研究社会经济现象数量变动情况时所特有的一种分析方法。

指数的概念有广义与狭义之分。从广义上讲，一切相对数都可称为指数。因此，动态相对数、比较相对数、计划完成程度相对数等都可以叫作指数。从狭义上讲，指数是反映由不能直接加总、不能直接对比的多因素组成的复杂现象总体数量变动情况的相对数，它是一种特殊的相对数。如某市场由若干种商品组成，它们品种不同，无法直接相加，更无法直接对比，而指数可以解决这个问题。

本章主要介绍狭义指数，并且着重于分析其中的动态指数。

二、指数的种类

（一）按指数反映的现象的范围分类

根据指数反映的现象的范围不同，可将指数分为个体指数和总指数。

1. 个体指数

它是反映某种现象变动情况的相对数，如表 9-1 所示。

表 9-1 个体指数类型及公式

属性类型	计算公式	公式注释
个体销售量指数	$k_q=\frac{q_1}{q_0}$	k_q 表示个体销售量指数；q_1 表示报告期某产品销售量；q_0 表示基期某产品销售量
个体价格指数	$k_p=\frac{p_1}{p_0}$	k_p 表示个体价格指数；p_1 表示报告期某产品的价格；p_0 表示基期某产品的价格
个体成本指数	$k_z=\frac{z_1}{z_0}$	k_z 表示个体成本指数；z_1 表示报告期的单位产品成本；z_0 表示基期的单位产品成本

课堂讨论

18 世纪中叶，由于金银大量流入欧洲，引起商品价格普遍飞涨，并造成社会不安定，于是产生了反映物价变动的客观要求。当时人们通过简单的比较来说明价格的变化，如面粉的价格由原来的每千克 2 元增加到 4 元，即面粉的价格上涨了 100%。

讨论： 这种方法能否全面反映市场中所有商品价格的变化呢？

2. 总指数

它是综合反映全部现象变动情况的相对数，如工业产品销售量总指数、工业产品零售价格总指数等。计算总指数时可以同时使用组指数和类指数，它们的编制方法与总指数相同。总指数按其表现形式不同，又分为综合指数和平均数指数。

（二）按指数比较对象分类

根据指数比较对象不同，可将指数分为动态指数和静态指数。统计指数按其本义，都是指动态指数。但在推广到了静态事物的空间对比时，便产生了静态指数。所谓静态指数是指在同一时间条件下不同单位、不同地区间同一事物数量进行对比所形成的指数。

（三）按指数反映的社会现象性质分类

根据指数反映的社会现象性质不同，可将指数分为数量指标指数和质量指标指数。数量指标指数，是反映现象总体的规模、水平等数量指标发展变动情况的相对数，如工业产品产量指数、商品销售量指数等。质量指标指数，是反映管理水平、工作质量等质量指标发展变动情况的相对数，如产品成本指数、商品价格指数、劳动生产率指数等。

（四）按指数所采用的基期不同分类

根据指数所采用的基期不同，可将指数分为环比指数、定基指数。这种分类是针对指数数列而言的。所谓指数数列是指某种指数按时间先后顺序排列所形成的数列。环比指数是用报告期指标与其前一期指标对比而得到的动态相对数；定基指数是用固定基期计算的动态相对数。

三、指数的作用

统计指数是统计研究的一种重要方法。它在社会经济生活中得到了广泛的应用，其作用归纳起来主要有以下三点：

（1）综合反映复杂现象总体在数量上的变动方向和变动程度。指数可以用来综合反映不能直接相加、对比的多种现象的总变动。指数分析中用子项与母项对比所得到的百分比表示相对变动，用子项与母项的差额表示绝对变动。

（2）分析现象总体的变动中各个因素的影响方向和影响程度。例如，商品销售额的变动受销售量和价格变动的影响，利用指数法可以分别测定销售量和价格变动对商品销售额变动的影响。指数分析正是通过指数之间的这种相互联系，来研究各因素对现象总变动的影响方向和程度的。

（3）可以用于检查计划完成情况并进行空间对比。指数法本来产生于分析社会现象的动态变化，但是，随着社会的发展和科技进步，指数日益被广泛应用于分析研究计划的完成情况，以及不同地区、不同单位的同类指标的空间对比。这种同一时间不同空间的指标进行对比所得的相对数，叫静态指数。

统计素养

国家根据 CCPI 变动精准施策　保障经济平稳运行

中国大宗商品价格指数(China Commodity Price Index,CCPI)，是利用加权平均法计算的定基综合指数。CCPI 涵盖了能源、钢铁、矿产品、有色金属、橡胶、农产品、牲畜、油料油脂、食糖等 9 大类别 26 种商品。

2021 年上半年 CCPI 大幅上涨，面对市场担心会引发通货膨胀上行、挤压下游企业利润空间的情绪，决策层迅速出台了一系列调控措施。主要包括：取消部分钢铁产品出口退税政策、提高部分钢铁产品出口关税、对生铁及废钢等实行零进口暂定税率，以抑制钢铁产品出口和增加进口；督促重点煤炭企业增产增供；提高部分大宗产品期货合约的交易保证金和手续费，包括螺纹钢、铜、铝、镍、白银、甲醇和煤炭等，打击投机炒作等行为；多部委联合约谈铁矿石、钢材、铜、铝等行业重点企业，要求带头维护大宗商品市场价格秩序，不得操纵市场价格。政策“组合拳”一出，快速抑制了大宗商品价格的上涨。

第二节　剔除价格变动因素——统计指数的计算方法

统计指数有两种形式：一是综合指数；二是平均数指数。综合指数是总指数的基本形式，平均数指数是总指数的派生指数。

一、综合指数

（一）综合指数的概念

综合指数是由两个总量指标对比所形成的相对数。凡是一个总量指标可以分解为两个或两个以上的因素时，将其中一个或一个以上的因素固定下来，观察其中另一个因素的变动程度，这样形成的总指数就称为综合指数。在计算综合指数时，使不能直接相加现象的指标数值过渡到能够相加的指标数值，所使用的媒介因素叫同度量因素。

编制综合指数的目的在于综合测定不能同度量的复杂现象的总变动。综合指数应该先综合后对比，因而，综合指数是经过同度量因素作用后的两个总量指标对比的结果。

编制综合指数的主要意义在于：最全面、最清晰地反映总指数的经济意义，显示所研究现象的经济内容。它不仅能在相对数方面，而且能在绝对数方面反映复杂现象的总变动。

（二）综合指数的编制方法

综合指数的编制方法是先综合后对比，所以，首先要解决同度量因素问题，使不能直接加总(同度量)的复杂现象，变成能够相加(同度量)的总量。为使不能直接相加、对比的现象过渡为可以加总、对比的现象，就需要将不同产品或商品从使用价值形态过渡为价值形态。必须从现象各因素的联系关系分析中，确定所要研究的因素——指数化因素，同时确定与指数化因素相联系的因素——同度量因素，从而使不能同度量的使用价值量转变为可以同度量的价值量，然后再加以对比。如：产品产量×价格=总产值，产品产量×单位成本=总成本，要分析各种产品产量总变动，产品产量即为指数化因素；出厂价格或单位成本与产量密切相关，而且通过它们可以把不能相加的产量过渡到可以相加的产值或总成本，因此它们即为同度量因素。而分析单位成本或价格的总变动时，要以产量作为同度量因素，以得到总成本或生产总值。这样，就可以利用两个时期的生产总值或总成本的对比进行分析。

由于同度量因素只能起同度量的作用，因而在研究指数化因素变动时，必须将同度量因素加以固定，使它不参与现象的变动。

将上述过程的原理概括起来，可得到综合指数的编制步骤：

（1）确定同度量因素。即根据现象的特点和现象之间的内在联系确定同度量因素，使不能直接相加的现象过渡到可以直接相加的现象。

（2）固定同度量因素的时期。为保证所研究现象的变动不受同度量因素的影响，必须将同度量因素固定在同一时期。至于是固定在基期，还是报告期，要根据具体现象的特点和统计研究的目的确定。

（3）将加总后的两个总量指标进行对比，求得综合指数，并通过指数分析现象发展变化的方向和程度。

综合指数包括数量指标综合指数和质量指标综合指数，下面分别阐述这两种指数的编制方法。

1. 数量指标综合指数的编制方法

数量指标综合指数，亦简称为数量指标指数或数量指数，如销售量指数、产量指数、职工人数指数等。下面举例说明其编制方法。

例 9-1　某日化公司三种产品的日产量和价格资料如表 9-2 所示。

表 9-2　某日化公司三种产品的产量和价格资料

产品名称	计量单位	日产量		价格/元	
		基期 q_0	报告期 q_1	基期 p_0	报告期 p_1
洁面乳	瓶	500	600	350	320
面膜	盒	500	500	180	195
沐浴露	瓶	160	150	30	30
合计	—	—	—	—	—

根据表 9-2 的资料，首先计算产量个体指数，即：

$$k_{洁}=\frac{q_1}{q_0}=\frac{600}{500}=120\%$$

$$k_{面}=\frac{q_1}{q_0}=\frac{500}{500}=100\%$$

$$k_{沐}=\frac{q_1}{q_0}=\frac{150}{160}=93.75\%$$

计算结果表明，洁面乳的产量报告期比基期增长了 20%；面膜产量未变化；沐浴露产量降低了 6.25%。

上例只是研究每种产品产量的变动情况，而编制数量指数的目的是研究产品产量总的变动情况。这三种不同产品的产量不可同度量，要计算三种产品的产量总指数，必须首先确定同度量因素。从现象的联系分析中知道，使用产品价格作同度量因素，可以使不可相加的产量转化为可相加的总产值，即产量×价格=总产值（$q\times p=qp$），而不同产品的总产值是可以相加的，即$\sum q\times p=\sum qp$，将同度量因素的时期加以固定，得：

$$\bar{k}_q=\frac{\sum q_1p}{\sum q_0p}$$

式中：$\bar{k}_q$ 表示产量综合指数；

p 表示同一时期的价格。

从以上公式可以看出，尽管产量综合指数反映的是两个总产值之比，但相比的两个总产值中只有一个指数化因素（产量）发生变动，另一个同度量因素（价格）保持不变。因此，$\sum q_1p$ 与$\sum q_0p$ 相比的结果反映了产品产量的变动。

至于作为同度量因素的价格 p 采用哪个时期，是基期、报告期，还是某一固定时期（不变价格），要根据研究目的及指数的实际经济意义来确定。

以基期价格作同度量因素的产量综合指数：

相对数：
$$\bar{k}_q=\frac{\sum q_1p_0}{\sum q_0p_0}$$

绝对数：
$$\sum q_1p_0-\sum q_0p_0$$

以报告期价格作同度量因素的产量综合指数：

相对数：
$$\bar{k}_q=\frac{\sum q_1p_1}{\sum q_0p_1}$$

绝对数：
$$\sum q_1p_1-\sum q_0p_1$$

以固定时期价格（不变价格）作同度量因素的产量综合指数：

相对数：
$$\bar{k}_q=\frac{\sum q_1p_n}{\sum q_0p_n}$$

绝对数：
$$\sum q_1p_n-\sum q_0p_n$$

很明显，以上三个公式，用不同的价格作同度量因素所得的指数数值会完全不同，每个公式都有不同的意义和作用，能从不同的侧面说明不同的问题。但在实际工作中不可能对每个指数的数值都加以计算。在实际应用中，编制数量指标指数，一般采用基期的质量指标作同度量因素。即数量指标综合指数计算公式为：

$$\bar{k}_q=\frac{\sum q_1p_0}{\sum q_0p_0}$$

由于数量指标变动而增加或减少的绝对额为：

$$\sum q_1p_0-\sum q_0p_0$$

例 9-2　根据表 9-2 的资料，列计算表 9-3。

实训：
指数计算

表 9-3　某日化公司三种产品产量指数计算表

产品名称	日产量		价格/元		总产值/元	
	基期 q_0	报告期 q_1	基期 p_0	报告期 p_1	q_0p_0	q_1p_0
洁面乳	500	600	350	320	175 000	210 000
面膜	500	500	180	195	90 000	90 000
沐浴露	160	150	30	30	4 800	4 500
合计	—	—	—	—	269 800	304 500

$$\bar{k}_q=\frac{\sum q_1p_0}{\sum q_0p_0}=\frac{304\ 500}{269\ 800}=112.86\%$$

$$\sum q_1p_0-\sum q_0p_0=304\ 500-269\ 800=34\ 700(元)$$

计算结果表明，该公司三种产品的产量报告期比基期增长了 12.86%，产量增加使总产值增加了 34 700 元。

2. 质量指标综合指数的编制方法

质量指标综合指数简称质量指标指数或质量指数，如价格指数、单位成本指数、劳动生产率指数等。以计算产品价格总指数为例，虽然价格都用相同的货币计量单位表示，但由于产品价格所依附的产品的使用价值不同，使不同产品的价格相加无实际意义，故不同产品的价格不可同度量，这就需以产量作同度量因素，把不能相加的产品价格过渡到能够相加的产品总产值。即：

$$价格\times产量=总产值$$

$$p\times q=pq$$

将多种产品的产值相加，得：

$$\sum p\times q=\sum pq$$

将同度量因素（产量 q）的时期固定，得：

$$\bar{k}_p=\frac{\sum p_1q}{\sum p_0q}$$

式中：$\bar{k}_p$ 表示产品价格总指数；q 表示同一时期的产量。

至于同度量因素 q 是固定在报告期，还是固定在基期，要根据统计研究的目的和实际情况而定。在实际应用中，在编制质量指标指数时，一般以报告期的数量指标作同度量因素。

根据上述原则，质量指标综合指数的计算公式为：

$$\bar{k}_p=\frac{\sum p_1q_1}{\sum p_0q_1}$$

由于质量指标变动而增加或减少的绝对额为：

$$\sum p_1q_1-\sum p_0q_1$$

例 9-3 仍以表 9-2 的资料为例，计算三种产品的价格总指数，见表 9-4。

表 9-4 某日化公司三种产品价格指数计算表

产品名称	日产量		价格/元		总产值/元	
	基期 q_0	报告期 q_1	基期 p_0	报告期 p_1	p_0q_1	p_1q_1
洗面乳	500	600	350	320	210 000	192 000
面膜	500	500	180	195	90 000	97 500
沐浴露	160	150	30	30	4 500	4 500
合计	—	—	—	—	304 500	294 000

$$\bar{k}_p=\frac{\sum p_1q_1}{\sum p_0q_1}=\frac{294\ 000}{304\ 500}=96.55\%$$

$$\sum p_1q_1-\sum p_0q_1=294\ 000-304\ 500=-10\ 500(\text{元})$$

计算结果表明，该公司生产的三种日化产品的价格报告期比基期平均下降 3.45%，由于它的变动使该企业的总产值减少了 10 500 元。

综上所述，可以得出编制综合指数的一般原则：首先要确定同度量因素。一般说来，编制数量指标综合指数，应以相应的质量指标作同度量因素，并固定在基期；编制质量指标综合指数时，应以相应的数量指标作为同度量因素，并固定在报告期。

当然，选择同度量因素的原则并不是固定不变的，有时还要根据具体情况选择同度量因素，并根据具体情况确定同度量因素所属时期。

利用综合指数公式编制总指数时，需要有全面的原始资料，但有些研究对象却难以取得，如集贸市场的农副产品零售价格和零售量等。在这种情况下，就需要根据实际资料占有情况，在不改变综合指数公式性质的前提下，适当改变其计算形式，即改变成平均数指数公式。

二、平均数指数

平均数指数是从个体指数出发来编制总指数的。平均数指数不仅是综合指数的变形，而且其本身具有独立的意义。平均数指数的计算形式有加权算术平均数指数和加权调和平均数指数。

（一）加权算术平均数指数

加权算术平均数指数，是先计算出个体指数，然后再对其进行加权算术平均而求得的总指数。现以产量指数为例，说明如何将综合指数演变为加权算术平均数指数。

产量指数的综合指数形式为：

$$\bar{k}_q=\frac{\sum q_1p_0}{\sum q_0p_0}$$

因为 $k_q=\frac{q_1}{q_0}$，所以 $q_1=k_qq_0$。

代入综合指数公式，得：

相对数：
$$\bar{k}_q=\frac{\sum q_1p_0}{\sum q_0p_0}=\frac{\sum k_qq_0p_0}{\sum q_0p_0}$$

绝对数：
$$\sum k_qq_0p_0-\sum q_0p_0$$

很显然，若把 k_q 看作变量，基期总产值（q_0p_0）看作权数，此公式的结构与加权算术平均数公式 $\bar{x}=\frac{\sum xf}{\sum f}$ 结构相似。也就是说，此公式可以看作是个体指数的加权算术平均数。因此，我们称此公式为加权算术平均数指数公式。

例 9-4　现以表 9-5 的资料为例，计算加权算术平均数指数。

表 9-5　加权算术平均数指数计算表

产品名称	日产量		基期总产值/元	产量个体指数/%	$k_qq_0p_0$
	基期 q_0	报告期 q_1	q_0p_0	$k_q=\frac{q_1}{q_0}$	
洗面乳	500	600	175 000	120	210 000
面膜	500	500	90 000	100	90 000
沐浴露	160	150	4 800	93.75	4 500
合计	—	—	269 800	—	304 500

三种产品产量的加权算术平均数指数为：

$$\bar{k}_q \frac{\sum k_q q_0 p_0}{\sum q_0 p_0}=\frac{304\ 500}{269\ 800}=112.86\%$$

由于产量变动而增加或减少的绝对额为：

$$\sum k_q q_0 p_0-\sum q_0 p_0=304\ 500-269\ 800=34\ 700(\text{元})$$

计算结果表明，三种产品的产量报告期比基期综合提高了 12.86%，由于产量增加，使企业增加的总产值为 34 700 元。结果和前述的综合指数相同。

（二）加权调和平均数指数

加权调和平均数指数是先计算个体指数，然后再对个体指数进行加权调和平均计算的总指数。现以产品价格指数为例，说明如何将综合指数演变为调和平均指数。

因为 $k_p=\frac{p_1}{p_0}$，所以有 $p_0=\frac{p_1}{k_p}$，将 p_0 代入综合物价指数公式 $\bar{k}_p=\frac{\sum p_1 q_1}{\sum p_0 q_1}$得：

$$\bar{k}_p=\frac{\sum p_1 q_1}{\sum \frac{p_1 q_1}{k_p}}$$

由于价格变动而增加或减少的绝对额为：

$$\sum p_1 q_1-\sum \frac{p_1 q_1}{k_p}$$

加权调和平均数指数是以报告期总产值为权数加权计算的个体指数的调和平均数，其公式结构和加权调和平均数公式结构相似，故称为加权调和平均数指数。

例 9-5　现以表 9-2 的资料为例，用加权调和平均数指数公式计算综合价格指数，如表 9-6 所示。

表 9-6　加权调和平均数指数计算表

产品名称	价格/元		报告期总产值/元	价格个体指数/%	$\frac{p_1 q_1}{k_p}$
	基期 p_0	报告期 p_1	$p_1 q_1$	$k_p=\frac{p_1}{p_0}$	
洗面乳	350	320	192 000	91.43	210 000
面膜	180	195	97 500	108.33	90 000
沐浴露	30	30	4 500	100.00	4 500
合计	—	—	294 000	—	304 500

三种产品的价格总指数为：

$$\bar{k}_p=\frac{\sum p_1q_1}{\sum \frac{p_1q_1}{k_p}}=\frac{294\ 000}{304\ 500}=96.55\%$$

$$\sum p_1q_1-\sum \frac{p_1q_1}{k_p}=294\ 000-304\ 500=-10\ 500(\text{元})$$

计算结果表明，三种产品的价格报告期比基期综合下降 3.45%，价格下降使企业总产值减少 10 500 元。结果与前述价格综合指数相同。

从上述计算可以看出，平均数指数只是指数的另一种形式，其在实质上和综合指数是一样的。它所表达的经济内容和计算结果与综合指数相同。

（三）固定加权算术平均数指数

固定加权算术平均数指数，是对个体指数以固定权数进行加权平均而求得的，它不仅是综合指数的变形，而且其本身具有独立的意义。我国现行的零售物价和职工生活费指数，都是采用这个方法编制的。其计算公式为：

$$\bar{k}_p=\frac{\sum k_pw}{\sum w}$$

式中：k_p 表示个体价格指数或各层的价格类指数；

w 表示个体商品或各层零售额所占比重。

（四）平均数指数的重要应用

作为一种独立的指数形式，平均数指数不只是作为综合指数的变形来使用，它在价格指数计算方面具有广泛的应用。

居民消费价格指数（Consumer Price Index，CPI）是综合反映一定时期内居民消费的商品和服务价格水平变动情况的相对数。计算 CPI 时，通常选取一组消费量较大、最能代表多数人日常消费行为的商品和服务，俗称“一篮子”商品和服务，用其价格变化情况，结合居民日常消费结构，来综合代表全部商品和服务的价格变化情况。为使“篮子”里的商品和服务更具代表性，使其组合更接近居民消费结构，从 2001 年开始，我国 CPI 编制定基价格指数序列，将对比基期固定在 2000 年。之后按照“每年一小调，五年一大调”的原则，每五年进行一次基期轮换，从而准确反映居民消费结构的新变化和物价的实际变动。

案例：消费价格指数

2021 年，我国 CPI 基期轮换为 2020 年后，仍为食品、烟酒及用品、衣着、家庭设备用品及维修服务、医疗保健及个人用品、交通和通信、娱乐教育文化用品及服务、居住8大类。基本分类从262个增加至268个，在对部分消费项目删减、合并的基础上，增加了外卖、母婴护理服务、新能源小汽车、可穿戴智能设备、网约车费用等新兴商品和服务。

CPI的调查数据来源于全国31个省(自治区、直辖市)500个市县、6万余家价格调查点，包括食杂店、百货店、超市、便利店、专业市场、专卖店、购物中心，以及农贸市场与服务消费单位等。然后利用公式 $CPI=\frac{\text{一组固定商品按当期价格计算的价值}}{\text{一组固定商品按基期价格计算的价值}}\times 100\%$，由个体价格指数计算小类价格指数，再计算中类价格指数，最后计算大类价格指数，从而得到CPI。

课堂讨论

2021年CPI基期轮换后，食品烟酒、衣着的权数约比上轮分别下降了1.2和1.7个百分点，医疗保健权数约比上轮上升了0.9个百分点。追溯到上三次基期轮换，食品项权重逐渐下调，服务项权重不断上升。这非常符合我国实情及经济规律，因为随着恩格尔系数的不断下降，食品消费占比越来越低，同时在消费升级背景下，服务消费占比逐渐上升。特别是与人口老龄化现象伴生的医疗消费占比会上升较快。

讨论： 随着“三新经济”(新产业、新业态、新商业模式)的快速发展，以及数字经济与实体经济的深度融合，CPI调查也面临着新的机遇和挑战。在使用CPI数据进行经济分析时，你认为应注意哪些问题？

CPI除了能反映城乡居民所购买的生活消费品价格和服务项目价格的变动趋势和程度外，还具有以下几方面的作用：

首先，反映通货膨胀程度。通货膨胀程度是用通货膨胀率来反映的，它说明了一定时期内商品价格持续上升的幅度。通货膨胀率一般通过CPI计算。计算公式为：

$$\text{通货膨胀率}=\frac{\text{报告期居民消费价格指数}-\text{基期居民消费价格指数}}{\text{基期居民消费价格指数}}\times 100\%$$

其次，反映货币的实际购买力。货币购买力是指单位货币能够购买到的消费品和服务的数量。CPI上涨，货币购买力下降，反之则上升，因此，CPI的倒数就是货币购买力指数。

再次，反映职工的实际工资状况。CPI提高意味着职工实际工资的减少，CPI

下降则意味着职工实际工资的提高。因此，利用 CPI 可以将名义工资转化为实际工资。计算公式为：

$$实际工资=\frac{名义工资}{居民消费价格指数}\times 100\%$$

最后，它是进行宏观经济分析和决策、价格总水平监测和调控，以及国民经济核算的重要指标。

拓展应用

由于与人们生活息息相关的物品种类繁多，物价变动时虽然感觉大部分商品都涨价，但是每种物品价格上涨的幅度各不相同，而通过计算每种商品的价格比来说明价格的变化，显得数据庞大且使人眼花缭乱，无法对价格总体变化有一个清楚的认识。因而，我们往往通过总指数这个描述工具，来综合说明事物的变动方向和变动程度。指数的计算结果用百分比表示，百分比大于或小于100%，表示上升或下降，比 100% 大或小的数值，就是升降变动的程度。若 A 地的商品零售价格指数是 120%，B 地的商品零售价格指数是 116%，说明 A 地物价上涨幅度高于 B 地。A 地的商品零售价格指数 120%，说明 A 地商品零售价格可能有涨有落，但总体来看是上涨了 20%。也就是说，各种商品价格涨跌幅度虽然不同，但是平均来看价格上涨了 20%。只要看到 20%，就能从数据上明显感到物价增长较快，对物价一般水平变化有了深刻印象。因此，可以说指数担负着类似于平均数的职能，它代表许多变量作为一个整体在两个不同时间或不同空间的数值大小变动程度的一般水平。

第三节 因素影响多维测定——指数体系及因素分析

按照参照年份(基年)的区别，GDP 可以分为名义 GDP 和实际 GDP。名义 GDP 除受实际 GDP 影响外，还受既定时期国内总产品和服务的价格影响。为厘清“名义”“实际”及“价格”等之类的多因素关系及影响，就需要了解指数体系并进行多因素分析。

一、指数体系的概念和作用

有许多社会经济现象之间所存在的联系，在统计中可通过相应的指标体系表现出来。如：

总产值=产量×价格

总成本=销售量×单位成本

上述指标之间的关系，在按指数形式表现时仍然成立。如总产值指数=产量指数×价格指数，总成本指数=销售量指数×单位成本指数。把这些经济上有联系，数量上保持一定关系的若干指数所形成的整体称为指数体系。指数体系既存在于个体指数之间，又存在于总指数之间。指数体系在统计与经济分析中有着重要的作用。

（1）利用指数体系可以分析总体各个因素的变动和总体变动之间的关系。当复杂现象变动时，为了测定和分析各个因素变动对现象总体变动的影响，要利用指数体系。如利用指数体系，可以分别测定商品销售量变动和商品价格变动时商品销售额变动的影响情况等。

（2）利用指数体系，可以进行指数之间的相互推算。如知道商品销售额指数和商品销售价格指数，则可推算商品销售量指数。其计算方法如下：

商品销售量指数=商品销售额指数÷商品销售价格指数

请思考

开动脑筋寻找社会经济现象之间所存在的联系，看看哪些联系之间可以通过指数体系表达？看谁列举的多。

案例：医院业务收入因素分析

二、总量指标指数体系的因素分析

利用指数体系进行因素分析在统计和经济分析中具有广泛应用。因素分析的内容包括相对数分析和绝对数分析。相对数分析，就是利用互相联系的指数组成的乘积关系体系，从指数计算结果本身指出现象总体总量指标的变动受各个因素变动作用的程度；绝对数分析，是指指数体系中各个指数分子与分母之差所形成的绝对值的因果关系。也就是说，因素分析的任务是测定总量指标动态对比中各个因素的变动情况及其对总动态的影响程度和影响绝对值。

例 9-6　某企业生产三种小家电，如表 9-7 所示。对该企业总产值变动进行两因素分析。

表 9-7　某企业生产的三种小家电两因素分析计算表

产品名称	日产量		价格/元		总产值/元		
	基期 q_0	报告期 q_1	基期 p_0	报告期 p_1	基期 p_0q_0	报告期 p_1q_1	假定 p_0q_1
电饭煲	3 500	4 000	180	180	630 000	720 000	720 000
电水壶	5 000	5 500	110	108	550 000	594 000	605 000
电饼铛	3 000	10 000	100	95	300 000	950 000	1 000 000
合计	—	—	—	—	1 480 000	2 264 000	2 325 000

根据表 9-7 资料计算如下：

$$总产值指数=\frac{\sum p_1q_1}{\sum p_0q_0}=\frac{2\ 264\ 000}{1\ 480\ 000}=152.97\%$$

$$总产值增加绝对额=\sum p_1q_1-\sum p_0q_0=2\ 264\ 000-1\ 480\ 000=784\ 000(元)$$

在产品总产值指数与产量指数及价格指数所构成的指数体系中，相对数之间的关系用公式表示为：

$$\frac{\sum p_1q_1}{\sum p_0q_0}=\frac{\sum q_1p_0}{\sum q_0p_0}\times\frac{\sum p_1q_1}{\sum p_0q_1}$$

绝对数之间的关系用公式表示为：

$$\sum p_1q_1-\sum p_0q_0=(\sum q_1p_0-\sum q_0p_0)+(\sum p_1q_1-\sum p_0q_1)$$

计算结果表明，产品总产值报告期比基期增长了 52.97%，增加的绝对额为 784 000 元。这种变动是由产量变动和价格变动共同引起的。下面分析产品产量的变动和价格变动对总产值变动的影响程度和影响绝对额。

产品产量指数：

$$\frac{\sum q_1p_0}{\sum q_0p_0}=\frac{2\ 325\ 000}{1\ 480\ 000}=157.10\%$$

产量变动影响的总产值绝对额：

$$\sum q_1p_0-\sum q_0p_0=2\ 325\ 000-1\ 480\ 000=845\ 000(元)$$

产品价格指数：

$$\bar{k}_p=\frac{\sum p_1q_1}{\sum p_0q_1}=\frac{2\ 264\ 000}{2\ 325\ 000}=97.38\%$$

价格变动影响的总产值绝对额：

$$\sum p_1q_1-\sum p_0q_1=2\ 264\ 000-2\ 325\ 000=-61\ 000(\text{元})$$

把以上计算联系起来，构成以下指数体系：

相对数方面：

$$\text{总产值指数}=\text{产量指数}\times\text{价格指数}$$

$$\frac{\sum p_1q_1}{\sum p_0q_0}=\frac{\sum q_1p_0}{\sum q_0p_0}\times\frac{\sum p_1q_1}{\sum p_0q_1}$$

$$152.97\%=157.10\%\times97.38\%$$

绝对数方面：

$$\text{总产值增加值}=\text{产量变动影响的总产值}+\text{价格变动影响的总产值}$$

$$\sum p_1q_1-\sum p_0q_0=(\sum q_1p_0-\sum q_0p_0)+(\sum p_1q_1-\sum p_0q_1)$$

$$784\ 000\ \text{元}=845\ 000\ \text{元}+(-61\ 000)\text{元}$$

分析结论是，该企业报告期总产值比基期增加 52.97%，是产量增加 57.10%和价格下降 2.62%两个因素共同影响的结果。绝对数方面，产量增加使总产值增加 845 000 元，价格下降使总产值减少 61 000 元，两个因素共同作用的结果，使总产值共增加 784 000 元。

三、平均指标指数体系的因素分析

（一）平均指标指数

平均指标指数是两个不同时期同一经济内容的平均指标对比所得的相对数，它是反映同类现象在两个不同时期平均水平动态变化的相对指标。

一个总量指标可以分解为两个因素相乘，可以运用指数体系进行因素分析。同样，对于平均指标，也可以分析其变动情况，因为平均指标本身也能够分解为两个影响因素。如某企业的职工平均工资可表示为：

$$\bar{x}=\frac{\sum xf}{\sum f}=\sum x\cdot\frac{f}{\sum f}$$

即平均工资受各组标志值和比重变动的影响。因而，平均指标的变动往往受各部分平均水平变动和各部分的单位数在总体中比重（权重）变动的影响。所以，对平均指数的变动分析需要编制三种指数，它们是可变构成指数、固定构成指数和结构影响指数。三种指数的概念及公式如表 9-8 所示。

表 9-8　平均指标指数概念及公式

<table>
<tr><th>类型</th><th>定义</th><th>初始指数形式</th><th>基本指数形式</th><th>指数分析</th></tr>
<tr><td rowspan="2">可变构成指数</td><td>报告期的平均指标与基期的平均指标对比形成的指数</td><td>$\frac{\bar{x}_1}{\bar{x}_0}=\frac{\frac{\sum x_1f_1}{\sum f_1}}{\frac{\sum x_0f_0}{\sum f_0}}$</td><td>$\frac{\sum x_1\cdot\frac{f_1}{\sum f_1}}{\sum x_0\cdot\frac{f_0}{\sum f_0}}$</td><td>相对数表示两个因素变动对总平均数变动的影响程度</td></tr>
<tr><td colspan="2">可变构成指数，受两个因素变动的影响：一是各组变量值水平 x 变动的影响；二是总体结构(比重)变动的影响</td><td>$\sum x_1\cdot\frac{f_1}{\sum f_1}-\sum x_0\cdot\frac{f_0}{\sum f_0}$</td><td>绝对数表示两个因素变动对总平均数影响的绝对值</td></tr>
<tr><td rowspan="2">固定构成指数</td><td>反映各组变量平均水平变动影响的指数。
因权数固定，故称固定构成指数</td><td>$\frac{\frac{\sum x_1f_1}{\sum f_1}}{\frac{\sum x_0f_1}{\sum f_1}}$</td><td>$\frac{\sum x_1\cdot\frac{f_1}{\sum f_1}}{\sum x_0\cdot\frac{f_1}{\sum f_1}}$</td><td>相对数反映各组变量平均水平变动对总平均指数的影响程度</td></tr>
<tr><td colspan="2">指数中 x 为质量指标，权重为数量指标。根据质量指标指数编制原则，权重应固定在报告期</td><td>$\frac{\sum x_1f_1}{\sum f_1}-\frac{\sum x_0f_1}{\sum f_1}$</td><td>各组变量 x 的变动对总平均数影响的绝对值</td></tr>
<tr><td rowspan="2">结构影响指数</td><td>反映各组结构变化对总平均数影响的指数。
因只反映各组结构变化对总平均数的影响，故称结构影响指数</td><td>$\frac{\frac{\sum x_0f_1}{\sum f_1}}{\frac{\sum x_0f_0}{\sum f_0}}$</td><td>$\frac{\sum x_0\cdot\frac{f_1}{\sum f_1}}{\sum x_0\cdot\frac{f_0}{\sum f_0}}$</td><td>反映各组结构变动对总平均数的影响程度</td></tr>
<tr><td colspan="2">测定总体结构变动对总平均数变动的影响，必须将各组变量水平 x 固定在基期水平</td><td>$\frac{\sum x_0f_1}{\sum f_1}-\frac{\sum x_0f_0}{\sum f_0}$</td><td>反映各组结构变动对总平均数影响的绝对值</td></tr>
</table>

（二）平均指标指数体系及其分析

可变构成指数、固定构成指数和结构影响指数之间有着密切的数量关系，它们构成的指数体系为：

相对数方面：

可变构成指数=固定构成指数×结构影响指数

用公式表示为：

$$\frac{\sum x_1 \cdot \frac{f_1}{\sum f_1}}{\sum x_0 \cdot \frac{f_0}{\sum f_0}}=\frac{\sum x_1 \cdot \frac{f_1}{\sum f_1}}{\sum x_0 \cdot \frac{f_1}{\sum f_1}}\times\frac{\sum x_0 \cdot \frac{f_1}{\sum f_1}}{\sum x_0 \cdot \frac{f_0}{\sum f_0}}$$

绝对数方面：

$$\sum x_1 \cdot \frac{f_1}{\sum f_1}-\sum x_0 \cdot \frac{f_0}{\sum f_0}=\left(\sum x_1 \cdot \frac{f_1}{\sum f_1}-\sum x_0 \cdot \frac{f_1}{\sum f_1}\right)+\left(\sum x_0 \cdot \frac{f_1}{\sum f_1}-\sum x_0 \cdot \frac{f_0}{\sum f_0}\right)$$

例 9-7　利用平均指标指数体系进行因素分析，如表 9-9 所示。

表 9-9　某企业三个工种的日工资及总额

工种	月平均工资/元·人$^{-1}$		工人人数/人		工资总额/元		
类别	基期 x_0	报告期 x_1	基期 f_0	报告期 f_1	基期 x_0f_0	报告期 x_1f_1	假定 x_0f_1
A	200	280	48	40	9 600	11 200	8 000
B	250	310	50	60	12 500	18 600	15 000
C	300	330	80	80	24 000	26 400	24 000
合计	—	—	178	180	46 100	56 200	47 000

平均工资指数：

$$\frac{\bar{x}_1}{\bar{x}_0}=\frac{\frac{\sum x_1f_1}{\sum f_1}}{\frac{\sum x_0f_0}{\sum f_0}}=\frac{\frac{56\ 200}{180}}{\frac{46\ 100}{178}}=\frac{312.22}{258.99}=120.55\%$$

平均工资绝对差额：

$$\bar{x}_1-\bar{x}_0=\frac{\sum x_1f_1}{\sum f_1}-\frac{\sum x_0f_0}{\sum f_0}=312.22-258.99=53.23(元)$$

该企业工人平均工资报告期比基期增长 20.55%，绝对额增长 53.23 元。这是受工人工资水平变动和各组工人人数结构变动共同影响的结果。利用指数体系对二者的影响分析如下：

工资水平的变动情况分析：

平均工资固定构成指数：

$$\frac{\sum x_1 \cdot \frac{f_1}{\sum f_1}}{\sum x_0 \cdot \frac{f_1}{\sum f_1}}=\frac{\frac{56\ 200}{180}}{\frac{47\ 000}{180}}=\frac{312.22}{261.11}=119.57\%$$

其影响绝对值为：

$$\sum x_1 \cdot \frac{f_1}{\sum f_1}-\sum x_0 \cdot \frac{f_1}{\sum f_1}=312.22-261.11=51.11(\text{元})$$

工人结构的变动情况分析：

平均工资结构影响指数：

$$\frac{\sum x_0 \cdot \frac{f_1}{\sum f_1}}{\sum x_0 \cdot \frac{f_0}{\sum f_0}}=\frac{261.11}{258.99}=100.82\%$$

其影响绝对值为：

$$\sum x_0 \cdot \frac{f_1}{\sum f_1}-\sum x_0 \cdot \frac{f_0}{\sum f_0}=261.11-258.99=2.12(\text{元})$$

把以上计算联系起来构成以下指数体系：

相对数方面：

$$\frac{\sum x_1 \cdot \frac{f_1}{\sum f_1}}{\sum x_0 \cdot \frac{f_0}{\sum f_0}}=\frac{\sum x_1 \cdot \frac{f_1}{\sum f_1}}{\sum x_0 \cdot \frac{f_1}{\sum f_1}}\times\frac{\sum x_0 \cdot \frac{f_1}{\sum f_1}}{\sum x_0 \cdot \frac{f_0}{\sum f_0}}$$

$$120.55\%=119.57\%\times100.82\%$$

绝对数方面：

$$\sum x_1 \cdot \frac{f_1}{\sum f_1}-\sum x_0 \cdot \frac{f_0}{\sum f_0}=\left(\sum x_1 \cdot \frac{f_1}{\sum f_1}-\sum x_0 \cdot \frac{f_1}{\sum f_1}\right)+\left(\sum x_0 \cdot \frac{f_1}{\sum f_1}-\sum x_0 \cdot \frac{f_0}{\sum f_0}\right)$$

$$53.23(\text{元})=51.11+2.12$$

分析结论是，该企业工人平均工资报告期比基期上升了20.55%，是由于各组工人工资水平上升使总平均工资上升19.57%，以及各组工人结构变动使总平均工资上升0.82%两因素共同作用的结果。绝对数方面，由于各组工人工资水平提高使总平均工资增加51.11元，由于各组工人结构发生变化，使总平均工资增加2.12元，两个因素共同作用使该企业总平均工资增加53.23元。

由于平均指标变动往往是引起总量指标变动的一个重要原因，因此，在进行平均指标指数因素分析时，不仅要分析平均指标变动的绝对额，而且要进一步分析由于平均指标变动引起总量指标变动的绝对额。具体分析方法是把平均指标指数绝对数等式的两边同乘上报告期的总体单位数（$\sum f_1$）。即：

$$\left(\sum x_1 \cdot \frac{f_1}{\sum f_1} - \sum x_0 \cdot \frac{f_0}{\sum f_0}\right)\sum f_1$$

$$=\left(\sum x_1 \cdot \frac{f_1}{\sum f_1} - \sum x_0 \cdot \frac{f_1}{\sum f_1}\right)\sum f_1 + \left(\sum x_0 \cdot \frac{f_1}{\sum f_1} - \sum x_0 \cdot \frac{f_0}{\sum f_0}\right)\sum f_1$$

课堂讨论

按照表 9-9 给出的某企业三个工种的日工资及工资总额资料，对平均工资变动进行因素分析。

讨论： 能否依据上述资料对工资总额变动进行因素分析？具体该怎么分析？

学以致用

第九章交互式测验

一、填空题

1. 总指数有__________和__________两种形式。

2. 在计算综合指数时，使不能直接相加现象的指标数值过渡到能够相加的指标数值，所使用的媒介因素叫__________。

3. 平均数指数的计算形式有__________和__________。

4. 已知同样多的人民币只能购买原来 90% 的商品，则物价指数为__________。

二、单项选择题

1. 综合指数是一种（　　）。

   A. 简单指数　　B. 加权指数　　C. 个体指数　　D. 平均指数

2. 下列指数中属于质量指标综合指数的是（　　）。

   A. 产量指数　　B. 销售量指数

   C. 职工人数指数　　D. 劳动生产率水平指数

3. 在一般情况下，商品销售量指数和工资水平指数的同度量因素分别为（　　）。

   A. 商品销售量、平均工资水平

   B. 商品销售量、职工人数

   C. 单位商品销售价格、职工人数

D. 单位商品销售价格、平均工资水平

4. 成本综合指数中的产量是(　　)。

A. 指数化指标　　B. 同度量因素

C. 质量指标　　D. 时点指标

5. 在掌握基期产值和各种产品产量个体指数资料的条件下，计算产量综合指数要采用(　　)。

A. 综合指数　　B. 可变构成指数

C. 加权算术平均数指数　　D. 加权调和平均数指数

三、多项选择题

1. 下列属于数量指标综合指数的有(　　)。

A. 产量指数　　B. 销售量指数

C. 价格指数　　D. 单位产品成本指数

E. 职工人数指数

2. 同度量因素的作用有(　　)。

A. 同度量作用　　B. 联系作用

C. 权数作用　　D. 比较作用

E. 平衡作用

3. 平均指标指数体系中包括的指数有(　　)。

A. 可变构成指数　　B. 固定构成指数

C. 结构影响指数　　D. 算术平均指数

E. 调和平均指数

4. 当平均数指数的权数为 p_0q_0 时，以下说法正确的是(　　)。

A. 数量指标综合指数可变形为加权算术平均数指数

B. 数量指标综合指数可变形为加权调和平均数指数

C. 质量指标综合指数可变形为加权算术平均数指数

D. 质量指标综合指数可变形为加权调和平均数指数

E. 综合指数与平均数指数没有变形关系

5. 下列对于综合指数的说法正确的有(　　)。

A. 可以在相对数方面反映研究对象综合变动方向和程度

B. 可以在绝对量上反映研究对象变动所产生的实际效果

C. 既适用于全面调查资料，也适用于非全面调查资料

D. 比平均数指数计算简便

E. 可根据指数之间的内在联系建立指数体系进行因素分析

四、 判断题

( )1. 指数的实质是相对数，它能反映现象的变动方向和差异程度。

( )2. 只有总指数可划分为数量指标综合指数和质量指标综合指数，个体指数不能作这种划分。

( )3. 综合指数是一种加权指数。

( )4. 在平均指标指数变动因素分析中，可变构成指数是用以专门反映总体构成变化这一因素影响的指数。

( )5. 今年与去年相比，若物价上涨12%，则今年的1元钱只值去年的0.88元。

五、 思考与练习

1. 综合指数中的同度量因素有何作用？

2. 什么是指数体系？如何利用指数体系进行因素分析？

3. 什么是质量指标综合指数和数量指标综合指数？它们的同度量因素应如何确定？

4. 为什么说综合指数是总指数的基本形式？

5. 说明平均数指数在经济分析中的意义。

6. 某企业生产甲、乙两种产品，有关资料如下：

产品	产量/件		单位成本/(元/件)		出厂价格/(元/件)	
	基期	报告期	基期	报告期	基期	报告期
技工	2 000	2 200	10.5	10.0	12.0	12.5
徒工	5 000	6 000	6.0	5.5	6.2	6.0

试计算：(1) 各种产品的产量、单位成本和出厂价格个体指数；

(2) 以单位成本为同度量因素的产量综合指数；

(3) 以出厂价格为同度量因素的产量综合指数；

(4) 单位成本总指数以及单位成本变动对总成本变动的影响绝对值；

(5) 出厂价格总指数以及出厂价格变动对总产值变动的影响绝对值。

7. 某地区2021—2022年两类商品的收购价格指数和收购额资料如下表：

商品种类	收购额/万元		收购价格指数/%
	2021 年	2022 年	k_p
甲	140	138.6	105
乙	60	72.1	103

试计算：(1) 两种商品的收购价格总指数；

(2) 由于收购价格上升所增加的收购额。

8. 某企业三种产品的产值和产量动态资料如下：

产品名称	实际产值/万元		2022 年比 2021 年产量增加/%
	2021 年	2022 年	
甲	200	240	25
乙	450	485	20
丙	350	480	40

试计算三种产品产量总指数，以及由于产量增加使企业增加的总产值；从相对数和绝对数两方面分析三种产品实际产值变动受各产品产量变动和各产品价格变动的影响。

9. 某市 2021 年零售商品总额为 12 000 万元，2022 年增加为 15 600 万元，这两年中零售物价指数提高了 4%，试计算零售量指数并分析零售量和零售物价两因素变动对零售商品总额变动的影响绝对值。

10. 物价提高后，同样多的人民币可买基期 95%的商品，求物价的变动情况。

11. 某企业职工人数和产量资料如下：

按职工类别分组	产量/万吨		职工人数/人	
	基期	报告期	基期	报告期
技术工人	26.0	66.0	650	1 500
普通工人	22.8	25.2	950	1 000
合计	48.8	91.2	1 600	2 500

试从相对数和绝对数两方面分析，该企业总平均劳动生产率变动受各组劳动生产率变动和各组职工人数结构变动的影响。

调查研究

1. 目标

学会编制价格指数并利用价格指数进行初步分析。

2. 内容与要求

按每 6~8 人为一组，每组确定一名组长，深入不同农贸市场或集市进行蔬菜价格调研，搜集该市场今年及去年同期 6 种常用蔬菜的销售价格及销量数据，据此计算销售额指数，并利用指数体系对销售额变动进行因素分析。

3. 成果与检测

各小组就各自的计算与分析结果在班级进行讨论、汇报，由教师及各小组组长为其打分。

附录　正态分布概率表

t	$F(t)$	t	$F(t)$	t	$F(t)$	t	$F(t)$
0.00	0.000	0.25	0.197 4	0.50	0.382 9	0.75	0.546 7
0.01	0.008 0	0.26	0.205 1	0.51	0.389 9	0.76	0.552 7
0.02	0.016 0	0.27	0.212 8	0.52	0.396 9	0.77	0.558 7
0.03	0.023 9	0.28	0.220 5	0.53	0.403 9	0.78	0.564 6
0.04	0.031 9	0.29	0.228 2	0.54	0.410 8	0.79	0.570 5
0.05	0.039 9	0.30	0.235 8	0.55	0.417 7	0.80	0.576 3
0.06	0.047 8	0.31	0.243 4	0.56	0.424 5	0.81	0.582 1
0.07	0.055 8	0.32	0.251 0	0.57	0.431 3	0.82	0.587 8
0.08	0.063 8	0.33	0.258 6	0.58	0.438 1	0.83	0.593 5
0.09	0.071 7	0.34	0.266 1	0.59	0.444 8	0.84	0.599 1
0.10	0.079 7	0.35	0.273 7	0.60	0.451 5	0.85	0.604 7
0.11	0.087 6	0.36	0.281 2	0.61	0.458 1	0.86	0.610 2
0.12	0.095 5	0.37	0.288 6	0.62	0.464 7	0.87	0.615 7
0.13	0.010 34	0.38	0.296 1	0.63	0.471 3	0.88	0.621 1
0.14	0.011 13	0.39	0.303 5	0.64	0.477 8	0.89	0.626 5
0.15	0.119 2	0.40	0.310 8	0.65	0.484 3	0.90	0.631 9
0.16	0.127 1	0.41	0.318 2	0.66	0.490 7	0.91	0.637 2
0.17	0.135 0	0.42	0.325 5	0.67	0.497 1	0.92	0.642 4
0.18	0.142 8	0.43	0.332 8	0.68	0.503 5	0.93	0.647 6
0.19	0.150 7	0.44	0.340 1	0.69	0.509 8	0.94	0.652 8
0.20	0.158 5	0.45	0.347 3	0.70	0.516 1	0.95	0.657 9
0.21	0.166 3	0.46	0.354 5	0.71	0.522 3	0.96	0.692 9
0.22	0.174 1	0.47	0.361 6	0.72	0.528 5	0.97	0.668 0
0.23	0.181 9	0.48	0.368 8	0.73	0.534 6	0.98	0.672 9
0.24	0.189 7	0.49	0.375 9	0.74	0.540 7	0.99	0.677 8

续表

t	F(t)	t	F(t)	t	F(t)	t	F(t)
1.00	0.682 7	1.30	0.806 4	1.60	0.890 4	1.90	0.942 6
1.01	0.687 5	1.31	0.809 8	1.61	0.892 6	1.91	0.943 9
1.02	0.692 3	1.32	0.813 2	1.62	0.894 8	1.92	0.945 1
1.03	0.697 0	1.33	0.816 5	1.63	0.896 9	1.93	0.946 4
1.04	0.701 7	1.34	0.819 8	1.64	0.899 0	1.94	0.947 6
1.05	0.706 3	1.35	0.823 0	1.65	0.901 1	1.95	0.948 8
1.06	0.710 9	1.36	0.826 2	1.66	0.903 1	1.96	0.950 0
1.07	0.715 4	1.37	0.829 3	1.67	0.905 1	1.97	0.951 2
1.08	0.719 9	1.38	0.832 4	1.68	0.907 0	1.98	0.952 3
1.09	0.724 3	1.39	0.835 5	1.69	0.909 0	1.99	0.953 4
1.10	0.728 7	1.40	0.838 5	1.70	0.910 9	2.00	0.954 5
1.11	0.733 0	1.41	0.841 5	1.71	0.912 7	2.02	0.956 6
1.12	0.737 3	1.42	0.844 4	1.72	0.914 6	2.04	0.958 7
1.13	0.741 5	1.43	0.847 3	1.73	0.916 4	2.06	0.960 6
1.14	0.745 7	1.44	0.850 1	1.74	0.918 1	2.08	0.962 5
1.15	0.749 9	1.45	0.852 9	1.75	0.919 9	2.10	0.964 3
1.16	0.754 0	1.46	0.855 7	1.76	0.921 6	2.12	0.966 0
1.17	0.758 0	1.47	0.858 4	1.77	0.923 3	2.14	0.967 6
1.18	0.762 0	1.48	0.861 1	1.78	0.924 9	2.16	0.969 2
1.19	0.766 0	1.49	0.863 8	1.79	0.926 5	2.18	0.970 7
1.20	0.769 9	1.50	0.866 4	1.80	0.928 1	2.20	0.972 2
1.21	0.773 7	1.51	0.869 0	1.81	0.929 7	2.22	0.973 6
1.22	0.777 5	1.52	0.871 5	1.82	0.931 2	2.24	0.974 9
1.23	0.781 3	1.53	0.874 0	1.83	0.932 8	2.26	0.976 2
1.24	0.785 0	1.54	0.876 4	1.84	0.934 2	2.28	0.977 4
1.25	0.788 7	1.55	0.878 9	1.85	0.935 7	2.30	0.978 6
1.26	0.792 3	1.56	0.881 2	1.86	0.937 1	2.32	0.979 7
1.27	0.795 9	1.57	0.883 6	1.87	0.938 5	2.34	0.980 7
1.28	0.799 5	1.58	0.885 9	1.88	0.939 9	2.36	0.981 7
1.29	0.803 0	1.59	0.888 2	1.89	0.941 2	2.38	0.982 7

续表

t	$F(t)$	t	$F(t)$	t	$F(t)$	t	$F(t)$
2. 40	0. 983 6	2. 60	0. 990 7	2. 80	0. 994 9	3. 00	0. 997 3
2. 42	0. 984 5	2. 62	0. 991 2	2. 82	0. 995 2	3. 20	0. 998 6
2. 44	0. 985 3	2. 64	0. 991 7	2. 84	0. 995 5	3. 40	0. 999 3
2. 46	0. 986 1	2. 66	0. 992 2	2. 86	0. 995 8	3. 60	0. 999 68
2. 48	0. 986 9	2. 68	0. 992 6	2. 88	0. 996 0	3. 80	0. 999 86
2. 50	0. 987 6	2. 70	0. 993 1	2. 90	0. 996 2	4. 00	0. 999 94
2. 52	0. 988 3	2. 72	0. 993 5	2. 92	0. 996 5	4. 50	0. 999 993
2. 54	0. 988 9	2. 74	0. 993 9	2. 94	0. 996 7	5. 00	0. 999 999
2. 56	0. 989 5	2. 76	0. 994 2	2. 96	0. 996 9		
2. 58	0. 990 1	2. 78	0. 994 6	2. 98	0. 997 1		

参考文献

[1] 李荣平. 统计学. 2 版. 北京：清华大学出版社，2022.

[2] 苏继伟，黄应绘. 统计学原理. 3 版. 北京：高等教育出版社，2022.

[3] 李玉红. 统计学原理与实务. 北京：清华大学出版社，2022.

[4] 王天营，陆敏. 统计学. 北京：高等教育出版社，2022.

[5] 贾俊平. 统计学. 2 版. 北京：中国人民大学出版社，2018.

[6] 何晓群，刘文卿. 应用回归分析. 5 版. 北京：中国人民大学出版社，2019.

[7] 曾霞，王磊，朱冬辉. 统计学. 北京：中国财政经济出版社，2021.

[8] 卞毓宁. 统计学概论. 7 版. 北京：高等教育出版社，2021.

郑重声明

读者意见反馈

为收集对教材的意见建议，进一步完善教材编写并做好服务工作，读者可将对本教材的意见建议通过如下渠道反馈至我社。

咨询电话　400-810-0598

反馈邮箱　gjdzfwb@pub.hep.cn

通信地址　北京市朝阳区惠新东街4号富盛大厦1座　高等教育出版社总编辑办公室

邮政编码　100029

防伪查询说明

用户购书后刮开封底防伪涂层，使用手机微信等软件扫描二维码，会跳转至防伪查询网页，获得所购图书详细信息。

防伪客服电话　(010)58582300

网络增值服务使用说明

授课教师如需获取本书配套教辅资源，请登录“高等教育出版社产品信息检索系统”(http://xuanshu.hep.com.cn/)，搜索本书并下载资源。首次使用本系统的用户，请先注册并进行教师资格认证。

高教社高职经管论坛教师交流及资源服务 QQ 群：101187476